Makroökonomisches Wachstum
und geographische Agglomeration

Europäische Hochschulschriften

Publications Universitaires Européennes
European University Studies

Reihe V
Volks- und Betriebswirtschaft

Série V Series V
Sciences économiques, gestion d'entreprise
Economics and Management

Bd./Vol. 2618

PETER LANG
Frankfurt am Main · Berlin · Bern · Bruxelles · New York · Oxford · Wien

Soon-Chan Park

Makroökonomisches Wachstum und geographische Agglomeration

Eine theoretische und empirische Untersuchung zur Europäischen Union

PETER LANG
Europäischer Verlag der Wissenschaften

Die Deutsche Bibliothek - CIP-Einheitsaufnahme

Park, Soon-Chan:

Makroökonomisches Wachstum und geographische Agglomeration : eine theoretische und empirische Untersuchung zur Europäischen Union / Soon-Chan Park. - Frankfurt am Main ; Berlin ; Bern ; Bruxelles ; New York ; Oxford ; Wien : Lang, 2000

(Europäische Hochschulschriften : Reihe 5, Volks- und Betriebswirtschaft ; Bd. 2618)

Zugl.: München, Univ., Diss., 2000

ISBN 3-631-36372-9

D 19

ISSN 0531-7339

ISBN 3-631-36372-9

Für meine Eltern
und
Schwiegereltern

Vorwort

Wirtschaftsgeographie hat in der Außenhandelstheorie merklich an Bedeutung gewonnen. In der vorliegenden Arbeit wird ein dynamisches Geographiemodell entwickelt, das die Wachstumsprozesse und die Agglomeration der Wirtschaftsaktivitäten gleichzeitig befassen und erklären kann. Zudem werden ihre politischen Implikationen diskutiert und die empirische Untersuchung zur Spezialisierung in der EU durchgeführt.

Die Arbeit verdankt sich vielfältiger Förderung und Unterstützung. Ohne die Anregungen und Unterstützung meiner Doktormutter Prof. Dr. Dalia Marin wäre diese Arbeit in dieser Form nicht zustande gekommen. Dafür möchte ich ihr an dieser Stelle herzlich danken. Zu danken habe ich für Anregungen und kritische Stellungsnahmen in Rahmen des Doktorandenseminars Frau Prof. Dr. Monika Schnitzer, die auch die Aufgabe des Zweitgutachstens übernommen hat. Mein Dank gilt auch Herrn Prof. Dr. Klaus Schmidt für Anregungen in seiner Doktorandenvorlesung, in der ich zahlreiche Hinweise bekam.

Zu Dank bin ich meiner Kollegin Frau Anriane Breitfelder verpflichtet, die meine Arbeit ausführlich gelesen und gern die Korrekturarbeit übernommen hat. Ich danke Herrn Kilian Palko, der auch die Korrekturarbeit geleistet hat. Herr Ralph Leonhardt hat gern die Diskussion über die empirische Untersuchung meiner Arbeit geführt.

Mein Dank gebührt auch meiner Frau Hee-Kyung und meinem Sohn Jae-Beom, von denen ich eine nicht abzuschätzende moralische Unterstützung erhalten habe. Es war uns sicherlich nicht einfach, im Ausland und dazu noch getrennt zu leben. Obwohl Hee Kyung wegen ihrer Dissertation wenig Zeit hat, hat sie es nicht versäumt, mich immer anzuregen und Jae Beom zu erziehen.

Ich widme die Arbeit meinen Eltern und Schwiegereltern, die während meines Studiums immer hinter mir standen.

München, im Oktober 1999 Soon-Chan Park

Inhaltsverzeichnis

Abbildungsverzeichnis

Tabellenverzeichnis

Abkürzungsverzeichnis

AT	Österreich
B	Belgien
BIP	Bruttoinlandsprodukt
CES	constant elasticity of substitution
CIES	constant intertemporal elasticity of substitution
D	Deutschland
DK	Dänemark
E	Spanien
EAGFL	Europäischer Ausrichtungs- und Garantiefonds für die Landwirtschaft
EEA	Einheitliche Europäische Akte
EIB	Europäische Investitionsbank
EL	Griechenland
F	Frankreich
FuE	Forschung und Entwicklung
I	Italien
IRL	Irland
JRC	Joint Research Center
KKS	Kaufkraftstandards
KMU	Kleine Mittlere Unternehmen
NL	Niederlande
P	Portugal
RP	Rahmenprogramm
UK	Großbritannien

A. Einleitung

I. Problemstellung und Zielsetzung

Wirtschaftsaktivitäten sind räumlich ungleichmäßig verteilt. Das in jüngerer Zeit entwickelte statische Geographiemodell (Krugman 1991a,b sowie Krugman und Venables 1995) zeigt, daß sich die geographische Verteilung der Wirtschaftsaktivitäten ohne Rückgriff auf die Differenz in Faktorausstattungen ergibt. Demnach führt die Interaktion zwischen zunehmenden Skalenerträgen und Transportkosten dazu, daß auch die symmetrischen Länder letztlich eine ganz unterschiedliche Industriestruktur haben können. Pekuniäre Externalitäten sind dabei die grundlegenden Kräfte, die zur geographischen Spezialisierung führen.

Krugman (1991a) hat die Konzentration der Industrie in den USA und in Europa verglichen und zeigt, daß die Industrie viel mehr in den USA konzentriert ist als in Europa. Es wird hier-bei argumentiert, daß die zunehmende Integration die Spezialisierung in der EU vorantreiben wird. Die sich anschließende Frage betrifft die Konsequenz der Erzeugung des Spezialisierungsmusters, nämlich die Auswirkung der geographischen Verteilung der Wirtschaftsaktivitäten auf das Einkommen. Die Entwicklung in der Europäischen Union zeigt, daß sich die Einkommensdifferenz zwischen den Mitgliedstaaten in den letzten Jahren erheblich verringert hat. Im Zeitraum von 1985 bis 1996 stieg das Pro-Kopf-BIP (in Kaufkraftstandard) in den Kohäsionsländern von 65% des EU-Durchschnitts auf 76,5% an.

Wie können einerseits die Verringerung der Einkommensdifferenz in der EU und andererseits die zunehmende Spezialisierung erklärt werden?

Im statischen Geographiemodell (Krugman und Venables 1995) wird aufgezeigt, daß die Spezialisierung jedoch zur Einkommensdivergenz führt. Hierbei kann die Verringerung des Einkommens nur dann erfolgen, wenn sich die Industriestruktur der Länder annähert. Demnach können die Spezialisierung und die Einkommenskonvergenz nicht gleichzeitig stattfinden. In der traditionellen Handelstheorie können die beiden Länder durch die Handelsaufnahme den Handelsgewinn erzielen und besser gestellt werden. Jedes Land spezialisiert sich also auf die Produktion derjenigen Güter, bei denen es komparative Vorteile hat. Wenn die Lände von Anfang an symmetrisch sind, kann aber aus dieser Theorie keine geographisch ungleiche Verteilung der Wirtschaftsaktivitäten abgeleitet werden. Ohne die Differenz in den Faktorausstattungen oder in der Produktivität kann sich kein Spezialisierungsmuster ergeben. Die beiden Theorien können also entweder die geographische Spezialisierung oder die Einkommenskonvergenz erklären.

Eine weitere Fragestellung: In welchem Zusammenhang stehen Wachstum und Agglomeration der Wirtschaftsaktivitäten? Sind sie voneinander unabhängig?

Das statische Geographiemodell kann allerdings keine Antwort darauf geben. Die neue Wachstumstheorie gibt eine gute Einsicht in ständige Wachstumsprozesse, kann aber kein geographisches Spezialisierungsmuster für symmetrische Länder liefern, ohne auf die Differenz in den Faktorausstattungen zurückzugreifen. Da die Immobilität der Firmen dabei angenommen ist, kann die geographische Differenz in der Industriestruktur nur durch die unterschiedliche Wachstumsrate des einzelnen Landes entstehen, die letztlich auf das unterschiedliche Wissens- oder Humankapital zurückzukehren ist. Aus der neuen Wachstumstheorie lassen sich somit im Fall der symmetrischen Länder die simultanen Prozesse des Wachstums und der geographischen Agglomeration nicht ableiten. Man kann sich außerdem schwer vorstellen, daß die Agglomeration der Wirtschaftsaktivitäten vom langfristigen Wachstum unabhängig ist. Es erscheint daher notwendig, die Wachstumsprozesse und die geographischen Entwicklungsprozesse der Industriestruktur gleichzeitig in theoretischen Überlegungen zu berücksichtigen.

In diesem Zusammenhang soll weiterhin gefragt werden, welche Auswirkungen die räumliche Agglomeration der Wirtschaftsaktivitäten auf das Wachstum einerseits für das einzelne Land und andererseits für die gesamten Länder hat? Das statische Geographiemodell legt nur die Vermutung nahe, daß die Agglomeration der Industrie zur Wachstumsdivergenz führen würde, weil pekuniäre Externalitäten die Einkommensdivergenz ergäben. Die Einkommensentwicklung eines Landes hängt dabei entscheidend davon ab, wer mehr Firmen oder Industrien ansiedeln kann. Da im statischen Modell Firmen konstant gegeben sind, erzeugt die Agglomeration unvermeidlich „Gewinner“ und „Verlierer“. Man kann aber davon ausgehen, daß die geographische Spezialisierung nichts Anderes als ein Kreationsprozeß der internationalen Arbeitsteilung ist, die alle betroffenen Länder besser stellt und damit effizient für die beiden Länder ist. Diese Idee geht auf die traditionelle Handelstheorie und die Argumentation von Ethier (1979, 1982) zurück. Ein gemeinsames Kernelement der beiden Ansätze liegt trotz der unterschiedlichen Modellstruktur in der Schaffung der internationalen Arbeitsteilung, die effizient ist und damit zur Verbesserung der Wohlfahrt der beiden Länder führt.

Ausgehend von dieser Problematik wird versucht, ein dynamisches Geographiemodell zu entwickeln, das einerseits die Interaktionen zwischen Wachstum und der Agglomeration der Wirtschaftsaktivitäten einschließt und andererseits eine Erklärung für den parallelen Verlauf der Spezialisierung und der Einkommenskonvergenz geben kann.

Diese Arbeit hat im wesentlichen drei Ziele: Entwicklung eines dynamischen Geographiemodells, Ableitung der politischen Implikationen dieses Modells und eine empirische Untersuchung zur Spezialisierung in der EU.

II. Aufbau der Arbeit

Für die Entwicklung eines dynamischen Modells sollen zunächst die theoretischen Ansätze über das endogene Wachstum ausführlich untersucht werden. Dabei sollen nicht nur die theoretischen Grundlagen der Wachstumsprozesse erhalten bleiben, sondern auch die Wirkungen des Wachstums in offenen Wirtschaften beachtet werden. In Kapitel B wird die Grundlage der neuen Wachstumstheorie dargestellt, um theoretische Einsicht in die Wachstumsprozesse zu erhalten. Dabei wird zusätzlich gezeigt, daß die Bedingung für endogenes Wachstum, die in der Literatur genannt wird, auf ein Wachstumsmodell mit zwei akkumulierbaren Faktoren nicht anwendbar ist. Anschließend wird nachgewiesen, welcher Mechanismus dem Modell zugrunde liegt.

In Kapitel C werden Wachstumsprozesse in offenen Wirtschaften untersucht. Zunächst wird der Einfluß des Handels auf Wachstum dargestellt. Im Anschluß daran werden die Effekte der Handelsrestriktion ausführlich erarbeitet. Um später den Unterschied zwischen Wachstumsmodell und Geographiemodell zu verdeutlichen, werden die Determinanten der komparativen Vorteile erläutert. In bezug auf die Diskussion der Konvergenz oder Divergenz wird ein handelsbedingtes Diffusionsmodell mit zwei asymmetrischen Ländern dargestellt, das die Idee von Grossman und Helpman (1991, Kap.6) und die Konzeption exportgetriebenen Wachstums (export-led-growth) verbindet.

Aufbauend auf der neuen Wachstumstheorie wird in Kapitel D ein dynamisches Geographiemodell entwickelt, das die Interaktion zwischen Wachstum und räumlicher Verteilung der Wirtschaftsaktivitäten analysiert. Dabei stellen sich konkret die Fragen, wie und warum Wachstums- und internationale Arbeitsteilungsprozesse in ein Modell integriert werden können und sollen. Man braucht dafür einen Mechanismus, der die beiden Prozesse verknüpft und in denen Interaktionen zugrunde liegen können. Er wird durch die Verbindung zwischen pekuniären und technologischen Externalitäten erzeugt. Sie haben in der Dynamik eine zirkuläre Kausalität, sich gegenseitig zu verstärken. Die Agglomeration der Industrie und die Wachstumsprozesse finden damit gleichzeitig statt und verlaufen zirkulär und kumulativ.

In Kapitel E werden die politischen Implikationen der neuen Wachstumstheorie sowie des dynamischen Geographiemodells diskutiert. Die unterschiedlichen politischen Empfehlungen werden in Abhängigkeit vom Modellansatz verglichen. Das dynamische Geographiemodell bietet keinen Anhaltspunkt für eine sektorspezifische Industriepolitik, die häufig mit dem Wachstumsargument begründet wird.

In Kapitel F wird empirisch geprüft, ob die Spezialisierung in der EU durch die zunehmende Integration vorangetrieben wurde. Mit der Implikation des dynamischen Geographiemodells, daß die geographische Spezialisierung auf die interdependenten Industrien stattfindet, geht man davon aus, daß die Spezialisierung innerhalb der Industrie vorangetrieben wird. Dabei wird gezeigt, daß im Zuge der Integration die Spezialisierung der Länder auf einzelne Industriezweige zugenommen hat.

Im Kapitel G wird zum Schluß der wesentliche Inhalt dieser Arbeit zusammengefaßt.

B. Neue Wachstumstheorie

Neue Wachstumstheorie beginnt mit den Artikeln von Romer (1986) und Lucas (1988). Das Merkmal sämtlicher Modelle in der neuen Wachstumstheorie liegt vor allem in der Kritik an der neoklassischen Wachstumstheorie, daß langfristiges Wachstum eines Landes dort nur mit einer exogenen Entwicklung der Technologie zu erklären ist. In der neuen Wachstumstheorie wird ständiges Wachstum ohne den Rückgriff auf exogenen technischen Fortschritt endogen aus dem Modell heraus erklärt, so daß die neue Wachstumstheorie oft als endogenene Wachstumstheorie bezeichnet wird.

Die sämtlichen Modelle des endogenen Wachstums lassen sich doch nach dem unterstellten Haupttreiber für ständiges Wachstum in drei Gruppe aufteilen. Der erste Gruppe konzentriert sich auf die Externalitäten, die bei der Investition in physisches Kapital (Arrow 1962) oder in Humankapital (Lucas 1988) entstehen. Ständiges Wachstum wird in diesen Modellen durch die Akkumulation des Faktors mit Externalitäten generiert. Die zweite Gruppe kann mit dem AK-Modell repräsentiert werden. In den Modellen von Jones und Manuelli (1990) und Rebelo (1991) akkumulieren Firmen ihr Kapital unter vollkommener Konkurrenz. Dabei wird ein breiter Kapitalbegriff zugrundegelegt, der neben physischem Kapital auch andere akkumulierbaren Faktoren umfaßt wie Humankapital. Wenn die Grenzproduktivität des Kapitals positiv von unten begrenzt wird, dann ist ständiges Wachstum doch allein durch die Akkumulation des Faktors möglich, nämlich ohne die Externalitäten bei der Faktorakkumulation und ohne den Fortschritt der Technologie. Letztlich sehen Romer (1990), Grossman und Helpman (1991) und Aghion und Howitt (1992) die Entwicklung der Technologie als Motor des langfristigen Wachstums an. Industrielle Innovation verlange eine gezielte, kostspielige und profitorientierte Investition in Wissen. Die Forschungstätigkeit bewirkt in diesen Modellen nicht nur die Produktion neuen Wissens, sondern vergrößert auch den Wissensstock, der für die weitere Forschung und Entwicklung anderer Unternehmen als kostenloser Input zur Verfügung steht. Das Wachstum kommt damit im Steady-State nicht zum Stillstand.

In diesem Kapitel wird zunächst das Modell der ersten Gruppe (Humankapitalmodell) und das Modell der Innovation kurz dargestellt. Danach wird die Akkumulierbarkeit des Wissens und Humankapitals diskutiert. Schließlich wird die Bedingung für endogenes Wachstum erläutert. Dabei wird gezeigt, warum die Bedingung von Jones und Manuelli (1990) auf das Modell mit zwei Akkumulationsfaktoren nicht anwendbar ist und welcher Mechanismus dahinter steht.

I. Externalitäten

1. Externalitäten bei Faktorakkumulation

Im ersten endogenen Wachstumsmodell (Romer 1986) wird unterstellt, daß private Investition in die Produktion des Wissens nicht nur private Erträge erbringt, sondern auch den sozialen Wissensstock erhöht. Private Investition bringt also Externalitäten mit sich. Dadurch weist die gesamtwirtschaftliche Produktionsfunktion zunehmende Skalenerträge auf. Trotz der Existenz zunehmender Skalenerträge kann die Analyse des Konkurrenzgleichgewichts ohne Probleme verwendet werden, weil zunehmende Skalenerträge sich aus Externalitäten ergeben. Die Idee von externen Erträgen aus privater Investition geht nun auf das learning-by-doing Modell von Arrow (1962) zurück, in dem die Investition im Sachkapital neben dem privaten Kapitalstock zusätzlich den sozialen Wissensstock vergrößert. Ständiges Wachstum kann jedoch im Modell von Arrow (1962) nicht generiert werden, weil die Externalitäten nicht groß genug, um die Produktionselastizität[1] der akkumulierbaren Faktoren mindestens den Wert eins erreichen zu lassen.

Lucas (1988) betrachtet die Differenz an der Technologie zwischen Ländern als die Differenz an Wissen bestimmter Personen, nicht an reinem Wissen. Dafür wird sein Modell so formuliert, daß der nicht-akkumulierbare Faktor Arbeit im neoklassischen Modell durch den akkumulierbaren Faktor Humankapital ersetzt wird und die individuelle Entscheidung zum Erwerben des Wissens Konsequenzen für die Produktivität des Landes hat. Eine Volkswirtschaft besteht daher aus zwei Sektoren, die jeweils Güter und Humankapital produzieren. Die Produktionsfunktionen sind

(B-1) $$Y(t) = C(t) + \dot{K}(t) = AK(t)^{\alpha}[u(t)H(t)]^{1-\alpha} H(t)^{\beta}$$

(B-2) $$\dot{H}(t) = B(1-u(t))H(t),$$

wobei u den Zeiteinsatz zur Güterproduktion, K den Kapitalstock und H das Humankapitalniveau eines Landes darstellt. Der Output (Y) kann zum Konsum und zur Investition des Kapitals verwendet werden. Der Ausdruck H^{β} stellt externe Erträge dar, die durch die Akkumulation des Humankapitals entstehen und die Produktivitäten aller Faktoren in der Güterproduktion erhöhen. Die Akkumulation des Humankapitals ist in diesem Modell eine soziale Aktivität. Zur Produktion des Humankapitals wird nur das bisher akkumulierte Humankapital als Input verwendet, so daß dieser Sektor sehr intensiv in Humankapital ist.

---

[1] Eine partielle Produktionselastizität gibt an, um wieviel Prozent sich der Output bei einer prozentualen Erhöhung der Einsatzmenge eines einzelnen Inputs erhöht.

Die natürliche Zunahme der Bevölkerung wird vernachlässigt. Ist $C(t)$ der Gesamtkonsum der Wirtschaft im Zeitpunkt t, dann stellt $c(t) \equiv C(t)/L$ den Konsum pro Kopf dar. Ein repräsentativer Haushalt maximiert seine intertemporale Nutzenfunktion:

(B-3) $$U = \int_0^t u(t)e^{-\rho t}\,dt,$$

wobei ρ die Zeitpräferenzrate ist. Die Nutzenfunktion ist durch die CIES-Funktion gegeben:

(B-4) $$u(t) = \frac{c^{1-\sigma} - 1}{1-\sigma}$$

wobei $\sigma > 0$ ist. Die Elastizität des marginalen Nutzens ist gleich $-\sigma$ und die Elastizität der intertemporalen Substitution ist damit $1/\sigma$.

Wenn H^β bei der Produktionsfunktion (B-1) keine Externalitäten darstellen würde und die Faktoren nach ihrem Grenzprodukt entlohnt würden, dann wird die Summe der Entlohnungen von K und H größer als das Sozialprodukt $\alpha K + (1-\alpha+\beta)H > Y$. Um dieses Problem zu umgehen, wird es angenommen, daß H^β in (B-1) externe Erträge darstellt. Die Existenz der Externalitäten führt unvermeidlich zur Disparität zwischen dem optimalen Wachstumspfad und dem gleichgewichtigen Wachstumspfad, da Individuen diese externe Erträge außer acht lassen und dementsprechend zu wenig in die Akkumulation des Humankapitals investieren. Hier wird nur der gleichgewichtige Wachstumspfad analysiert, der sich im Markprozeß einstellt.

Die Maximerungsaufgabe für einen repräsentativen Haushalt ist

$$\max_{C(t),u(t)} U = \int_0^\infty \frac{C^{1-\sigma} - 1}{1-\sigma} e^{-\rho t}\,dt,$$

unter den Nebenbedingungen

$$\dot{K} = AK^\alpha (uH)^{1-\alpha} H^\beta - C, \quad \dot{H} = B(1-u)H$$
$$K(0) = K_0 > 0 \text{ und } H(0) = H_0 > 0.$$

Um die Lösung des gleichgewichtigen Wachstumspfads zu finden, wird H^β als gegeben betrachtet. Die Hamiltonfunktion für die dynamische Optimierung dieses Systems lautet:

$$J = u(C) + \lambda_1 \lfloor AK^\alpha (uH)^{1-\alpha} H^\beta - C \rfloor + \lambda_2 \lfloor B(1-u)H \rfloor.$$

Die Bedingungen erster Ordnung sind

(B-5) $$C^{-\sigma} = \lambda_1$$

(B-6) $$A(1-\alpha)\lambda_1 K^{\alpha} H^{1-\alpha} H^{\beta} u^{-\alpha} = \lambda_2 BH$$

(B-7) $$\dot{\lambda}_1 = \rho\lambda_1 - \lambda_1 A\alpha K^{\alpha-1} H^{1-\alpha} H^{\beta} u^{1-\alpha}$$

(B-8) $$\dot{\lambda}_2 = \rho\lambda_2 - \lambda_1 A(1-\alpha) K^{\alpha} H^{-\alpha} H^{\beta} u^{1-\alpha} - \lambda_2 B(1-u)$$

und zwei Transversalitätsbedingungen[2] lauten

(B-9) $$\lim_{t\to\infty} e^{-\rho t} \lambda_1(t) K(t) = 0$$

(B-10) $$\lim_{t\to\infty} e^{-\rho t} \lambda_2(t) H(t) = 0 .$$

Differenziert man (B-5) und setzt mit (B-7) gleich, ergibt sich zunächst die Wachstumsrate des Konsums

(B-11) $$\frac{\dot{C}}{C} = \sigma^{-1}\left[A\alpha K^{\alpha-1}(uH)^{1-\alpha} H^{\beta} - \rho\right].$$

Dividiert man die Produktionsfunktion (B-1) durch K und nutzt (B-11), erhält man

(B-12) $$\frac{C}{K} + \frac{\dot{K}}{K} = AK^{\alpha-1}(uH)^{1-\alpha} H^{\beta} = \alpha^{-1}\left(\sigma\frac{\dot{C}}{C} + \rho\right).$$

Da im Steady-State alle Variablen mit einer konstanten Rate wachsen, muß C/K im Steady-State konstant sein. Damit wachsen C und K mit derselben Rate. Differenziert man (B-5) und (B-6) und vereinfacht die daraus ergebenden Differentialgleichungen, ergibt sich

(B-13) $$\frac{\dot{\lambda}_2}{\lambda_2} = (\alpha-\sigma)\frac{\dot{C}}{C} + (-\alpha+\beta)\frac{\dot{H}}{H}.$$

Aus (B-6) und (B-8) erhält man den anderen Ausdruck für $\dot{\lambda}_2/\lambda_2$

(B-14) $$\frac{\dot{\lambda}_2}{\lambda_2} = \rho - B .$$

---

[2] Die beiden Transversalitätsbedingungen bedeuten, daß am Ende der Planungsperiode der Wert von K und H asymptotisch Null sein sollen. Sonst bleibt etwas nicht konsumiert, d.h. der Nutzen ist nicht optimiert. Wenn K und H positiv bleiben, dann müssen statt dessen die Preise λ_1 und λ_2 Null sein.

Außerdem kann man durch die Differenzierung von (B-11) die Beziehung zwischen $\dot{C}/C$ und $\dot{H}/H$ ableiten

(B-15) $$\frac{\dot{C}}{C}=\frac{\dot{K}}{K}=\left(\frac{1-\alpha+\beta}{1-\alpha}\right)\frac{\dot{H}}{H}.$$

Wegen der Externalitäten des Humankapitals sind die Wachstumsrate des Humankapitals und Konsums nicht identisch, sondern proportional. Aus (B-13), (B-14) und (B-15) ergibt sich die Wachstumsrate des Konsums im Steady-State

(B-16) $$\frac{\dot{C}}{C}=\frac{(1-\alpha+\beta)(B-\rho)}{\sigma(1-\alpha+\beta)-\beta}.$$

Jetzt wird geprüft, ob diese Wachstumsrate des Konsums im Steady-State positiv ist. Für das Optimum muß aus der Transversalitätsbedingung (B-10) gelten[3]

$$\lim_{t\to\infty}\left(-\rho+\frac{\dot{\lambda}_2}{\lambda_2}+\frac{\dot{H}}{H}\right)<0.$$

Da $\dot{\lambda}_2/\lambda_2$ in (B-14) gegeben ist, muß für die Transversalitätsbedingung $(\dot{H}/H)<B$ sein. Diese Bedingung wird immer erfüllt, wenn $0<u<1$ ist. Wenn die Zeitallokation zur Akkumulation des Humankapitals nicht Null ist, dann ist die Wachstumsrate des Konsums immer positiv.

Dieses Modell generiert ständiges Wachstum, weil Humankapital unbegrenzt akkumulierbar ist. Die Produktionselastizität der akkumulierbaren Faktoren zusammengenommen ist größer als Eins. Das partielle Grenzprodukt jedes Faktors geht mit der zunehmenden Akkumulation zu Null, aber dies wird von anderen Faktoren verhindert. Dieser Punkt wird in Abschnitt II noch konkreter diskutiert. Darüber hinaus impliziert dieses Modell, daß eine Wirtschaft mit niedrigem Humankapital und Kapital im Vergleich mit der Wirtschaft mit besseren Anfangsausstattungen für immer zurückbleibt. Der Lohn, der dem Grenzprodukt des Humankapitals in der Produktion entspricht, wächst in allen Ländern mit derselben Rate

(B-17) $$\frac{\dot{\omega}}{\omega}=\left(\frac{\beta}{1-\alpha}\right)\frac{\dot{H}}{H}.$$

---

[3] Den ausführlichen Beweis findet man in Benhabib und Perl (1994). Die Transversalitätsbedingung verlangt im allgemeinen, daß das Grenzprodukt der akkumulierbaren Faktoren größer als ihre Wachstumsrate wird (Barro und Sala-i-Martin 1995, Kap.2).

Dieses Modell prognostiziert starke Divergenz zwischen Ländern mit unterschiedlichen Anfangsausstattungen in Humankapital und Kapital.

Kritische Betrachtung. Die Kritik am Humankapitalmodell richtet sich vor allem darauf, ob Humankapital überhaupt als unbegrenzt akkumulierbar anzusehen ist, und ob Externalitäten bei der Akkumulation des Humankapitals entstehen. Romer (1990) argumentiert, daß ständiges Wachstum grundsätzlich durch die Akkumulation eines Input mit Nichtrivalität und partieller Ausschließbarkeit getrieben wird. Demnach entwickelt sich Technologie durch die profitorientierten und gezielten Aktivitäten, die dem Innovator den Gewinn versprechen. Humankapital ist aber ein Gut mit Rivalität und Ausschließbarkeit. Humankapital ist von Natur aus mit einem physischen Objekt (Person) verbunden. Wenn eine Person mit bestimmter Qualifikation in einer Firma beschäftigt ist, dann kann dieses Humankapital von anderen nicht benutzt werden. Und wenn die Person stirbt, dann geht auch die mit dieser Person verbundener Qualifikation verloren. Nach den Kriterien von Romer (1990) – Nichtrivalität und partielle Ausschließbarkeit – kann Humankapital nicht ohne Grenze akkumuliert werden. Es ist auch fragwürdig, ob überhaupt die Akkumulation des Humankapitals externe Erträge hervorbringt. Denn Humankapital kann dann ausschließlich für private Zwecke verwendet werden, wenn Humankapital den Charakter der Ausschließbarkeit hat.

2. Innovation

Romer (1990), Grossman und Helpman (1991) und Aghion und Howitt (1992) betrachten die Entwicklung der Technologie als das Ergebnis der profitorientierten und gezielten Aktivitäten. Diese Aktivitäten sind insbesondere die Investitionen in Forschung und Entwicklung (FuE). Die Autoren suchen den unbegrenzt akkumulierbaren Faktor in Wissenskapital. Wissen hat keine Rivalität, weil es in verschiedenen Aktivitäten und Orten und auch gleichzeitig benutzt werden kann. Darüber hinaus wird der Gewinn durch die Kreation neuen Wissens erzielt, weil dessen Nutzung von anderen teilweise, z.B. durch Patentsystem begrenzt werden kann. Gleichzeitig kann Wissen von den Nutzungen der anderen für Forschung und Entwicklung nicht ausgeschlossen werden, d.h. Externalitäten entstehen bei der Kreation des Wissens. Die Innovationstätigkeiten haben somit eine Doppelrolle. Einerseits produzieren sie neue Designs, die durch den Patentschutz den Innovatoren den Gewinn erbringen. Andererseits vergrößern sie auch den Wissensstock, der für die künftige Forschung und Entwicklung kostenlos zur Verfügung steht. Die Nichtrivalität und die unvollkommene Ausschließbarkeit des Wissens ermöglichen die unbegrenzte Akkumulation und lassen die Externalitäten entstehen.

Es gibt zahlreiche Modelle, die auf der Innovation durch FuE basieren. Im folgenden wird eine simple Variante dieser Modelle dargestellt. Es folgt der Grundstruktur von Romer (1990) und Grossman und Helpman (1991, Kap.3). Die differenzierten Güter sind hier der Input und nicht Konsumgüter, wie bei den letztgenannten Autoren unterstellt wird. Die konkreten Differenzen und die Gründe dafür werden in der folgenden Darstellung diskutiert.

Betrachtet wird eine geschlossene Wirtschaft mit drei Sektoren: Sektor des Endprodukts, Sektor der Zwischenprodukte und FuE-Sektor. Der Sektor des Endprodukts produziert das Konsumgut Y unter Einsatz horizontal differenzierter Zwischenprodukten und der Arbeit:

(B-18) $$Y = L_y^{1-\alpha} \int_0^n x_i^{\alpha} di, \qquad 0 < \alpha < 1,$$

wobei L_y Arbeit im Sektor des Endprodukts und x_i die Menge des Zwischenprodukts i darstellt.

Diese Produktionsfunktion folgt dem Beitrag von Dixit und Stigliz (1977), Ethier (1982), Romer (1990) und Barro und Sala-i-Martin (1995). Die Aggregation der Zwischenprodukte nimmt hier die additiv separable Form. Ein neues Zwischenprodukt j ist somit weder ein Substitut noch ein Komplement für die bereits existierenden Zwischenprodukte, weil das Grenzprodukt eines Zwischenprodukts j unabhängig von den anderen ist.

Romer (1990) führt den Faktor Humankapital in sein Modell ein, um den Skaleneffekt der Arbeit zu beseitigen, und argumentiert, daß das korrekte Maß für den Skaleneffekt nicht Bevölkerung sondern Humankapital ist. Die Einführung des Humankapitals ist aber nicht wesentlich für endogenes Wachstum, weil das Humankapital dabei nur die Arbeit mit Qualifikation bedeutet und einen nichtakkumulierbaren Faktor darstellt. Plausibel anzusehen ist, daß der FuE-Sektor sehr intensiv in Humankapital ist. Aber da in diesem Modell die Technologieentwicklung über die Expansion der Anzahl der Zwischenprodukte geschieht, braucht man nicht unbedingt anzunehmen, daß Humankapital in der Produktion des Wissens eingesetzt werden soll.

Auf dem Markt der Endprodukte herrscht vollkommene Konkurrenz und die Preise von Y werden auf Eins normiert. Es wird weiterhin angenommen, daß die Endprodukte zum Konsum und auch zur Produktion der Zwischenprodukte verwendet werden können. Zur Produktion einer Einheit eines Zwischenprodukts wird eine Einheit von Y eingesetzt. Auf dem Markt der Zwischenprodukte herrscht dagegen monopolistische Konkurrenz. Romer (1990) formuliert die Zwischenprodukte x als die dauerhaften Güter (Kapitalleistungen), so daß der Gesamtkapitalstock K den Firmen der Zwischenprodukte verteilt wird. Hier wird allerdings das Kapital vernachlässigt und Zwischenprodukte sind keine dauerhaften Güter. Barro und Sala-i-Martin (1995) zeigen, daß das Modell ohne Kapital noch einfacher ist, weil man damit nur eine Zustandvariable n hat. Und Kapital ist außerdem nicht entscheidend für die Generierung des endogenen Wachstums (Grossman und Helpman 1991, Kap.5). Technisch gesehen gibt es keinen großen Unterschied zwischen beiden Modellierungen. Beim Modell mit dauerhaften Gütern werden die Endprodukte zum Konsum und zur Akkumulation des Kapitals verwendet, so daß $Y = C + \dot{K}$ gilt. Im Fall der Modellierung mit nicht-dauerhaften Gütern läßt sich die Verwendung des Sozialprodukts $Y = C + nx$ darstellen. Während beim Modell ohne Kapital die Endprodukte zum Kaufen der differenzierten Güter genutzt werden, werden sie beim Modell mit Kapital zur Akkumulation des Kapitals verwendet.

Der FuE-Sektor entwickelt neues Design, mit dem eine neue Firma die Produktion des Zwischenprodukts beginnen kann. Neue Designs werden unter Einsatz von Arbeit und vom bisher akkumulierten Wissenskapital produziert. Die Produktionsfunktion des FuE-Sektors lautet

(B-19) $$\dot{n} = \delta L_R K_n ,$$

wobei δ den Parameter der Produktivität, L_R Arbeit im Forschungssektor und K_n den Stock des Wissenskapitals angibt.

Neues Wissenskapital ermöglicht die Produktion eines neuen Zwischenprodukts und vergrößert gleichzeitig den Stock des Wissenskapitals, der jedem anderen Innovator kostenlos zur Verfügung steht. Ein erfolgreicher Innovator hat das Patentrecht über die Nutzung seines Designs in der Produktion des neuen Zwischenprodukts, kann aber nicht verhindern, daß sein Wissen als allgemeines Wissen in der Forschung genutzt wird. Die Innovationstätigkeiten bringen daher technologische Externalitäten hervor. Je größer der soziale Wissensstock K_n ist, um so produktiver sind die Innovationstätigkeiten.

Es ist für die Analyse notwendig, die Innovationstätigkeiten und den sozialen Wissensstock zu verbinden. Es folgt der Spezifikation von Romer (1990) und Grossman und Helpman (1991, Kap.3), bei der $K_n = n$ gleichsetzt wird. Bei dieser Spezifikation wird unterstellt, daß der Stock des Wissenskapitals proportional zur Anzahl der differenzierten Güter ist. Somit schreibt man (B-19) wie folgt:

(B-20) $$\dot{n} = \delta L_R n .$$

Eine differente Formulierung der Produktionsfunktion des Wissenskapitals findet man im Modell von Rivera-Batiz und Romer (1991a)[4] und Barro und Sala-i-Martin (1995, Kap.6). Die letztgenannten Autoren unterstellen die Fixkosten für die Innovation, nämlich eine konstante Menge der Endprodukte wird zur Kreation des Wissenskapitals verwendet. Diese Formulierung unterscheidet sich aber nicht so viel vom sogenannten AK-Modell, das in Abschnitt II diskutiert wird. In diesem Fall läßt sich die Verwendung des Sozialprodukts wie folgt darstellen:

$$Y = C + nx + I_n = AL_y^{1-\alpha} x^{\alpha} \cdot n .$$

wobei I_n die Investition in die Innovation darstellt. Da L_y und x nicht akkumuliert werden, hängt ständiges Wachstum nur von der Produktionselastizität von n ab. Es gibt bei dieser Formulierung keine technologische Externalitäten, weil n keine Rolle bei der Innovation spielt.

Schließlich maximieren Haushalte den intertemporalen Nutzen über den unendlichen Zeithorizont. Die Nutzenfunktion ist bereits in (B-3) und (B-4) definiert. Gleichfalls wird keine Veränderung der Bevölkerung angenommen.

Bevor man das System des Modells konkret analysiert, wird kurz die Struktur des Modells zusammenfassend in Abbildung <B-1> geschildert.

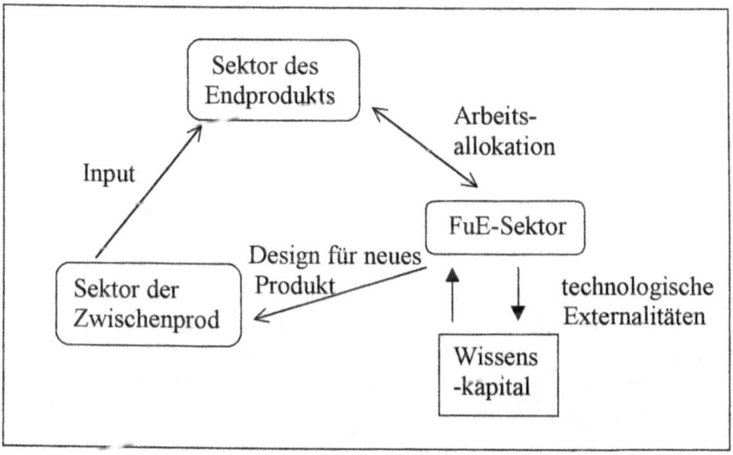

Abb. <B-1>: Struktur des Modells mit FuE-Sektor

[4] Das Modell von Rivera-Batiz und Romer (1991a) wird in Kapitel C diskutiert.

Analyse des Systems. Der Gewinn der Produzenten der Endprodukte ist gegeben durch

$$L_y^{1-\alpha} \int_0^n x_i^{\alpha} di - \omega_y L_y - \int_0^n p_i x_i di,$$

wobei ω_y den Lohnsatz im Sektor des Endprodukts und p_i den Preis des Zwischenprodukts i darstellt. Da auf dem Markt der Endprodukte vollkommene Konkurrenz herrscht, werden ω_y und p_i als gegeben betrachtet. Die Bedingungen erster Ordnung sind damit

(B-21) $$\alpha L_y^{1-\alpha} x_i^{\alpha-1} = p_i$$

(B-22) $$(1-\alpha) L_y^{-\alpha} x_i^{\alpha} \cdot n = \omega_y .$$

Eine Firma des Zwischenprodukts hat bereits eine einmalige Auszahlung für das Design als Fixkosten ausgegeben und maximiert daher den Gewinn $\pi = (p_i - 1)x_i$ unter der gegebenen Nachfrage (B-21) in jedem Zeitpunkt. Da alle Zwischenprodukte symmetrisch in der Produktionsfunktion (B-18) sind, sind der Preis und der Output identisch für alle Firmen der Zwischenprodukte. Der Monopolist setzt daher den Markup-Preis auf die Grenzkosten (der Preis des Endprodukts ist gleich Eins):

(B-23) $$p(1 - \frac{1}{|\eta|}) = 1 .$$

Da die Preiselastizität der Nachfrage in (B-21) gleich $1/(1-\alpha)$ ist, ergibt sich der Preis des Zwischenprodukts

(B-24) $$p_i = p = 1/\alpha > 1 .$$

Der Innovator, der das Monopolrecht - durch den Patentschutz - über sein Design hat, bietet den potentiellen Produzenten sein Design mit dem Preis p_n an. Firma der Zwischenprodukte will das Design erwerben, wenn sie dadurch Gewinn erzielen kann. Dabei wägt sie zwischen den Kosten des Designs p_n und dem Gegenwartswert des künftigen Gewinns ab, der durch die Produktion erzielt werden kann. Im Gleichgewicht entspricht der Preis des Designs p_n dem Gegenwartswert des künftigen Gewinns, da es viele potentiellen Firmen der Zwischenprodukte gibt. Es gilt

(B-25) $$p_n = \int_t^{\infty} e^{-[R(v)-R(t)]} \pi(v) dv ,$$

wobei $R(t)$ der kumulative Diskontierungsfaktor in t ist.

Differenziert man (B-25) nach Zeit, ergibt sich die sogenannte „no-arbirtage"-Bedingung, die im Gleichgewicht auf dem Kapitalmarkt erfüllt werden soll.

(B-26) $$r \cdot p_n = \pi + \dot{p}_n$$

Die rechte Seite von (B-26) gibt die Gesamterträge für die Eigentümer der Firma an, die aus dem Gewinn und der Wertänderungen der Firma bestehen. Die linke Seite zeigt die Erträge aus der alternativen Anlage.[5] Dabei wird der konstante Zinssatz r angenommen. Die Kosten der Innovation sind in (B-20) gleich $\omega_R / \delta n$. Wenn $p_n > (\omega_R / \delta n)$ ist, dann wird der Faktor Arbeit vom FuE-Sektor unbegrenzt nachgefragt. Wenn aber $p_n < (\omega_R / \delta n)$ gilt, wird keiner die Innovation unternehmen. Die beiden Fälle können kein Gleichgewicht werden. Unter der Annahme vom freien Eintritt in den FuE-Sektor soll im Gleichgewicht der Preis des Designs den Innovationskosten entsprechen.

(B-27) $$p_n = \omega_R / \delta n, \quad \text{für } \dot{n} > 0$$

Steady-State. Wenn L_y und x im Steady-State konstant bleiben (im folgenden wird gezeigt, daß die beiden Variablen im Steady-State konstant sind), dann ist die Wachstumsrate des Lohnsatzes und der Innovation in (B-22) identisch - $(\dot{n}/n) = (\dot{\omega}/\omega)$-. Der Designpreis ist daher im Steady-State konstant$(\dot{p}_n = 0)$. Das kann man sehen, wenn man (B-27) nach der Zeit differenziert. Die „no-arbitrage"-Bedingung (B-26) läßt sich damit so vereinfachen: $p_n = \pi / r$. Die intersektorale Mobilität der Arbeit führt zum Ausgleich des Lohnsatzes zwischen beiden Sektoren. Damit gilt

(B-28) $$p_n \cdot \delta n = (1-\alpha) L_y^{-\alpha} \cdot n \cdot x^{\alpha}.$$

Substituiert man die „no-arbitrage"-Bedingung $p_n = \pi / r$ für p_n und (B-21) für x in (B-28) und vereinfacht (B-28), erhält man den Arbeitseinsatz im Sektor des Endprodukts im Steady-State

(B-29) $$L_y = \frac{r}{\delta \alpha}.$$

Da der Faktor Arbeit konstant ist und nur zwischen Endprodukte- und FuE-Sektor verteilt wird, ergibt sich die Wachstumsrate der Innovation g aus der Produktionsfunktion des FuE-Sektors (B-20):

[5] Eine ausführlichen Erklärung der die „no-arbitrage" Bedingung findet sich in Grossman und Helpman (1991, Kap. 2 und 3).

$$\text{(B-30)} \qquad g = \frac{\dot{n}}{n} = \delta L_R = \delta(L - L_y) = \frac{\delta \alpha L - r}{\alpha}.$$

Wie in Abschnitt I.1 dieses Kapitels dargestellt, ergibt sich die Wachstumsrate des Konsums aus der intertemporalen Nutzenmaximierung des Haushalts

$$\frac{\dot{C}}{C} = \sigma^{-1}(r - \rho).$$

Da die Endprodukte zum Konsum und zur Produktion der Zwischenprodukte verwendet wird, läßt sich der Relation zwischen Konsum C und Endprodukten Y wie folgt umschreiben

$$\text{(B-31)} \qquad C = Y - nx = n\left(L_y^{1-\alpha} x^{\alpha} - x\right).$$

Da L_y und x im Steady-State konstant bleiben[6], sind der Wachstumsrate des Konsums und der Innovation identisch. Setzt man (B-30) und die Wachstumsrate des Konsums gleich, ergeben sich die Wachstumsrate der Innovation, des Konsums sowie der Endprodukte im Steady-State

$$\text{(B-32)} \qquad g = \frac{\dot{n}}{n} = \frac{\dot{C}}{C} = \frac{\dot{Y}}{Y} = \frac{\alpha\delta L - \rho}{\sigma + \alpha}$$

Wenn $\alpha\delta L > \rho$ ist, dann wächst diese Wirtschaft im Steady-State mit positiver Rate. Je größer L, α und δ ist und je geduldiger Konsumenten (je kleiner ρ) sind, desto größer wird die Wachstumsrate.

II. AK-Modell und die Bedingung für endogenes Wachstum

In den Modellen von Rebelo (1991) und Jones und Manuelli (1990) akkumulieren Firmen ihr Kapital ständig unter den Umständen vollkommener Konkurrenz und konstanter Skalenerträge. Es wird argumentiert, daß ständiges Wachstum ohne technischen Fortschritt nur durch die Akkumulation der Faktoren möglich ist. Dafür wird der akkumulierbare Faktor Kapital wesentlich breit aufgefaßt und die Produktionselastizität des Kapitals hat den Wert Eins. Daraus folgt dem Ar-

[6] L_y ist bei (B-29) konstant. Substituiert man bei (B-21) den Markup-Preis $1/\alpha$ für p, ergibt sich die konstante Menge des Zwischenprodukts $x = (r/\delta)\alpha^{(1+\alpha)/(1-\alpha)}$.

gument, daß die Abwesenheit abnehmender Skalenerträge der Kern endogenen Wachstums ist. Wenn das Grenzprodukt aller akkumulierbaren Faktoren im Steady-State positiv bleibt, also von unten begrenzt wird, dann kann ständiges Wachstum immer generiert werden. Folglich muß die Inada-Bedingung verletzt werden. Dieser im ersten Augenblick plausibel scheinende Argument mag aber wenig ökonomische Bedeutung haben. Fraglich ist zunächst, ob der akkumulierbare Faktor allein ohne Externalitäten genug produktiv ist. Noch dazu gibt es die mathematische Schwäche, und zwar die Bedingung für endogenes Wachstum, die in der Literatur genannt wird, ist nicht vollkommen, wenn sie insbesondere auf ein Modell mit mehreren Faktoren angewandt wird.

1. AK-Modell

Das einfachste Modell, in dem das Grenzprodukt des Kapitals im Steady-State positiv bleibt, ist AK-Modell (Rebelo 1991) mit der Produktionsfunktion:

(B-33) $$Y = C + \dot{K} = AK,$$

wobei A eine positive Konstante ist, die das Technologieniveau reflektiert.

Das dynamische Optimierungsproblem läßt sich durch die Hamiltonfunktion schreiben:

$$J = u(c)e^{-\rho t} + \lambda[AK - C].$$

Mit der Spezifikation der Nutzenfunktion, wie in (B-4), ergibt sich die Wachstumsrate des Konsums sowie des Kapitals[7] aus den Bedingungen erster Ordnung:

(B-34) $$\frac{\dot{K}}{K} = \frac{\dot{C}}{C} = \sigma^{-1}[A - \rho],$$

wobei A das Grenzprodukt des Kapitals (f_K) ist.

In diesem Modell bleibt die Wachstumsrate konstant und positiv, wenn $A > \rho$ gilt, also wenn das Grenzprodukt des Kapitals größer als die Zeitpräferenz ist. Damit wird eine der Inada-Bedingungen verletzt (Barro und Sala-i Martin 1995, Kap.1):

$$\lim_{K \to \infty} f_K = \lim_{K \to \infty} A = A > 0$$

[7] Dividiert man die Produktionsfunktion durch K, $\dot{K}/K = (Y/K) + (C/K)$. Da $Y/K (= A)$ konstant ist und die Wachstumsrate des Kapitals gemäß der Definition von Steady-State konstant sein muß, ist auch C/K konstant. Damit wachsen K und C mit derselben Rate.

Eine andere Variante des AK-Modells ist ein konvexes Modell von Jones und Manuelli (1990). Die Produktionsfunktion ist durch die Kombination des neoklassischen Modells mit dem AK-Modell wie folgt gegeben.

(B-35) $$F(K,L) = C + \dot{K} = AK + BK^{\alpha}L^{1-\alpha} ,$$
wobei A, $B > 0$ und $0 < \alpha < 1$.

Mit der bereits definierten intertemporale Nutzenfunktion erhält man die Wachstumsrate des Konsums:

(B-36) $$\frac{\dot{C}}{C} = \sigma^{-1}[r - \rho]$$

Der Zinssatz ist gleich dem Grenzprodukt des Kapitals $f_K = A + B\alpha K^{\alpha-1}L^{1-\alpha}$.

Das Grenzprodukt des Kapitals sinkt mit zunehmendem Kapital, aber konvergiert nicht zu Null:

$$\lim_{K \to \infty} f_K = A > 0$$

Ebenfalls wie im AK-Modell bleibt die Wachstumsrate des Konsums immer positiv, wenn $A > \rho$ ist. Jones und Manuelli (1990) argumentieren somit, daß die wesentliche Bedingung für endogenes Wachstum das positiv bleibende Grenzprodukt ist. Zunehmende Skalenerträge seien weder notwendig noch ausreichend für endogenes Wachstum, unabhängig davon, ob das von konvexer Technologie oder von nichtkonvexer generiert wird.

Das Modell von Jones und Manuelli (1990) generiert einerseits ständiges Wachstums und prognostiziert andererseits die bedingte Konvergenz[8]. Das erste geht auf den Ausdruck AK bei der Produktionsfunktion und das letzte auf die Cobb-Douglas-Funktion zurück. Bei der Generierung endogenen Wachstums führt der Ausdruck $BK^{\alpha}L^{1-\alpha}$ lediglich zur Senkung des Grenzprodukts.

Zu kritisieren ist vor allem, daß sowohl im AK-Modell als auch im konvexen Modell von Jones und Manuelli (1990) die nicht-akkumulierbaren Faktoren überhaupt keine Rolle bei der Erzeugung des endogenen Wachstums spielen. Wenn man zusätzlich die nicht-akkumulierbaren Faktoren beim Ausdruck AK berücksichtigt, die Produktionsfunktion z.B. AKL^{α} wäre, dann sind die Faktorentlohnungen größer als das Sozialprodukt.[9] Für die Erfüllung des Euler-Theorems, muß die Produktionselastizität des Kapitals kleiner als Eins sein, aber

[8] Mankiw, Romer und Weil (1992) benutzen das Konzept „bedingte Konvergenz". Das Konzept „bedingte Konvergenz" impliziert nicht notwendigerweise, daß alle Länder gegen gemeinsamen Steady-State konvergieren, sondern daß jedes Land ein eigenständiges langfristiges Wachstumsgleichgewicht haben kann. Demnach wächst eine Wirtschaft um so schneller, je weiter sie vom eigenen Steady-State entfernt ist.

[9] Vgl. Klodt (1995)

in diesem Fall kommt das Wachstum langfristig zum Stillstand. Das AK-Modell reduziert endogenes Wachstum zum Problem einer mathematischen Funktionsform, ohne daß ein Mechanismus dafür erzeugt wird.

2. Die Bedingung für endogenes Wachstum

2.1. Zwei akkumulierbare Faktoren

Hier wird geprüft, ob die Bedingung für endogenes Wachstum – die Verletzung der Inada-Bedingung – auf die anderen Modellen angewandt werden kann. Betrachtet wird ein Modell mit zwei akkumulierbare Faktoren, das in Mankiw, Romer und Weil (1992) und Barro und Sala-i-Martin (1995) zu finden ist.

(B-37) $$Y = C + \dot{K} + \dot{H} = AK^{\alpha}H^{1-\alpha},$$
wobei K Kapital und H Humankapital bezeichnet.

Mit der Nutzenfunktion (B-4) erhält man die Wachstumsrate des Konsums

(B-38) $$\frac{\dot{C}}{C} = \sigma^{-1}(r - \rho),$$
wobei r der Zinssatz ist.

Die Erträge aus der Investition in Kapital und Humankapital müssen ausgeglichen werden, weil man für die Investition in beiden Faktoren auf den Konsum verzichten muß.

(B-39) $$A\alpha(K/H)^{\alpha-1} = A(1-\alpha)(K/H)^{\alpha}$$

Daraus ergibt sich die Faktorrelation zwischen Kapital und Humankapital

$$(K/H) = \alpha/(1-\alpha).$$

Da K/H konstant ist, wachsen Kapital und Humankapital mit derselben Rate. Substituiert man diese Relation für K und H im Grenzprodukt, ergibt sich das Grenzprodukt des Kapitals im Steady-State

$$r = f_K^{*} = f_H^{*} = A\alpha^{\alpha}(1-\alpha)^{1-\alpha}$$

und läßt sich die Wachstumsrate wie folgt umschreiben:

(B-40) $$\frac{\dot{C}}{C} = \frac{\dot{K}}{K} = \frac{\dot{H}}{H} = \sigma^{-1}[A\alpha^{\alpha}(1-\alpha)^{1-\alpha} - \rho].$$

Die Wachstumsrate bleibt im Steady-State positiv, wenn $A\alpha^{\alpha}(1-\alpha)^{1-\alpha} > \rho$ gilt.

Obwohl das Grenzprodukt des Kapitals und des Humankapitals im Steady-State positiv sind, kann man an der Produktionsfunktion gleich erkennen, daß die Inada-Bedingung erfüllt wird:

$$\lim_{K\to\infty} f_K = \lim_{K\to\infty} [AK^{\alpha-1}H^{1-\alpha}] = 0\,.$$

Barro und Sala-i-Martin (1995, Kap.5) argumentieren, daß dieses Modell äquivalent mit dem AK-Modell ist und die Unterscheidung zwischen beiden Modellen keine Bedeutung hat. Sie formulieren die Produktionsfunktion unter Verwendung von $(K/H) = \alpha/(1-\alpha)$:

$$Y = AK(1-\alpha)^{1-\alpha}\alpha^{\alpha}\,.$$

Mit dieser Umformulierung kann man leicht sehen, daß das Grenzprodukt des Kapitals positiv von unten begrenzt ist und die Inada-Bedingung nicht erfüllt wird.

(B-41) $$\lim_{K\to\infty} \tilde{f}_K > 0\,,$$

wobei f_K Grenzprodukt des Kapitals bei der umformulierten Produktionsfunktion darstellt.

Dadurch entsteht allerdings das Problem, daß das Grenzprodukt des Kapitals in (B-40) dem Grenzprodukt des Kapitals in (B-41) nicht entspricht:

$$\lim_{K\to\infty} \tilde{f}_K \neq f_K^{\,*}$$

$$\lim_{K\to\infty} \tilde{f}_H \neq f_H^{\,*}\,.$$

Um dieses Problem zu umgehen, kehren Mulligan und Sala-i-Martin (1993, S.751) auf das Konzept des breiten Kapitals zurück und schreiben.

> „Our analysis of two-capital-goods models suggests that the marginal product of either capital good on either sector approach zero as capital grows without bounds and still get endogenous growth. ...... the marginal product of a broad_measure of capital is bounded above zero."

Es scheint sicher zu sein, daß die Autoren das Problem der Disparität zwischen dem partiellen Grenzprodukt und dem Grenzprodukt im Steady-State bemerkt haben. Trotzdem bleiben sie beim unklaren Begriff „breites Kapital". Weiterhin ziehen Barro und Sala-i-Martin (1995 Kap.5) einfach die Schlußfolgerung, daß die Unterscheidung zwischen dem Modell mit dem breiten Kapital und dem Modell mit zwei akkumulierbaren Faktoren keine Bedeutung hat. Tatsächlich haben die beiden Modelle viele Gemeinsamkeit: keine Übergangsdynamik, konstante Wachstumsrate und auch das konstante Grenzprodukt im Steady-State. Man soll sich hier die Frage stellen: Wozu braucht man Humankapital, wenn alle Faktoren einfach zusammengesetzt werden dürfen? Die Einführung eines neuen Faktors kann den Mechanismus des Systems verändern. Man kann daher davon ausgehen, daß es bestimmt einen Mechanismus gibt, der die partiellen Grenzprodukte der Faktoren miteinander verbindet, ihre weitere Senkung verhindert und dadurch zum ständigen Wachstum führt. Die Einführung eines neuen akkumulierbaren Faktors könnte nicht nur die Funktionsform verändern, sondern auch den Prozeß der Faktorakkumulation.

2.2 Mechanismus für positives Grenzprodukt

Um den Mechanismus herauszufinden, sollte man zunächst die Bestimmungsprozesse des Gleichgewichts ansehen. Eine Optimierungsbedingung für das Gleichgewicht war dieselbe Rentabilität der beiden Faktoren. Danach soll das Grenzprodukt des Kapitals dem Grenzprodukt des Humankapitals entsprechen, $f_H = f_K$, weil K und H gleich durch den Verzicht des Konsums akkumuliert werden können. Wegen dieser Bedingung müssen die beiden Faktoren eine bestimmte Relation im Gleichgewicht bilden und einhalten. Ein anderer Punkt ist der partielle Charakter der Inada-Bedingung. Wenn ein Faktor konstant ist, sinkt das Grenzprodukt eines Faktors weiter, $\partial f_K / \partial K < o$ und $\partial f_H / \partial H < o$. Das passiert allerdings in diesem Modell nicht, weil sowohl K als auch H akkumulierbar ist. Der Faktor Kapital K bleibt nicht konstant, wenn Humankapital H zunimmt. K und H nehmen gleichzeitig zu. Das wird bei der Inada-Bedingung nicht berücksichtigt.

Da die optimale Relation zwischen Faktoren im betrachteten Modell konstant ist und auf dem gleichgewichtigen Wachstumspfad eingehalten wird, werden die beiden Faktoren mit derselben Rate akkumuliert. Die Rentabilität der Investitionen bestimmt diese optimale Faktorrelation. Das impliziert, daß die partiellen Grenzprodukte der Faktoren auch eine bestimmte Relation auf dem gleichgewichtigen Wachstumspfad einhalten. Das Verhältnis zwischen den partiellen Grenzprodukten der Faktoren kann bei Null oder in einem positiven Bereich gebildet werden. Wenn es im positiven Bereich im Steady-State bleibt, dann kann ständiges Wachstum generiert werden. Im betrachteten Modell wird das Verhältnis zwischen den partiellen Grenzprodukte im positiven Bereich gebildet. Dieser Mechanismus läßt sich leicht mit der Abbildung <B-2> veranschaulichen.

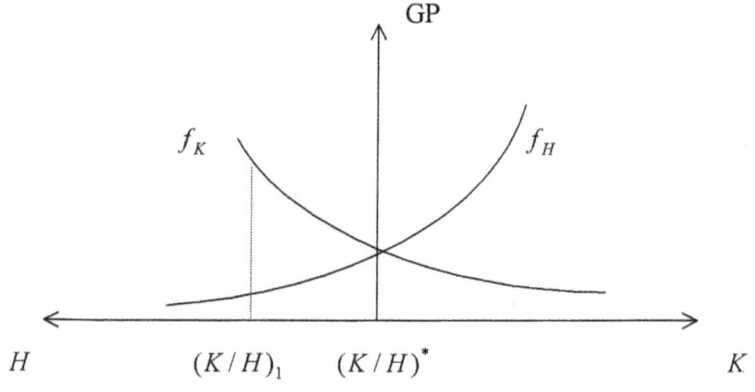

Abb. <B-2>: Positive Grenzprodukte im Modell mit zwei akkumulierbaren Faktoren

Die horizontale Achse zeigt den Kapital- und Humankapitalbestand. Die gleichgewichtige Faktorrelation ist mit $(K/H)^*$ gezeichnet. Das Grenzprodukt im Steady-State wird auf der senkrechten Achse eingetragen. Das Gleichgewicht liegt in E, wo die partiellen Grenzprodukte miteinander zusammentreffen. Wenn ein Faktor unabhängig von der Akkumulation des anderen akkumuliert wird, dann geht das Grenzprodukt dieses Faktors gegen Null. Da die beiden Faktoren in diesem Modell die bestimmte Relation $(K/H)^*$ haben, kann ein Faktor allein nicht akkumuliert werden, ohne das gleichgewichtige Faktorrelation zu verletzen.

Wenn eine Wirtschaft nicht auf dem gleichgewichtigen Wachstumspfad steht, könnten die Veränderungsraten der Faktoren unterschiedlich sein. Das ist der Ungleichgewichtseffekt (Barro und Sala-i-Martin 1995 Kap. 5). Wenn die Faktorrelation beispielsweise in $(K/H)_1$ liegt, dann ist das Grenzprodukt des Kapitals höher als das des Humankapitals. Aber diese Relation kann in diesem System nicht lange gehalten werden. Das höhere Grenzprodukt des Kapitals führt zur schnelleren Akkumulation des Kapitals, die das Grenzprodukt des Kapitals entsprechend schnell reduziert. Dadurch wird das Ungleichgewicht im Verhältnis zwischen Faktoren beseitigt. Auf dem gleichgewichtigen Wachstumspfad werden die beiden Faktoren mit derselben Rate akkumuliert und die beiden partiellen Grenzprodukte bleiben konstant. Die Senkung eines partiellen Grenzprodukts unterhalb des gleichgewichtigen Grenzprodukts wird durch die optimale Faktorrelation und die Veränderung des anderen partiellen Grenzprodukts verhindert. Dieser Mechanismus funktioniert wie der Preismechanismus, der Nachfrage und Angebot auf dem Markt steuert. Wenn der Gleichgewichtswert der beiden Grenzprodukte auf dem positiven Bereich bleibt, dann wird ständiges Wachstum gewährleistet.

In Modell mit einem akkumulierbaren Faktor soll das Grenzprodukt des Faktors allein positiv bleiben, um ständiges Wachstum generiert zu werden. Die Produktionselastizität dieses Faktors muß daher mindestens gleich Eins sein. In einem Modell mit mehreren Akkumulaltionsfaktoren ist ständiges Wachstum möglich, wenn die Summe der partiellen Elastizität der Produktion aller akkumulierbaren Faktoren größer als oder gleich Eins ist. Die optimale Faktorrelation und die Veränderungen der Grenzprodukte eines anderen Faktors verhindern dabei die Senkung des partiellen Grenzprodukts eines Faktors unter den Gleichgewichtswert. Ein Faktor allein kann nicht weiter akkumuliert werden, ohne daß andere Faktoren akkumuliert werden. Die Umformulierung der Produktionsfunktion beseitigt den Mechanismus, der das Zusammenspiel der beiden Faktoren regelt und das partielle Grenzprodukt der Faktoren im Steady-State positiv bleiben läßt.

C. Wachstum, Handel und Diffusion

Im vorigen Kapitel wurden drei verschiedene Wachstumsmodelle in der Autarkie vorgestellt, um die grundlegenden Prozesse des endogenen Wachstums hervorzubringen. Der in der theoretischen Diskussion weniger beachtete Aspekt betrifft die Auswirkung des Handels auf das Wachstum. Obwohl Handel zwar in den empirischen Untersuchungen zum Wachstum längst als außerordentlich bedeutsam erkannt ist, erfolgt eine theoretische Einbeziehung von Handel in ein Wachstumsmodell jedoch erst im Rahmen der neuen Wachstumstheorie. Die traditionelle Handelstheorie beschäftigt sich beispielsweise lediglich mit den Auswirkungen des ausländischen Wachstums oder des inländischen Wachstums auf die Handelsposition eines Landes. Wachstum ist dabei auf jeden Fall exogen gegeben. Es ist daher notwendig, die Interdependenz der Wachstumsprozesse und des Handels im Rahmen der neuen Wachstumstheorie zu untersuchen.

Es wird zunächst diskutiert, welche Effekte Außenhandel auf das Wachstum hat. Es kommt darauf an, welche Rolle der Handelsgegenstand bei der Innovation spielt. Wenn die gehandelten Güter zur Innovation verwendet werden, bringt der Güterverkehr einen Wachstumseffekt hervor. Sonst hat Handel lediglich einen Level-Effekt. Sodann wird die Handelsrestriktion in das Modell eingeführt. In der Literatur konzentriert sich die Analyse der Auswirkungen der Handelsrestriktion auf das Wachstum meistens auf den Allokationseffekt, der nur einen von vielen Effekten der Handelsrestriktion darstellt. Hierbei werden diese Effekte der Handelsrestriktion ausführlich analysiert.

In Abschnitt II wird die Rolle der internationalen Wissensdiffusion beim Wachstumsprozeß eines Landes dargestellt. Ausgehend von einem einfachen Diffusionsmodell wird die Idee von Grossman und Helpman (1991 Kap.6), daß Handel zur Akkumulation des Wissens beitragen kann, in Verbindung mit dem Konzept „exportgetriebenen Wachstums“ (export-led-growth) in ein konkretes Modell umgesetzt. Die Analyse symmetrischer Länder wird anschließend zur Analyse asymmetrischer Länder erweitert. Danach wird das Führer-Folger-Modell dargestellt, das die Erklärung dafür gibt, daß unterschiedliche Länder eine unterschiedliche Wachstumsrate aufweisen können.

Ein zentrales Thema in der Außenhandelstheorie betrifft komparative Vorteile, die Richtung und Größe der Handelsströme bestimmen. Aufbauend auf dem Faktorproportionentheorem entwickeln Grossman und Helpman (1991, Kap.7) ein Modell, in dem sich die komparativen Vorteile eines Landes durch die Akkumulation des Wissens im Zeitlauf verändern. Schließlich wird diskutiert, wie ein Land in der Dynamik komparative Vorteile haben wird.

I. Handel in den endogenen Wachstumsmodellen

1. Handelseffekt

Es folgt der Arbeit von Rivera-Batiz und Romer (1991a) und Grossman und Helpman (1991, Kap.9). Es geht hier unmittelbar um die Frage, ob Außenhandel langfristiges Wachstum treiben kann. Die Handelseffekte auf Wachstum lassen sich zwischen Level-Effekt und Wachstumseffekt unterscheiden. Das im folgenden dargestellte Modell wird durch die Veränderungen einiger Annahmen im Vergleich mit den Modellen von Rivera-Batiz und Romer (1991a) und Grossman und Helpman (1991, Kap.9) modifiziert. Zunächst gibt es hier kein Humankapital und die Zwischenprodukte sind keine dauerhaften Güter. Während die differenzierten Güter im Modell von Grossman und Helpman (1991, Kap.9) die Konsumgüter sind, werden die differenzierten Güter als der Input für den Sektor des Endprodukts dargestellt.

1.1 Level-Effekt

Um den Effekt des Handels auf das Wachstum zu studieren, wird das Modell in Kapitel B.I.2 zur offenen Wirtschaft erweitert. Hier werden zwei Länder betrachtet, die symmetrisch sind und jeweils drei Sektoren haben: Sektor des Endprodukts, der Zwischenprodukte und FuE-Sektor. Die Entwicklung der Technologie durch FuE-Aktivitäten wird ebenfalls durch die Expansion der Güteranzahl repräsentiert. Da das Endprodukt perfekt homogen ist, kommt nur der Außenhandel mit den differenzierten Zwischenprodukten zustande, auf deren Markt monopolistische Konkurrenz herrscht. Es gibt keine Handelsrestriktion und -kosten.

Es wird angenommen, daß jedes Land seine eigenen differenzierten Güter produziert. Es gibt also kein identisches Zwischenprodukt, das in beiden Ländern (Nord und Süd) produziert wird. Das Endprodukt wird mit dem Einsatz der Arbeit und der differenzierten Zwischenprodukte hergestellt, die in Nord $\{x_i \in n\}$ und in Süd $\{m_j \in n\}$ produziert werden. Die Produktionsfunktionen des Endprodukts sind

(C-1a) $Y = L_y^{1-\alpha}\left[\int_0^n (x_i)^\alpha di + \int_0^{n^*} (m_j^*)^\alpha dj\right]$

(C-1b) $Y^* = L_y^{*1-\alpha}\left[\int_0^n (x_j^*)^\alpha dj + \int_0^{n^*} (m_i)^\alpha di\right]$,

wobei x_i die in Nord produzierte Menge des Zwischenprodukts i und m_j die Importmenge des Zwischenprodukts j aus Süd darstellt. Variable mit Sternzeichen wird im folgenden für Süd benutzt.

In beiden Ländern kann der Output des Endprodukts zur Produktion der Zwischenprodukte und zum Konsum verwendet werden. Wie in Kapitel B.I.2 angenommen, ist eine Einheit des Endprodukts für die Produktion einer Einheit des Zwischenprodukts notwendig. Der Preis des Endprodukts wird auf Eins nominiert.

Das Design, das Firma des Zwischenprodukts vor der Produktion erwerben muß, wird mit der folgenden Technologie produziert:

(C-2a) $\dot{n} = \delta L_R n$

(C-2b) $\dot{n}^* = \delta L_R^* n^*$

Außerdem wird keine internationale Wissensdiffusion erlaubt, so daß das Wissenskapital für FuE-Aktivitäten vollkommen national ist. Darüber hinaus ist das Design kein internationaler Handelsgegenstand und Firmen sind nicht mobil. Der Faktor Arbeit wird in beiden Ländern zwischen dem Sektor des Endprodukts und dem FuE-Sektor verteilt:

(C-3) $L_y + L_R = L$ und $L_y^* + L_R^* = L^*$

Da alle Zwischenprodukte in der Produktionsfunktion des Endprodukts symmetrisch sind, produzieren Firmen die gleiche Gesamtmenge X und exportieren wegen der Annahme der symmetrischen Länder auch die identische Menge. Es gilt also $x = x_i$ und $m = m_J$. Die Produktionsfunktion und die Ressourcenrestriktion sind somit wie folgt zu vereinfachen:

$$Y = C + n(x+m) = L_y{}^{1-\alpha}\left[nx^\alpha + n^*(m^*)^\alpha\right]$$

$$Y^* = C^* + n^*(x^* + m^*) = L_y{}^{*1-\alpha}\left[n^*(x^*)^\alpha + n \cdot m^\alpha\right]$$

Der Gewinn der Produzenten des Endprodukts in Nord ist dadurch gegeben:

$$L_y{}^{1-\alpha}\left[nx^\alpha + n^*(m^*)^\alpha\right] - \omega_y L_y - pnx - p^* n^* m^* .$$

Der Preis eines Zwischenprodukts wird einheitlich bestimmt, $p = p_i$ und $p^* = p_j{}^*$. Aus den Bedingungen erster Ordnung erhält man die Nachfragefunktion für die Zwischenprodukte

(C-4) $p = \alpha L_y{}^{1-\alpha} x^{\alpha-1}$

(C-5) $p^* = \alpha L_y^{*\,1-\alpha} (m^*)^{\alpha-1}$.

Aus (C-4) und (C-5) und den analogen Gleichungen in Süd erhält man die Relation zwischen Mengen $(m/x^*) = (x/m^*)$. Da beide Länder symmetrisch sind, folgt $x = x^*$ und $m = m^*$. Es gilt darüber hinaus aufgrund des Freihandels $x = x^* = m = m^*$.

Der Gewinn der Zwischenproduktfirma in Nord ist:

(C-6) $$\pi = (p-1)(x+m).$$

Die Firma des Zwischenprodukts als Monopolist setzt den Markup-Preis auf die Grenzkosten. Der Preis des Zwischenprodukts ist dann

(C-7) $$p = p^* = \alpha^{-1}.$$

Aufgrund des freien Eintritts im Sektor der Zwischenprodukte muß der Preis des Designs dem Gegenwartswert des künftigen Gewinns entsprechen:

(C-8) $$p_n = \int_t^{\infty} e^{-[R(v)-R(t)]}\pi(v)dv,$$

wobei $R(t)$ der kumulative Diskontierungsfaktor in t ist.

Durch die Differenzierung (C-8) erhält man die „no-arbirtage"-Bedingung.

(C-9) $$r \cdot p_n = \pi + \dot{p}_n$$

Dabei wird der konstante Zinssatz r angenommen. Wie in Kapitel B.I.2 bleibt p_n im Steady-State konstant. Somit läßt sich der Designpreis wie folgt schreiben:

(C-10) $$p_n = \frac{1}{r}(p-1)(x+m) = \frac{2x}{r}\frac{1-\alpha}{\alpha}.$$

Da die Lohnsätze zwischen Sektoren aufgrund der intersektoralen Mobilität der Arbeit ausgeglichen werden sollen, gilt

$$(1-\alpha)L_y{}^{-\alpha} \cdot [nx^{\alpha} + n^*(m^*)^{\alpha}] = \frac{2x}{r}\frac{1-\alpha}{\alpha}.$$

Daraus ergibt sich der Arbeitseinsatz im Sektor des Endprodukts im Steady-State:

(C-11) $$L_y = \frac{r}{\delta\alpha}.$$

Die Wachstumsrate der Innovation kommt damit aus (C-2a) zum Ausdruck:

(C-12) $$g = \frac{\dot{n}}{n} = \delta L_R = \delta(L - L_y) = \frac{\delta\alpha L - r}{\alpha}.$$

Wie in Kapitel B.I.1 dargestellt erhält man die Wachstumsrate des Konsums aus der intertemporalen Nutzenmaximierung:

(C-13) $$\frac{\dot{C}}{C} = \sigma^{-1}(r-\rho).$$

Außerdem sind die Wachstumsrate des Konsums und der Innovation gleich.[1] Setzt man (C-12) und (C-13) gleich, ergibt sich die Wachstumsrate der Innovation in Nord.

(C-14) $$g = g^* = \frac{\alpha\delta L - \rho}{\sigma + \alpha}.$$

Da beide Länder symmetrisch sind, wachsen sie mit derselben Rate.

Um den Handelseffekt auf das Wachstum isoliert zu zeigen, wird dies Modell mit dem Autarkiemodell in Kapitel B.I.2 verglichen. Die Aufnahme des Handels hat in diesem Modell keinen Wachstumseffekt. Die Wachstumsrate nach Öffnung der Wirtschaft ist genau gleich wie die in der Autarkie (B-32). Unter der Annahme nationaler Wissensdiffusion hat Handel keinen Einfluß auf den Wissensstock, so daß die Wachstumsrate $g = \delta L_R$ vom Arbeitseinsatz im FuE-Sektor abhängt. Wenn Handel z.B. zu mehr Arbeitseinsatz im FuE-Sektor führt, dann erhöht sich die Wachstumsrate in diesem Modell. Zur Bestimmung der Arbeitsallokation zwischen dem Sektor des Endprodukts und dem FuE-Sektor spielt die Veränderung des Lohnsatzes durch Aufnahme des Handels die entscheidende Rolle.

Um die Komplexität beim Vergleich mit den Variablen in der Autarkie zu vermeiden, wird die Autarkie mit A und Handel mit H notiert. Zuerst ist festzuhalten, daß die Menge x (x^*), die eine repräsentative Zwischenproduktfirma in Nord (Süd) nach Aufnahme des Handels für Nord (Süd) anbietet, genau der Menge entspricht, die sie in der Autarkie produziert. Somit läßt sich die Produktionsfunktion des Endprodukts (C-1a) durch die gemeinsame Menge von x darstellen:

(C-15) $$Y = L_y^{1-\alpha}(n + n^*)x^\alpha$$

Die Aufnahme des Handels bedeutet für den einzelnen Anbieter der Zwischenprodukte die Vergrößerung der Absatzmärkte. Vor der Öffnung der Wirtschaft produziert er in jedem Land nur für das Inland. Mit Aufnahme des Handels produzieren Firmen jetzt für das Inland und auch für den Export, so daß die Gesamtmenge $X = x + m = 2x$ beträgt. Damit steigt der Gewinn der Firmen von $\pi(A) = x(1-\alpha)/\alpha$ auf $\pi(H) = 2x(1-\alpha)/\alpha$. Das bedeutet, daß die Kreation eines neuen Designs mit der Aufnahme des Handels zweimal so wertvoll im

[1] Das ist bereits bei (B-31) bewiesen.

Vergleich mit der Autarkiesituation ist. Als Folge steigt der Preis des Designs von $\pi(A)/r$ auf $\pi(H)/r$, wenn der Zinssatz r unverändert bleibt. Es gilt also

$$p_n(H) = \frac{1-\alpha}{r\alpha} 2x > p_n(A) = \frac{1-\alpha}{r\alpha} x .$$

Die Steigerung des Designpreises hat die Erhöhung des Lohnsatzes im FuE-Sektor zur Folge. Der Lohnsatz im FuE-Sektor ist nach Aufnahme des Handels $\omega_R(H) = n\delta \cdot p_n(H)$.

Die Aufnahme des Handels führt zudem zur Verdoppelung des Grenzprodukts der Arbeit im Sektor des Endprodukts, nämlich von $(1-\alpha)L_y^\alpha \cdot n \cdot x^\alpha$ auf $2(1-\alpha)L_y^\alpha \cdot n \cdot x^\alpha$. Der Grund für die Verdoppelung liegt im additiv trennbaren Einsatz der Zwischenprodukte in der Produktion des Endprodukts. Das Grenzprodukt der Arbeit steigt mit der Addition der neuen Zwischenprodukte genau um deren Anzahl. Die Lohnsätze steigen gleich zweifach in jedem Sektor, so daß Handel keine Auswirkung auf die Allokation der Arbeit und damit keinen Wachstumseffekt hat.

Handel hat aber den Level-Effekt. Nicht n, sondern $n + n^* = 2n$ Zwischenprodukte stehen durch die Aufnahme des Handels den Produzenten des Endprodukts zur Verfügung. Handel führt daher in diesem Modell zur Erhöhung des Produktionsniveaus. Diesen statischen Gewinn aus Handel kann man leicht aus der Produktionsfunktion (C-15) sehen:

$$Y(H) = L_y{}^{1-\alpha}(n + n^*)x^\alpha > Y(A) = L_y^{1-\alpha} n x^\alpha$$

1.2 Wachstumseffekt

Im vorigen Modell wird die Entwicklung der Technologie vom Wissenskapital getrieben und die Güter spielen keine Rolle bei der Innovation, so daß lediglich der Güterverkehr keinen Wachstumseffekt hervorbringt. Rivera-Batiz und Romer (1991a) modifizieren die Produktionstechnologie des FuE-Sektors und zeigen, daß Handel doch einen Wachstumseffekt haben kann. Die modifizierte Produktionsfunktion lautet

(C-16) $$\dot{n} = \delta L_R{}^{1-\alpha} \left[\int_0^n x_i{}^\alpha di + \int_0^{n^*} (m_j{}^*) dj \right],$$

wobei δ den konstanten Produktivitätsparameter angibt.

In diesem Modell existiert kein Humankapital und Zwischenprodukte sind keine dauerhaften Güter.[2] Da neue Designs durch den Einsatz des identischen Input wie im Sektor des Endprodukts produziert werden, lassen sich die zwei Sektoren zu einem Sektor reduzieren. Wenn z Einheiten von Y für die Innovation notwendig sind, ergeben sich δz Einheiten Design. Aufgrund des freien Eintritts in den FuE-Sektor ist der Preis des Designs $p_n = \delta^{-1}$. Damit läßt sich der integrierte Sektor wie folgt darstellen:

(C-17) $$C + n(x+m) + \frac{\dot{n}}{\delta} = L^{1-\alpha}\left[\int_0^n x_i^{\alpha} di + \int_0^{n^*} (m_j^{*}) dj\right].$$

Bei der konstanten Arbeit L maximieren die Produzenten des Endprodukts den Gewinn, der gegeben ist durch:

$$L^{1-\alpha}[nx^{\alpha} + n^*(m^*)^{\alpha}] - \omega L - [pnx + p^* n^* m^*].$$

Aus den Bedingungen erster Ordnung ergeben sich die Nachfragen nach den Zwischenprodukten:

(C-18) $$p = \alpha L^{1-\alpha} x^{\alpha-1}$$

(C-19) $$p^* = \alpha L^{1-\alpha} (m^*)^{\alpha-1}$$

Man kann auch wie in Abschnitt I.1 $p = p^*$ und $x = m = x^* = m^*$ ableiten. Der Gewinn einer repräsentativen Firma der Zwischenprodukte in Nord ist damit

(C-20) $$\pi = (p-1)(x+m).$$

Da Firma setzt den Markup-Preis auf die Grenzkosten setzt, ist der Preis dann

(C-21) $$p = p^* = 1/\alpha.$$

Da der Designpreis im Steady-State konstant bleibt und dem Gegenwartswert des künftigen Gewinns entspricht, erhält man den Designpreis

(C-22) $$p_n = p_n^* = \frac{\pi}{r} = \frac{2}{r}\left(\frac{1-\alpha}{\alpha}\right)x.$$

Dieser Preis p_n ist bereits als δ^{-1} gegeben. Setzt man (C-22) mit δ^{-1} gleich und verwendet (C-18), dann ergibt sich der Zinssatz

(C-23) $$r = 2\delta\left(\frac{1-\alpha}{\alpha}\right)x$$
$$= 2\delta(1-\alpha)\alpha^{1-\alpha} L.$$

[2] Rivera-Batiz und Romer (1991a) unterstellen, daß Humankapital zur Produktion des Designs eingesetzt wird und die Zwischenprodukte dauerhafte Güter sind. Zwischenprodukte sind in diesem Fall als Kapitalleistung zu interpretieren. In Kapitel B.I.2 wird breit über die Modellierung diskutiert.

Dividiert man (C-17) durch n, folgt unter Verwendung von $n = n^*$

$$\text{(C-24)} \qquad \frac{C}{n} + (x+m) + \frac{1}{\delta}\frac{\dot{n}}{n} = 2L^{1-\alpha}x^{\alpha}$$

Nach Definition eines Steady-State bleibt die Wachstumsrate der Innovation ($\dot{n}/n$) konstant und da L und x sind auch konstant. Folglich muß C/n auch im Steady-State konstant sein. Damit sind die Wachstumsrate des Konsums und der Innovation gleich. Aus der Nutzenmaximierung des Haushalts erhält man zudem die Wachstumsrate des Konsums $\dot{C}/C = \sigma^{-1}[r-\rho]$. Wenn man (C-23) für r in der Wachstumsrate des Konsums substituiert, ergibt sich die Wachstumsrate

$$\text{(C-25)} \qquad \frac{\dot{C}}{C} = \frac{\dot{n}}{n} = \sigma^{-1}[2\delta(1-\alpha)\alpha^{\frac{1+\alpha}{1-\alpha}}L - \rho].$$

Die Wachstumsrate in der Autarkie kann man erhalten, indem $m^* = 0$ in den (C-17), (C-19) und (C-20) eingesetzt wird und dementsprechend (C-22) und (C-13) wieder gerechnet wird:

$$\text{(C-26)} \qquad \frac{\dot{C}}{C}(A) = \frac{\dot{n}}{n}(A) = \sigma^{-1}[\delta(1-\alpha)\alpha^{\frac{1+\alpha}{1-\alpha}}L - \rho].$$

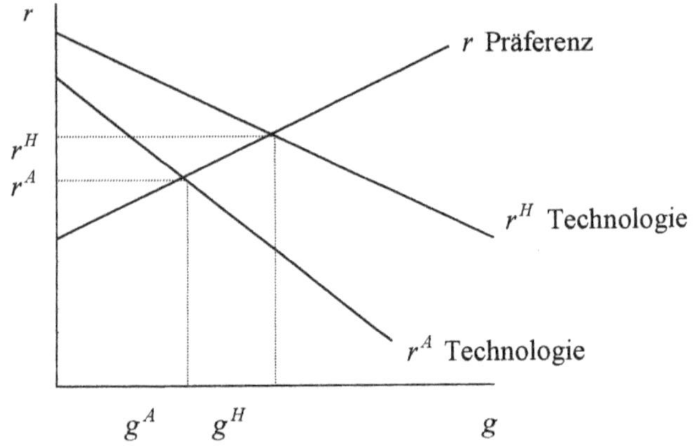

Abb. <C-1>: Handelseffekt beim „Lab-Equipment"-Modell

In dem Modell mit der modifizierten Produktionsfunktion des Designs hat Handel einen permanenten Wachstumseffekt. Die Erhöhung der Wachstumsrate durch Handel wird in der Steigerung des Zinssatzes reflektiert. Die Aufnahme des Handels vergrößert die Absatzmärkte für die Firmen und führt damit zur Steigerung des Gewinns. Der Designpreis p_n $(=\pi / r)$ soll dadurch steigen, aber ist aus der Produktionsfunktion mit dem Wert δ^{-1} fixiert. Statt dessen steigt der Zinssatz, der gleichzeitig das Grenzprodukt der Ressourcen darstellt, die nicht konsumiert und zur Produktion der Zwischenprodukte eingesetzt werden. Dieser Mechanismus läßt sich in der Abbildung (C-1) veranschaulichen.

2. Handelsrestriktion und Wachstum

Es ist in der traditionellen Handelstheorie[3] wohl bekannt, daß die Handelsrestriktion generell zu einem Wohlfahrtsverlust führen kann, insbesondere wenn ein kleines Land diese Politik durchführt. In der neuen Wachstumstheorie gibt es zwei Gegenargumente. Mit dem Modell, in dem die unterschiedlichen Produktivitäten der Faktoren im FuE-Sektor zwischen beiden Ländern und internationale Diffusion angenommen sind, zeigen Grossman und Helpman (1990), daß die Handelsrestriktion doch die Wachstumsrate der Welt nur dann erhöhen kann, wenn das Land (Süd) mit komparativen Nachteilen in den FuE-Aktivitäten einen Importzoll erhebt. Dabei kommt der Reallokation der Faktoren eine zentrale Rolle zu. Erhebt Süd einen Importzoll, dehnt sich die Güterproduktion dort aus und schränken sich die Innovationsaktivitäten ein. Die sektorale Faktorallokation verschiebt sich damit zugunsten des Produktionssektors. Die entgegengesetzte Reallokation der Faktoren findet in Nord statt, d.h. im FuE-Sektor werden mehr Ressourcen eingesetzt. Diese Umlenkung der Faktoren vom Produktionssektor in die Innovationsaktivitäten in Nord hat die Erhöhung der Wachstumsrate zur Folge.

Im Gegensatz zu Grossman und Helpman (1990) argumentieren Rivera-Batiz und Romer (1991b), daß die bilateralen Handelsrestriktionen zwischen beiden symmetrischen Ländern unvermeidlich zur Reduktion der Wachstumsrate führen. Danach bringen die Restriktion des Handels drei Effekte hervor, die Integrations-, Allokations- und Reduplikationseffekt genannt werden. Vom Allokationseffekt spricht man, wenn sich der sektorale Output infolge der Veränderung der Faktorallokation zwischen Sektoren verändert. Dieser Effekt geschieht nur innerhalb eines Landes. Der Integrationseffekt befaßt sich mit der Begrenzung der Ausnutzung der zunehmenden Skalenerträge im identischen Sektor zwischen Ländern. Der Reduplikationseffekt entsteht im FuE-Sektor, wenn die Handelsrestriktion die Doppelinvestition in die Innovation induziert. Der Integrationseffekt und Reduplikationseffekt wirken negativ auf das Wachstum, wenn sie sich durch die Einführung der Handelsrestriktion ergeben. Das Vorzeichen des Allo-

[3] Die Ausnahme davon ist das Optimalzoll-Argument. Demnach kann ein Land durch einen optimalen Zoll den Term of Trade verbessern. Das gilt jedoch nur, wenn das Land seine Preisvorstellung auf dem Weltmarkt durchsetzen kann.

kationseffekts ist nicht eindeutig. Das hängt von der Richtung der Reallokation der Faktoren zwischen dem Produktions- und dem FuE-Sektor ab.

Bei Rivera-Batiz und Romer (1991b) und auch bei Rivera-Batiz und Xie (1993) ist der Allokationseffekt im Vergleich mit Grossman und Helpman (1990) relativ klein, weil dabei symmetrische Länder angenommen sind. Durch die Handelsrestriktion steigt die Produktion der Güter in beiden Ländern, dagegen sinkt die Innovation. Die Handelsrestriktion führt zur Reduktion des Wachstums. Bei Grossman und Helpman (1990) könnte der positive Allokationseffekt für das Wachstum entstehen, wenn beide Länder so unterschiedlich sind und das Land mit komparativen Nachteilen in der Innovation einen Importzoll erhebt. Dieser Effekt ist relativ größer als die anderen Effekte.

2.1. Importzoll

Ausgehend vom Modell des vorigen Abschnitts C.I. 1 werden die Auswirkungen der Handelsrestriktion auf das Wachstum analysiert. Das im folgenden dargestellte Modell ist eine einfache Modifikation des Modells von Rivera-Batiz und Romer (1991b). Zwischenprodukte sind keine Kapitalgüter. Außerdem wird keine internationale Diffusion angenommen. In diesem Modell gibt es schließlich kein Humankapital.

Durch die Erhebung der Importzölle kommt es zu einer Disparität zwischen dem inländischen Preis und dem Importpreis. Wenn die Regierung einen Importzoll in Höhe von τ erhebt, ist der Preis des importierten Zwischenprodukts gleich $(1+\tau)p^*$, wobei p^* der Exportpreis ist, den die ausländischen Firmen kassieren. Es wird unterstellt, daß die Zolleinnahmen in beiden Ländern als Pauschaltransfer an die Haushalte verteilt werden, und beide Länder symmetrisch den gleichen Importzoll erheben $\tau = \tau^*$. Die anderen Annahmen sind gleich wie im vorigen Abschnitt C.I.1.

Die Produzenten des Endprodukts maximieren den Gewinn, der dadurch gegeben ist

$$\left(L_y\right)^{1-\alpha}\left[nx^{\alpha} + n^*(m^*)^{\alpha}\right] - \omega_y L_y - pnx - p^*(1+\tau)n^*m^*.$$

Die Bedingungen erster Ordnung lauten

(C-27) $$p = \alpha L_y^{\ 1-\alpha} x^{\alpha-1}$$

(C-28) $$p^* = \alpha(L_y)^{1-\alpha}(m^*)^{\alpha-1}(1+\tau)^{-1}.$$

Für Süd ergeben sich die analogen Nachfragefunktionen

(C-29) $$p^* = \alpha(L_y^*)^{1-\alpha}(x^*)^{\alpha-1}$$

(C-30) $$p=\alpha(L_y^*)^{1-\alpha}m^{\alpha-1}(1+\tau)^{-1}.$$

Da alle Firmen der Zwischenprodukte die identische Nachfrage sowohl in Inland als auch in Ausland haben, bleibt der Markup-Preis gleich $p=p^*=1/\alpha$. Die Einführung des Zolls führt allerdings zur Differenz zwischen den Nachfragen nach den inländischen und importierten Zwischenprodukte. Aus (C-27) – (C-30) ergibt sich die Beziehung zwischen der inländischen Nachfrage und dem Export

(C-31) $$m=\phi^{\frac{1}{\alpha-1}}x\ , \qquad \phi\equiv 1+\tau .$$

Der Gewinn der Firma der Zwischenprodukte ist:

(C-32) $$\pi=(p-1)(x+m) = \frac{1-\alpha}{\alpha}x(1+\phi^{\frac{1}{\alpha-1}}).$$

Da die Veränderung des Designpreises im Steady-State gleich Null ist ($\dot{p}_n=0$), wird der Designpreis wie folgt ausgedrückt:

(C-33) $$p_n=\frac{1}{r}\frac{(1-\alpha)}{\alpha}x(1+\phi^{\frac{1}{\alpha-1}})$$

Außerdem muß der Lohnsatz der Arbeit im Sektor des Endprodukts und im FuE-Sektor gleich sein. Es gilt somit

(C-34) $$\delta\cdot n\cdot p_n=(1-\alpha)L_y^{-\alpha}x^{\alpha}n(1+\phi^{\frac{\alpha}{\alpha-1}}).$$

Die linke Seite zeigt den Lohnsatz im FuE-Sektor und die rechte Seite ist das Grenzprodukt im Sektor des Endprodukts. Substituiert man (C-33) für p_n in (C-34), ergibt sich der Arbeitseinsatz im Sektor des Endprodukts:

(C-35) $$L_y=\frac{r}{\delta\alpha}\varphi, \qquad \varphi\equiv\frac{1+\phi^{\frac{\alpha}{\alpha-1}}}{1+\phi^{\frac{1}{\alpha-1}}}.$$

Aus der Nutzenmaximierung des Haushalts erhält man den Ausdruck für den Zinssatz, und die Wachstumsrate des Konsums und der Innovation sind in diesem Modell gleich. Daraus folgt

(C-36) $$r=\sigma g+\rho .$$

Setzt man die Arbeitsrestriktion ($L=L_y+L_R$) in die Produktionsfunktion des FuE-Sektors (C-2a) ein, erhält man die Wachstumsrate im Steady-State:

(C-37) $$g = \frac{\alpha\delta L - \varphi\rho}{\alpha + \sigma\varphi}$$

Der Wert φ ist eine steigende Funktion des Zolls ($\phi = 1 + \tau$), so daß die Wachstumsrate mit dem zunehmenden Zoll sinkt, $\partial g / \partial \phi < 0$. Im Vergleich mit der Wachstumsrate bei Freihandel in (C-14) ist die Wachstumsrate bei Handelsrestriktion deutlich niedriger:

$$\frac{\alpha\delta L - \rho}{\sigma + \alpha} > \frac{\alpha\delta L - \varphi\rho}{\sigma\varphi + \alpha}.$$

2.2. Effekte der Handelsrestriktion

Allokationseffekt

Rivera-Batiz und Romer (1991b) erklären den Allokationseffekt mit den Veränderungen des Lohnsatzes der Arbeit in beiden Sektoren. Der Lohnsatz im FuE-Sektor kommt mit Hilfe von (C-33) zum Ausdruck:

(C-38) $$\begin{aligned}\omega_R &= \delta \cdot n \cdot p_n \\ &= \delta \cdot n \cdot \frac{1}{r}\frac{(1-\alpha)}{\alpha} x(1 + \phi^{\frac{1}{\alpha-1}}).\end{aligned}$$

Der Lohnsatz im Sektor des Endprodukts in (C-34) ist proportional zu $(1 + \phi^{\alpha-1})x^{\alpha}$, während der Lohnsatz im FuE-Sektor proportional zu $(1 + \phi^{\alpha-1})x$ ist. Die Auswirkungen der Handelsrestriktion auf die Sektoren sind nach Rivera-Batiz und Romer (1991b) nicht gleich, nämlich

$$\left| \frac{1}{\alpha-1}\phi^{\frac{2-\alpha}{\alpha-1}} x + (1 + \phi^{\frac{1}{\alpha-1}}) \frac{\partial x}{\partial \phi} \right| >$$
$$\frac{\alpha}{\alpha-1}(1 + \phi^{\frac{1}{\alpha-1}})^{\alpha-1} \phi^{\frac{2-\alpha}{\alpha-1}} x^{\alpha} + \alpha(1 + \phi^{\frac{1}{\alpha-1}})^{\alpha} x^{\alpha-1} \frac{\partial x}{\partial \phi 0},$$

so daß der Allokationseffekt immer existiert. Die Lohnsenkung im Produktionssektor ist in diesem Modell größer als die im FuE-Sektor, d.h. Arbeit wird durch die Handelsrestriktion aus dem FuE-Sektor in den Sektor des Endprodukts umgelenkt. Der Allokationseffekt wirkt negativ auf das Wachstum.

Diese Analyse von Rivera-Batiz und Romer (1991b) ist jedoch nicht vollständig, weil sich durch die Handelsrestriktion nicht nur x bzw. m, sondern auch L_y, r und n verändern. Und noch dazu existieren in diesem Modell sowohl der Level-Effekt als auch Integrationseffekt. Um die Effekte der Handelsrestriktion zu analysieren, werden die Ergebnisse beim Freihandel und bei der Handelsrestriktion miteinander verglichen. Die Ergebnisse beim Freihandel wurden bereits in Abschnitt C.I.1 dargestellt. Sie werden mit F und die Ergebnisse bei der Handelsrestriktion mit R notiert.

Integrationseffekt.
Es ist vor allem notwendig, zu prüfen, ob aufgrund des Allokationseffekts tatsächlich mehr Arbeit im Endproduktsektor eingesetzt wird. Die Einsatzmenge der Arbeit bei der Handelsrestriktion und beim Freihandel ist jeweils durch (C-11) und (C-35) gegeben. Da sie vom Zinssatz abhängig ist, sollen die Zinssätze verglichen werden. Der Zinssatz mit Handelsrestriktion ergibt sich aus (C-35), (C-36) und (C-37) und der Zinssatz bei Freihandel aus (C-11), (C-12) und (C-14):

(C-39) $$r(R) = \frac{\alpha\delta\sigma L + \alpha\rho}{\alpha + \sigma\varphi}$$

(C-40) $$r(F) = \frac{\alpha\delta\sigma L + \alpha\rho}{\alpha + \sigma}.$$

Da $\varphi > 1$ in (C-35) gilt, ist der Zinssatz mit Handelsrestriktion $r(R)$ kleiner als beim Freihandel $r(F)$. Damit kann man die Einsatzmenge der Arbeit vergleichen. Beim Freihandel wird weniger Arbeit im Sektor des Endprodukts eingesetzt als mit Handelsrestriktion.

$$L_y(R) - L_y(F) = \alpha(\varphi - 1)(\alpha\delta\sigma L + \alpha\rho + \sigma\rho)/(\alpha + \sigma\varphi)(\alpha + \sigma) > 0$$

Die inländische Nachfrage nach einem einzelnen Zwischenprodukt x ist auch unterschiedlich beim Freihandel und bei der Handelsrestriktion. Aus den Nachfragefunktionen, die bereits in (C-4) und(C-29) gegeben sind, ergeben sich

(C-41) $$x(F) = \alpha^{\frac{2}{1-\alpha}} L_y(F) = \alpha^{\frac{2}{1-\alpha}} \frac{r(F)}{\delta\alpha}$$

(C-42) $$x(R) = \alpha^{\frac{2}{1-\alpha}} L_y(R) = \alpha^{\frac{2}{1-\alpha}} \frac{r(R)}{\delta\alpha}\varphi.$$

Vergleicht man (C-41) und (C-42) durch die Substitution des jeweiligen Zinssatzes, ergibt sich

$$x(R) - x(F) = \alpha^{\frac{2}{1-\alpha}} \delta^{-1}(\varphi - 1)(\alpha\delta\sigma L + \alpha\rho + \sigma\rho)/(\alpha + \sigma\varphi)(\alpha + \sigma) > 0.$$

Die Handelsrestriktion führt zur Steigerung der Nachfrage nach den inländischen Zwischenprodukten. Dagegen sinkt der Export m bzw. m^*. Vergleicht man den gesamten Output der Zwischenprodukte bei den jeweiligen Umständen, ergibt sich

(C-43) $$X(F)-X(R)=2x(F)-(1+\phi^{\frac{1}{\alpha-1}})x(R)>0.$$

(C-43) bedeutet, daß die gesamte Produktionsmenge bei der Handelsrestriktion deutlich kleiner als $2x(F)$ beim Freihandel ist. Die gesamte Produktion der Zwischenprodukte wird durch die Handelsrestriktion verringert. Nach dem Begriff von Rivera-Batiz und Romer (1991b) hat die Handelsrestriktion den negativen Integrationseffekt, weil zunehmende Skalenerträge in diesem Sektor international nicht voll ausgenutzt werden.[4] Die Reduktion der Produktion bedeutet unmittelbar den Rückgang des Gewinns, weil der Preis für die Produzenten konstant ist. Als Folge sinkt der Designpreis, was die Innovation weniger attraktiv macht.

Die Senkung des Designpreises führt in (C-34) zur Senkung des Lohnsatzes im FuE-Sektor, und der niedrigere Einsatz der importierten Zwischenprodukte hat den Rückgang des Grenzprodukts der Arbeit im Sektor der Endprodukte zur Folge. In diesem Modell sinkt der Lohnsatz im FuE-Sektor stärker als der im Sektor des Endprodukts, so daß die Auswirkungen des Integrationseffekts auf die beiden Sektoren nicht gleich sind und damit die Reallokation der Faktoren stattfindet. Das ist der Allokationseffekt. Zu bemerken ist, daß der Anteil der Zwischenprodukte in der Produktion des Endprodukts nicht Eins, sondern α ist. Die Analyse, die sich nur auf die unterschiedliche Veränderung des Lohnsatzes zwischen Sektoren konzentriert, vernachlässigt die anderen Ursache für die Senkung der Wachstumsrate. Der Allokationseffekt ist nur ein von den Effekten, die durch die Handelsrestriktion entstehen.

Veränderung des Zinssatzes.

Wie bei Rivera-Batiz und Romer (1991a) läßt sich die Auswirkung der Handelsrestriktion auf Wachstum durch die Veränderung des Zinssatzes erklären.

Der Zinssatz r aus Nutzenmaximierung ist in beiden Fällen durch $r=\sigma g+\rho$ gegeben. Der Zinssatz r aus der Produktionsseite verändert sich durch die Erhebung des Importzolls von $r(F)=\alpha\delta L-\alpha g$ auf $r(R)=(\alpha\delta L-\alpha g)/\varphi$. Der gleichgewichtige Zinssatz beim Freihandel und mit Handelsrestriktion ist jeweils durch (C-39) und (C-40) gegeben. Bei der Handelsrestriktion liegt das Gleichgewicht in E(R), in dem der Zinssatz und die Wachstumsrate relativ niedrig sind. Wie oben dargestellt besteht der Grund dafür im Integrationseffekt und Allokationseffekt. Es ist allerdings schwer, die beiden Effekte unabhängig voneinander zu isolieren. Der Gewinn der Firmen der Zwischenprodukte und der Designpreis zusammen bestimmen den gleichgewichtigen Zinssatz r in der

---

[4] Im dynamischen Modell spielt der Designpreis die Rolle der Fixkosten, die im statischen monopolistischen Konkurrenz-Modell bei der Produktion angenommen wird (Romer 1990, Grossman und Helpman 1991).

Produktion. Die „no-arbitrage"-Bedingung läßt sich unter Verwendung der Bedingung des freien Eintritts in den FuE-Sektor wie folgt schreiben:

$$r = \frac{\pi}{p_n} = \frac{\delta n(p-1)X(R)}{\omega_R}.$$

Da die gesamte Produktion $X(R)$ zurückgeht, sinkt der Gewinn durch die Handelsrestriktion. Diese Veränderungen kann man als Integrationseffekt betrachten. Der Designpreis ist von dem Lohnsatz der Arbeit abhängig, so daß diese Veränderungen als Allokationseffekt anzusehen sind. Die Nettoeffekte der Zinssatzveränderung hängen von der Größe der beiden Effekte ab. In diesem Modell ist allerdings die Reduktion des Output der Zwischenprodukte größer als die Senkung des Lohnsatzes im FuE-Sektor.

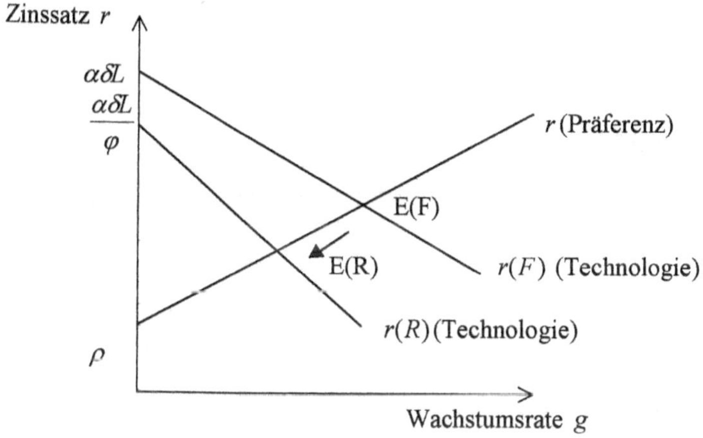

Abb. <C-2>: Gleichgewicht bei Freihandel und Handelsrestriktion

Level-Effekt.

Außerdem hat die Handelsrestriktion den negativen Level-Effekt. Mit (C-31), (C-35), (C-39) und (C-42) kommt die Produktionsfunktion der Endprodukte zum Ausdruck:

(C-44) $$Y = \alpha^{\frac{3\alpha-1}{1-\alpha}} \frac{n}{\delta}(1+\phi^{\frac{\alpha}{\alpha-1}}) \frac{\alpha\sigma\delta L + \alpha\rho}{\alpha + \sigma\varphi} \varphi.$$

Differenziert man (C-44), folgt

$$\frac{dY}{d\phi}=\frac{\partial Y}{\partial \varphi}\frac{d\varphi}{d\phi}+\frac{\partial Y}{\partial \phi}.$$

Da $\partial Y / \partial \varphi > 0$, $d\varphi / d\phi < 0$ und $\partial Y / \partial \phi < 0$ sind, sinkt die Produktion der Endprodukte mit zunehmendem ϕ. Der Output des Endprodukts ist damit niedriger bei der Handelsrestriktion als beim Freihandel.

In der Literatur konzentriert sich die Analyse der Handelsrestriktion meistens nur auf den Allokationseffekt. Es wird hier aufgezeigt, daß nicht nur der Allokationseffekt, sondern auch der negative Level-Effekt und der negative Integrationseffekt durch die Handelsrestriktion entstehen. Im symmetrischen Fall wirkt der Allokationseffekt negativ für das Wachstum, weil der Faktor Arbeit durch die Handelsrestriktion aus dem FuE-Sektor freigelassen wird und vom Sektor des Endprodukts absorbiert wird. Insgesamt gesehen hat die Handelsrestriktion im oben dargestellten Modell negative Auswirkungen auf das Wachstum.

II. Technologiediffusion

In Abschnitt I wird der Handelseffekt unter der Annahme nationaler Diffusion diskutiert. Je nach den Spezifikationen der Produktionsfunktion im FuE-Sektor hat Handel einen Level-Effekt oder einen Wachstumseffekt. Wenn die Produktion des Wissenskapitals sehr wissensintensiv ist, dann hat der Güterverkehr keinen Wachstumseffekt. In diesem Fall bringt Handel den statischen Gewinn in Form von Niveauerhöhung des Output beim Übergang von der Autarkie zum Freihandel hervor. Wenn Wissenskapital dagegen mit der gleichen Technologie wie die Produktion des Endprodukts hergestellt wird, also wenn Wissenskapital keine Rolle bei der Innovation spielt, dann hat Handel den dynamischen Wachstumseffekt.

In diesem Abschnitt wird die Auswirkung der Wissensdiffusion auf das Wachstum diskutiert. Die grundlegende Ursache der internationalen Diffusion möglich ist auf den Charakter des Wissens zurückzuführen: Nichtrivalität und partielle Ausschließbarkeit. Die Nutzung des Wissens und die Nicht-Ausschließbarkeit des Wissens in Forschung und Entwicklung bzw. die technologischen Externalitäten können über die nationale Grenze hinaus international sein. Die Wissensdiffusion kann auf der internationalen Ebene durch Handel, Kommunikationsnetzwerke oder andere verschiedene Kanäle stattfinden. Um die Auswirkungen der Diffusion auf das Wachstum zu verdeutlichen, wird zunächst der Fall analysiert, daß die Diffusion ohne irgendein Kanal stattfindet. Aufbauend auf dem Modell von Grossman und Helpman (1991 Kap.6) wird im Abschnitt 2 ein Modell vorgestellt, in dem die Diffusion nur durch den Handel stattfindet.

Dieses Grundmodell wird danach auf die asymmetrischen Länder erweitert, indem das Konzept „exportgetriebenen Wachstums“ (export-led-growth) dazu in Verbindung gebracht wird.

1. Wissensdiffusion

Angenommen, das Wissenskapital kann in beiden Ländern und gleichzeitig benutzt werden, unabhängig davon, wo es entstanden ist. Die Protektion des Patents ist dagegen international, d.h. Design kann ohne Genehmigung des Innovators zur Produktion nicht verwendet werden. Ferner wird angenommen, daß keine Kosten bei der Wissensdiffusion entstehen. Rivera-Batiz und Romer (1991a) analysieren den Fall der symmetrischen Länder. Rivera-Batiz und Xie (1993) analysieren mit ähnlichem Modell wie bei Romer (1990) verschiedene Fälle, vor allem Asymmetrie zwischen Länder. In diesem Abschnitt wird der einfache Fall der internationalen Diffusion dargestellt. Dabei wird die Symmetrie beider Länder nicht explizit angenommen, weil die Symmetrie oder Asymmetrie im Fall der internationalen Diffusion gar keine Rolle spielt.

Ausgehend vom Modell in Abschnitt I.1.1 dieses Kapitels sollen die Produktionsfunktionen der Innovation geändert werden. Bei internationaler Diffusion ist der Wissensstock, der dem FuE-Sektor eines Landes zur Verfügung steht, die Summe der Wissensstöcke beider Länder. Die Funktionen der Innovationen sind somit

(C-45a) $$\dot{n} = \delta N L_R$$

(C-45b) $$\dot{n}^* = \delta N L_R^*$$

wobei $N = n + n^*$ ist.

Dabei wird angenommen, daß beide Länder ihre eigenen differenzierten Zwischenprodukte exportieren. Es gibt also keine Reduplikationen. Unter dem Freihandel ist die inländische Nachfrage nach einem Zwischenprodukt und der Importmenge in jedem Land gleich. Es gilt $x = m^*$ und $x^* = m$. Bei symmetrischen Ländern gilt noch dazu $x = m^* = x^* = m$. Der Gewinn einer repräsentativen Firma der Zwischenprodukte in Nord ist dadurch gegeben.

(C-46) $$\pi = (p-1)(x+m) = \frac{1-\alpha}{\alpha}(x+m)$$

Damit kann man den Designpreis im Steady-State in beiden Ländern wie folgt schreiben:

(C-47a) $$p_n = \frac{1}{r}\frac{1-\alpha}{\alpha}(x+m)$$

(C-47b) $$p_n^* = \frac{1}{r^*}\frac{1-\alpha}{\alpha}(x^* + m^*)$$

Aus der Nachfragefunktion in Nord (C-4) und (C-5) erhält man die Relation zwischen Arbeit im Sektor des Endprodukts und der Nachfrage nach einem Zwischenprodukt

(C-48a) $$x = \alpha^{\frac{2}{1-\alpha}} L_y$$

und einen ähnlichen Ausdruck für Süd

(C-48b) $$x^* = \alpha^{\frac{2}{1-\alpha}} L_y^* .$$

Wenn man (C-47a) und (C-47b) für p_n und p_n^* bei der Bedingung des Lohnsatzausgleichs zwischen Sektoren substituiert, ergeben sich daraus

(C-49a) $$x + m = \frac{r}{\delta}\alpha^{\frac{3\alpha-1}{1-\alpha}} \quad \text{und}$$

(C-49b) $$x^* + m^* = \frac{r^*}{\delta}\alpha^{\frac{3\alpha-1}{1-\alpha}} .$$

Damit ist die Produktionsmenge eines repräsentativen Zwischenprodukts zwischen Ländern proportional zum Zinssatz

(C-50) $$\frac{x+m}{x^* + m^*} = \frac{r}{r^*} .$$

Da der Designpreis gleich dem Gegenwartswert des künftigen Gewinns ist und im Steady-State konstant bleibt, muß der Designpreis international einheitlich sein:

(C-51) $$\frac{p_n}{p_n^*} = \frac{\pi / r}{\pi^* / r^*} = \frac{r^*(x+m)}{r(x^* + m^*)} = 1 .$$

Der identische Preis des Designs bedeutet gleichzeitig den Lohnsatzausgleich zwischen den Ländern, weil das Weltwissenskapital in die Innovation eingeht: $\omega_R = \delta N \cdot p_n = \delta N \cdot p_n^* = \omega_R^*$. Wenn Kapital nicht perfekt mobil ist, dann muß der Zinssatz in Nord, wo mehr Zwischenprodukte produziert werden, in (C-50) höher sein als in Süd. Da die Produktion der Zwischenprodukte in diesem Modell den Verzicht des Konsums verlangt, kann man es so interpretieren, daß in Nord die Nachfrage nach Kapital groß ist und der Kapitalpreis dementsprechend hoch ist. Wenn die durch (C-50) gegebene Relation zwischen den gesamten Output und dem Zinssatz des Landes gebrochen wird, dann wird der Preis des Designs zwischen Ländern unterschiedlich. Dies führt langfristig dazu, daß keine Innovation in dem Land mit niedrigem Designpreis entsteht. Es ist jedoch unwahrscheinlich, daß nur der Kapitalpreis bei Freihandel, Lohnsatzausgleich und internationaler Diffusion international unterschiedlich sein muß. Außerdem ist die Wachstumsrate ohne zusätzliche Restriktionen analytisch schwer darzustellen. Hier wird daher die internationale Kapitalmobilität angenommen wie bei Rivera-Batiz und Xie (1993).

Da die Wachstumsrate aus der Produktionsfunktion der Innovation in (C-45a) und (C-45b) und die Wachstumsrate des Konsums aus der Nutzenmaximierung zu erhalten sind, ist der Zinssatz:

(C-52a) $$r = \frac{N}{n}\sigma\delta L_R + \rho \quad \text{und}$$

(C-52b) $$r^* = \frac{N}{n^*}\sigma\delta L_R^* + \rho\,.$$

Aufgrund der internationalen Kapitalmobilität kann man die Relation zwischen der Arbeit im FuE-Sektor und dem Wissensstock ableiten:

(C-53) $$\frac{n}{n^*} = \frac{L_R}{L_R^*}\,.$$

Der relative Wissensstock ist proportional zum Arbeitseinsatz im FuE-Sektor in jedem Land. Die Wachstumsrate in Nord und in Süd sind aus den Produktionsfunktionen der Innovation

(C-54a) $$g = \frac{\dot{n}}{n} = \frac{N}{n}\delta L_R$$

(C-54b) $$g^* = \frac{\dot{n}^*}{n^*} = \frac{N}{n^*}\delta L_R^*$$

Dividiert man zunächst (C-54a) durch (C-54b) und ersetzt (C-53) dazu, erhält man die gleiche Wachstumsrate in Nord und in Süd. Setzt man den Ausdruck des Zinssatzes (C-52a) und (C-52b) in (C-54a) und (C-54b) ein, ergibt sich die Wachstumsrate im Steady-State:

(C-55) $$\frac{\dot{N}}{N} = g = g^* = \frac{\alpha\delta(L + L^*) - \rho}{\alpha + \sigma}\,.$$

Diese Wachstumsrate bei internationaler Diffusion ist höher im Vergleich mit dem Fall, in dem keine Diffusion stattfindet (die Wachstumsrate ist mit (C-14) gegeben). Freihandel und Diffusion zusammen haben einen Wachstumseffekt. Bei der internationalen Diffusion hängt die Wachstumsrate von der Größe der Weltbevölkerung ab, nicht von der nationalen Bevölkerung. Das steht im Einklang mit der Argumentation von Kremer (1993), daß die korrekte Variable des Skaleneffekts die Weltbevölkerung sein kann. Er gibt aus der langen Geschichte die Evidenz, daß die Weltbevölkerung positiv mit dem Wachstum der Produktivität korreliert ist.

Obwohl beide Länder einen unterschiedlichen Kapitalstock haben, wachsen sie unter internationaler Diffusion mit derselben Rate. Im statischen Handelsmodell (Ethier 1982) ist die Konzentration der Wirtschaftsaktivitäten in einem Land für die effiziente Weltproduktion nicht notwendig, wenn Freihandel gewährleistet wird. Zunehmende Skalenerträge seien somit international. Im hier dargestellten Wachstumsmodell ist auch die Agglomeration der Innovationstätigkeiten nicht notwendig, um die Weltwachstumsrate zu erhöhen, wenn Freihandel und internationale Wissensdiffusion erlaubt sind. Wie Grossman und Helpman (1991, Kap.8) argumentieren, wird die Tendenz der Agglomeration der Innovation beseitigt, wenn technologische Externalitäten international sind.

2. Handel als Diffusionskanal

In der Realität existiert die große Einkommensdisparität zwischen Ländern, die letztlich das unterschiedliche Technologieniveau der Länder reflektieren mag. Jovanovic und Lach (1991) argumentieren, daß die Einkommensdisparität zwischen den Ländern auf die Differenz an der Implementierung neuer Technologie zurückführt. Die Fragen sind dann, wovon diese Implementierungsdifferenz zwischen Ländern abhängt. Ein Grund dafür könnte in den unterschiedlichen Fähigkeiten zwischen Ländern liegen, neue Technologien implementieren zu können. Eine andere Antwort kann man in Handel suchen.[5] Dollar, Wolff und Baumol (1988, S.44) argumentieren, daß Diffusion der Technologie durch Handel in Güter und internationaler Investition eine wichtige Rolle bei der Konvergenz des Produktivitätsniveaus spielt. Coe und Helpman (1993) zeigen in ihrer empirischen Untersuchung, daß sowohl die inländischen als auch ausländischen Investitionen in die FuE-Aktivitäten wichtige Effekte auf die Totalproduktivität haben. Ben-David (1993) zeigt die starken Zusammenhänge zwischen der Liberalisierung des Handels und der Konvergenz, indem die Einkommensentwicklungen in der europäischen Union zwischen Vor- und Nach-Liberalisierungsperiode verglichen werden. Sachs und Warner (1995) argumentieren, daß offene Wirtschaften die Konvergenztendenz hat, aber geschlossene nicht. Es gibt auch zahlreiche Studien für die Hypothese, daß eine außenorientierte Wirtschaft schneller wächst. Balassa (1978) sowie Kormendi und Meguire (1985) bestätigen die Gültigkeit dieser Hypothese für Entwicklungsländer. Marin (1993) gibt die Evidenz, daß diese Hypothese genauso für die entwickelten Länder gültig ist. Dabei wird argumentiert, daß die Hypothese des „exportgetriebenen

[5] Hier wird nur die positive Relation zwischen Wachstum und Handel dargestellt. Rodríquez und Rodrik (1999) vertreten die skeptische Ansicht darüber.

Wachstums" mit dem endogenen Wachstumsmodell verbunden werden könnte. Die Idee ist dabei, daß der Export technologische Externalitäten hervorbringen kann, die extern den Firmen im Nicht-Exportsektor, aber intern für die Gesamtwirtschaft sind. Diese Idee wird in Abschnitt 2.2 in Verbindung mit dem Modell von Grossman und Helpman (1991 Kap.6) in einem Modell konkretisiert.

Der Zusammenhang zwischen Handel und Diffusion wird theoretisch weniger behandelt als empirisch. Krugman (1979) stellt ein formales Modell dar, das auf dem Produktzyklus-Modell (Vernon 1966) basiert. Die Handelsströme werden dabei durch den kontinuierlichen Prozeß der Innovation und Diffusion bestimmt. Die Existenz der Diffusionsverzögerung bietet den Grund für das Zustandekommen des Handels an. Die Innovationen sind aber in diesem Modell exogen gegeben und die Technologie wird von entwickelten Ländern zu Entwicklungsländern ohne Kanäle und Bedingungen einfach übertragen. Grossman und Helpman (1991, Kap.6) verbindet Handel und Diffusion in einem endogenen Wachstumsmodell. Danach leistet Handel die Beiträge zur Akkumulation des Wissens. Außenhandel gibt die Möglichkeit für die Nutzung des ausländischen Wissens durch die Kontakte mit Handelspartnern. Handel stellt dann in diesem Modell der Diffusionskanal dar.

2.1. Symmetrie

Hierbei wird nach dem Konzept von Grossman und Helpman (1991, Kap.6)[6] ein Modell dargestellt, das auf dem Modell in Kapitel C. I.1.1. basiert. Im Modell von Grossman und Helpman (1991, Kap.6) werden die Zwischenprodukte nicht gehandelt. Zum Handel kommen dabei nur zwei Endprodukte, die unter Einsatz der Zwischenprodukte und Arbeit produziert werden. Sie unterscheiden sich voneinander in den Faktorintensitäten. Im hier dargestellten Modell werden die Zwischenprodukte gehandelt und das Endprodukt ist homogen.

Um Handel und Akkumulation des Wissens miteinander zu verbinden, gehen Grossman und Helpman davon aus, daß die Beiträge des ausländischen Wissens zur Akkumulation des inländischen Wissens mit den zunehmenden bilateralen Handelsvolumen steigen. Der inländische Wissensstock nimmt damit nicht nur durch die eigenen FuE-Aktivitäten, sondern auch durch die kumulativen Handelsvolumen zu. Im allgemeinen läßt sich die Produktionsfunktion der Innovation wie folgt schreiben:

$$K_n(t) = G[n(t), T(t)],$$

wobei T die kumulativen Handelsvolumen angibt.

---

[6] Grossman und Helpman (1991, Kap.6) stellen den Zusammenhang zwischen Handel und Diffusion mit impliziten Funktionen dar. Um die Relation zwischen Handel und Diffusion noch deutlich zu analysieren, wird hier das Modell mit den expliziten Funktionen dargestellt.

Um endogenes Wachstum generieren zu können, soll die Funktion $G(\cdot)$ mindesten den Homogenitätsgrad Eins haben. Hier wird sie mit dem Homogenitätsgrad Eins spezifiziert:

(C-56) $$K_n = \delta n^{\mu} T^{1-\mu} L_R, \qquad 0 < \mu < 1.$$

Man schreibt diese Produktionsfunktion als die intensive Form

(C-57) $$\dot{n} = \delta \cdot n \cdot \left(\frac{T}{n}\right)^{1-\mu} L_R .$$

Die anderen Annahmen folgen dem Modell in diesem Kapitel I.1.[7] Die Handelsvolumen sind in diesem Modell gegeben durch:

(C-58) $$T = p \cdot (nm + n^* m^*)$$

Da im betrachteten Modell beide Länder symmetrisch sind und die Exportmenge des einzelnen Zwischenprodukts (m bzw. m^*) konstant und gleich in beiden Ländern ist, entspricht die Veränderungsrate der Handelsvolumen der Weltwachstumsrate der Innovation:

(C-59) $$\frac{\dot{T}}{T} = \frac{n}{n+n^*} g + \frac{n^*}{n+n^*} g^*$$

Die Handelsvolumen steigen mit der steigenden Innovationsrate in beiden Ländern. Da hier symmetrische Länder und die Immobilität der Firmen angenommen sind, wachsen beide Länder mit derselben Rate. Daraus folgt

(C-60) $$\frac{\dot{T}}{T} - \frac{\dot{n}}{n} = 0$$

Der Wert T/n bleibt konstant und ist größer als Eins:

$$k \equiv \frac{T}{n} = \frac{n+n^*}{n} p2x > 1 .$$

Die Innovationskosten betragen $\omega_R / (\delta \cdot nk^{1-\mu})$, die im Steady-State dem Preis des Designs entsprechen. Damit läßt sich die „no-arbitrage"-Bedingung wie folgt darstellen:

(C-61) $$\frac{\dot{p}_n}{p_n} = \frac{\dot{\omega}_R}{\omega_R} - \frac{\dot{n}}{n} - (1-\mu)\frac{\dot{k}}{k}$$

[7] In dieser Modellstruktur sind die Wachstumsrate der Innovation und der Endprodukte nicht gleich, so daß die Veränderungsrate der Handelsvolumen auch der Wachstumsrate der Innovation nicht entspricht. Da gibt es drei Möglichkeiten. Die relativen Beiträge der internationalen Diffusion durch Handel zur Akkumulation des Wissens steigt, sinkt oder bleibt konstant im Lauf der Zeit.

Da in diesem Modell der Designpreis konstant bleibt, ist der Designpreis:

(C-62) $$p_n = \frac{\pi}{r} = \frac{2}{r}(1-\alpha)\alpha^{\frac{1+\alpha}{1-\alpha}} L_y .$$

Aus der Bedingung des intersektoralen Lohnsatzausgleichs erhält man den Arbeitseinsatz im Sektor des Endprodukts:

(C-63) $$L_y = \frac{r}{\alpha\delta} k^{\mu-1}$$

Aus der Produktionsfunktion des Designs folgt

(C-64) $$g(T) = \frac{\alpha\delta L k^{1-\mu} - \rho}{\alpha k^{1-\mu} + \sigma} .$$

Da $\partial g / \partial k > 0$ gilt, führt Handel zur Steigerung der Wachstumsrate. Wenn das Wissen auf der internationalen Ebene mittels Handels verbreitet wird, dann steigt die Wachstumsrate im außenorientierten Land schneller.

2.2. Asymmetrie und handelsbedingte Diffusion

Das Grundmodell in Abschnitt 2.1 kann auch zum Fall asymmetrischer Länder erweitert werden. Es wird angenommen, daß beide Länder die gleiche Arbeit haben $L = L^*$, aber Nord relativ über den größeren Wissensstock als Süd verfügt $n(0) > n^*(0)$. Ohne handelsbedingte Diffusion würde Nord der Nettoexporteur der Zwischenprodukte werden, Süd die Endprodukte exportieren und letztlich die Innovation nur in Nord entstehen, weil die Innovationskosten in Nord niedriger als in Süd sind. In diesem Fall bestimmt die Anfangsausstattungen im Wissensstock die Entwicklung des Landes und das Handelsmuster. Beim Handel des Endprodukts könnte die Diffusion tatsächlich entstehen. Die Diffusionsgröße beim Handel der Endprodukte könnte allerdings kleiner als die beim Handel innovativer Zwischenprodukte, für deren Produktion das technologische Wissen direkt notwendig ist. Für die Vereinfachung der Analyse wird angenommen, daß keine Wissensdiffusion beim Handel der Endprodukte möglich ist. Nur Handel der Zwischenprodukte bringt die Wissensdiffusion hervor, die zur Akkumulation des Wissens eines Landes beiträgt. Unter dieser Annahme sind die zur Diffusion relevanten Handelsvolumen bereits in (C-58) gegeben und identisch für beide Länder. Die Produktionsfunktion des Designs ist somit

(C-65a) $$\dot{n} = \delta \cdot n \cdot k^{1-\mu} L_R, \qquad k \equiv T / n$$

(C-65b) $$\dot{n}^* = \delta \cdot n^* \cdot (k^*)^{1-\mu} L_R^*, \qquad k^* \equiv T^* / n^* .$$

Die Designpreise in beiden Ländern, die jeweils seinen Innovationskosten im Steady-State entsprechen sollen, sind dadurch gegeben:

(C-66a) $$p_n = \frac{\omega_R}{\delta \cdot n \cdot k^{1-\mu}}$$

(C-66b) $$p_n^* = \frac{\omega_R^*}{\delta \cdot n^* \cdot (k^*)^{1-\mu}}.$$

Hier wird nur der Steady-State analysiert, in dem beide Länder aktiv in der Innovation sind. Wenn beide Länder in den Anfangsausstattungen zu unterschiedlich sind, dann könnten die Innovationskosten nicht ausgeglichen werden, so daß trotz der handelsbedingten Diffusion die Innovation nur in einem Land entsteht. Dieser Fall wird hier nicht analysiert. In Nord und Süd wird beim Freihandel die gleiche Menge eines repräsentativen Zwischenprodukts produziert:

$$X = x + m = \alpha^{\frac{2}{1-\alpha}}(L_y + L_y^*) = X^*.$$

Der Einsatz der Arbeit (L_y bzw. L_y^*) und der Zwischenprodukte (x und m^*) im Steady-State bleiben konstant. Die Wachstumsrate des Lohnsatzes in beiden Ländern, die aus dem Euler-Theorem, $(1-\alpha)Y = \omega L_y$, der Wachstumsrate des Endprodukts entspricht, ergibt sich aus (C-1a) und (C-1b):

(C-67) $$\frac{\dot{\omega}_R}{\omega_R} = \frac{\dot{\omega}_R^*}{\omega_R^*} = \frac{n}{n+n^*} g + \frac{n^*}{n+n^*} g^*.$$

Differenziert man (C-66a) und (C-66b) nach Zeit, kommen es unter Verwendung (C-58) zum Ausdruck:

(C-68a) $$\frac{\dot{p}_n}{p_n} = \frac{\dot{\omega}_R}{\omega_R} - g - (1-\mu)(1-s)(g^* - g)$$

(C-68b) $$\frac{\dot{p}_n^*}{p_n^*} = \frac{\dot{\omega}_R^*}{\omega_R^*} - g^* - s(1-\mu)(g - g^*)$$

Da der Designpreis identisch in beiden Ländern ist, muß seine Veränderungsrate auch gleich sein. Setzt man (C-68a) mit (C-68b) gleich, folgt daraus

(C-69) $$\frac{\dot{p}_n}{p_n} - \frac{\dot{p}_n^*}{p_n^*} = \frac{\dot{\omega}_R}{\omega_R} - \frac{\dot{\omega}_R^*}{\omega_R^*} - \mu(g - g^*) = 0$$

Da die Veränderungsrate des Lohnsatzes in beiden Ländern gleich ist, müssen beide Länder mit derselben Rate wachsen $g = g^*$. Der Grund für gleiches

Wachstum liegt in der Diffusion durch Handel. Durch die Diffusion wird der Nachteil von Süd in der Anfangsausstattung des Wissensstocks $n(0) > n^*(0)$ beseitigt. Beim gleichen Wachstum bleibt noch die Differenz am Wissensstock zwischen Ländern, es gilt nämlich $n(t) > n^*(t)$. Da die zur Diffusion relevanten Handelsvolumen gleich für beide Länder sind, folgt $k^* > k$, d.h. der Beitrag der Diffusion zur Innovation ist größer in Süd als in Nord.

Trotz derselben Wachstumsrate des Lohnsatzes bleibt die absolute Differenz im Lohnsatz zwischen beiden Ländern:

$$\omega(t) = \omega(0)e^{gt} > \omega^*(0)e^{gt} = \omega^*(t), \qquad \omega(0) > \omega^*(0).$$

Dividiert man die Produktionsfunktionen des Wissens (C-65a) und (C-65b) durcheinander, ergibt sich die Relation zwischen dem Beitrag der Diffusion und dem Arbeitseinsatz im FuE-Sektor:

(C-70)
$$\frac{L_R^*}{L_R} = \left(\frac{k}{k^*}\right)^{1-\mu} = \left(\frac{n^*}{n}\right)^{1-\mu}.$$

Der Faktor Arbeit wird in Süd wegen der handelsbedingten Diffusion relativ wenig zur Innovation eingesetzt. Süd spezialisiert sich relativ auf die Produktion des Endprodukts und ist der Nettoexporteur des Endprodukts. Nord setzt dagegen relativ mehr Arbeit im FuE-Sektor ein, weil die Beiträge aus der Diffusion im Vergleich mit Süd relativ klein sind, um die gleiche Wachstumsrate in beiden Ländern zu behalten. Obwohl beide Länder in der Innovation aktiv sind, zeigen sie die unterschiedliche sektorale Faktorintensität.

Wenn keine Diffusion erlaubt wird, ergibt sich unter der Annahme asymmetrischer Länder vollkommene Spezialisierung. Daraus folgt die Divergenz. Wenn die Diffusion ohne Bedingung international ist (wie im Abschnitt II.1), entstehen die Innovationen in beiden Ländern und es gibt keine Differenz in der Faktorintensität. Im Fall der handelsbedingten Diffusion und der asymmetrischen Länder sind die Auswirkungen der Diffusion auf das Wachstum nicht symmetrisch. Der Nachteil eines Landes in der Anfangsausstattung wird durch die Diffusion beseitigt. Da beide Länder die unterschiedliche Faktorintensität zwischen Sektoren haben, entstehen sowohl inter- als auch intraindustrieller Handel zwischen Ländern.

3. Führer-Folger-Modell

In diesem Abschnitt wird die Diffusion zwischen Führer und Folger dargestellt. Im Abschnitt 1 weisen beide Länder die identische Wachstumsrate auf, wenn die Wissensdiffusion international ist. Zu beobachten ist aber, daß die Länder mit unterschiedlichen Rate wachsen. Warum wachsen einige Entwicklungsländer schneller als andere? Eine mögliche Antwort auf diese Frage ist im Modell von Benhabib und Spiegel (1994) zu finden, in dem die Diffusionsrate abhängig vom Humankapitalniveau des Landes ist.

Die theoretische Arbeit über Diffusion geht auf dem Modell von Nelson und Phelps (1966) zurück, in dem die Ausbildung die Aufnahme und Implementierung der neuen Technologien beschleunigt, die sich mit exogener Rate entwikkelt. Dieses Modell wird von Benhabib und Spiegel (1994) modifiziert, indem die Diffusionsrate vom Humankapital des Landes abhängig gemacht wird. Danach erhöht Humankapital nicht nur das eigene Technologieniveau, sondern beschleunigt auch die Aufnahme und Implementierung neuer Technologien, die im Ausland entwickelt sind. Benhabib und Spiegel (1994) abstrahieren von der Allokation und Akkumulation des Humankapitals und formulieren die Wachstumsrate des technischen Fortschritts im Land i wie folgt:

$$\frac{\dot{A}_i(t)}{A_i(t)} = g(H_i) + c(H_i)\left[\frac{A_F(t) - A_i(t)}{A_t(t)}\right] ,$$

wobei $c(H_i)$ der Diffusionskoeffizient, $g(H_i)$ die endogene Wachstumsrate der Technologie und $A_F(t)$ das Technologieniveau des Führers darstellt. Der Diffusionskoeffizient $c(H_i)$ ist nicht abnehmend mit dem Humankapitalniveau $\partial c / \partial H \geq 0$. Der Führer wächst mit der konstanten Wachstumsrate $g(H_F)$ unter der Produktionsfunktion, die konstante Skalenerträge aufweist. Da der Folger in der Übergangsphase aufgrund der Diffusion schneller wächst als der Führer, wird die Differenz des Technologieniveaus zwischen beiden Ländern langfristig beseitigt.

$$\lim_{t \to \infty} \frac{A_i(t)}{A_F(t)} = \frac{A_i(0)e^{\xi(H_i)}}{A_F(0)e^{g(H_F)}} = 1,$$

wobei $\xi(H_i)$ die Wachstumsrate im Folgerland angibt. Alle Länder wachsen asymptotisch mit derselben Rate.

Der Unterschied zu anderen Diffusionsmodellen (Eaton und Kortum 1995, Rivera-Batiz und Romer 1991a, und Grossman und Helpman 1991) liegt vor allem darin, daß die Diffusion von der nationalen Fähigkeit – Humankapital –

abhängt.[8] Somit kann es in diesem Modell erklärt werden, warum die Wachstumsrate von Land zu Land unterschiedlich sein kann. Im Modell von Benhabib und Spiegel (1994) stellt die Diffusion ein Nebenprodukt, das bei der Akkumulation des Humankapitals entsteht. Solange die Differenz des Technologieniveaus zwischen Ländern existiert, erfolgt die Diffusion dabei automatisch, obwohl die Diffusionsrate in Abhängigkeit vom länderspezifischen Humankapitalniveau unterschiedlich ist. Die Diffusion könnte aber auch eine gezielte und kostspielige Aktivität sein. Wenn die Innovation durch die gezielten, kostspieligen und profitorientierten Aktivitäten entsteht, dann dürfte die Diffusion ohne Kosten nicht erfolgen. Die Diffusion verlangt auch eine Investition, die allerdings niedriger als die bei der Innovation sein kann.

Dieser Punkt wird von Grossman und Helpman (1991 Kap.11) und Barro und Sala-i-Martin 1995 Kap.8) modelliert, die den Zusammenhang zwischen Innovation und Imitation studieren. Diese Modelle geben andererseits keine Antwort auf die Frage, wie ein Land die Fähigkeit haben wird, neue Technologie adoptieren und implementieren zu können. Die relativen Imitationskosten zu Innovationskosten könnten sich mit der steigenden Aufnahmefähigkeit verändern. Im Modell von Barro und Sala-i-Martin (1995 Kap.8) sind die Imitationskosten die negative Funktion der noch nicht kopierten Anzahl der Güter, so daß die relativ niedrigen Imitationskosten im Vergleich mit Innovation zur Konvergenz führen. Fragwürdig ist, ob die Diffusion unter der geschlossenen Wirtschaft möglich ist. Grossman und Helpman (1991 Kap.11) betrachten die Imitation als eine Investitionstätigkeit und bestätigen den positiven Zusammenhang zwischen Innovation und Imitation. Die hohe Imitationsrate bedeutet einen kleinen Anteil der Güter, die in Nord produziert werden. Der Umsatz der überlebenden einzelnen Firma steigt dadurch, was zum höheren Gewinn führt. Dadurch steigt die Innovationsrate mit der zunehmenden Imitation.

III. Dynamische komparative Vorteile

Grossman und Helpman (1991 Kap.7) zeigen, daß das Hecksher-Ohlin-Theorem auch in der Dynamik gültig ist. Dabei bestimmt die Differenz an den Faktorausstattungen zwischen Ländern dynamische komparative Vorteile eines Landes. Im endogenen Wachstumsmodell, in dem sich Technologie durch die FuE-Aktivitäten entwickelt, sind allerdings zwei Fälle möglich: vollkommene Spezialisierung in der Innovation und unvollkommene Spezialisierung. Dabei spielt der Designpreis die entscheidende Rolle. Wenn z.B. die FuE-Sektoren in beiden

[8] Ähnlich argumentieren Parente und Prescott (1994), daß die Produktivität eines Landes von seiner Bereitschaft - die institutionelle Restriktion - abhängig ist, neue Technologie aufzunehmen.

Ländern aktiv sind, muß der Preis des Designs aufgrund des freien Eintritts in den FuE-Sektor international einheitlich sein. Sonst entsteht die Innovation nur in einem Land. Der Preis des Designs im Steady-State hängt wiederum zum einen von den Innovationskosten im FuE-Sektor und zum anderen vom Gewinn der Firma der Zwischenprodukte ab. Wenn die Produktionskosten, der Output und der Preis zwischen Ländern unterschiedlich sind, dann kann der Gewinn der Firmen zwischen Ländern unterschiedlich sein. Beim Freihandel und der CES-Funktion der differenzierten Güter unterscheiden sich der Preis und Output international nicht. Die Produktionskosten sind bei internationaler Mobilität des Kapitals auch nicht unterschiedlich, wenn die Produkte kapitalintensiv produziert werden. Hier wird deswegen nur der Fall der Differenz in den Innovationskosten zwischen Ländern analysiert. Sind die Innovationskosten aus länderspezifischen Gründen unterschiedlich, bestimmten diese Unterschiede dynamische komparative Vorteile. Wenn z.B. ein Land von Anfang an über den größeren Wissensstock verfügt, hat dieses Land unter nationaler Wissensdiffusion die niedrigeren Innovationskosten, so daß die Innovation nur in diesem Land entsteht.
Es gibt je nach der Spezifikation der Innovationsfunktion die verschiedenen Einflußfaktoren auf die Innovationskosten. Es wird hier nur eine Ursache von möglichen für dynamische komparative Vorteile dargestellt, nämlich die Differenz in den relativen Faktorausstattungen zwischen Ländern. Am Ende dieses Abschnitts werden die anderen Möglichkeiten diskutiert. Das folgende Modell folgt der Grundidee von Grossman und Helpman (1991, Kap.7), die dynamische komparative Vorteile mit impliziten Funktionen analysieren. Anders als bei Grossman und Helpman wird das Modell mit den expliziten Funktionen dargestellt, damit man die konkreten Zusammenhänge zwischen den Variablen noch einfacher begreifen kann.

1. Modell

Um dynamische komparative Vorteile aus der Differenz in den relativen Faktorausstattungen zu erzeugen, sollen mindestens zwei Faktoren – z.B. Arbeit und Humankapital – existieren. Mit einem Faktor können die Sektoren in der relativen Faktorintensitäten nicht unterschieden werden, und Länder können auch in den relativen Faktorausstattungen nicht unterschiedlich sein.

Eine Wirtschaft hat drei Sektoren. Die traditionellen Güter Z werden unter vollkommener Konkurrenz durch die Produktionsfunktion konstanter Skalenerträge produziert. Eine Einheit Arbeit produziert eine Einheit Z. Der Preis dieses Guts entspricht damit dem Lohnsatz der Arbeit:

(C-71) $$p_Z = \omega_L .$$

Beide Länder (Nord und Süd) produzieren jeweils n und n^* differenzierte Konsumgüter. Die differenzierten Konsumgüter werden durch den Einsatz von Arbeit und Humankapital produziert. Die Produktionsfunktion lautet

(C-72) $$x_i = l_i^{1-\mu} h_i^{\mu}$$

wobei l Arbeit und h Humankapital darstellt. Die gesamte Einsatzmenge der Arbeit sowie des Humankapitals ist dann jeweils $L_x = \int_0^n l_i di$ und $H_x = \int_0^n h_i di$. Auf diesem Markt herrscht monopolistische Konkurrenz.

Es wird angenommen, daß Firmen nicht mobil sind und das differenzierte Konsumgut nur dort produziert wird, wo sein Design entstanden ist. Wenn Firmen mobil sind und der Standort des Designs und der differenzierten Konsumgüter nicht gleich sind, dann kann man die Effekte aus der Differenz an den relativen Faktorausstattungen zwischen Ländern auf die Bestimmung dynamischer komparativer Vorteile nicht isoliert analysieren. Die Funktion der Innovation ist gegeben durch:

(C-73a) $$\dot{n} = \delta \cdot N \cdot H_R,$$

(C-73b) $$\dot{n}^* = \delta \cdot N \cdot H_R^*,$$

wobei $N = n + n^*$ den Weltwissensstock und H_R Humankapital im FuE-Sektor angibt. Hier wird also internationale Wissensdiffusion angenommen. Mit dieser Spezifikation (C-73) kann sich die Differenz der Innovationskosten zwischen Ländern nur aus der Lohndifferenz des Humankapitals ergeben. Die Faktorintensitäten zwischen den Sektoren sind in einer Reihe geordnet. Der FuE-Sektor ist am intensivsten im Humankapital und bei der Produktion der traditionellen Güter spielt Humankapital keine Rolle.

Haushalte maximieren die Nutzenfunktion, die dadurch gegeben ist:

(C-74) $$U = \int_0^{\infty} e^{-\rho t} [(1-\beta)\log C_Z + \beta \log C_x] dt,$$

wobei C_Z der Konsum der traditionellen Güter und C_x den Konsum der differenzierten Güter ist. C_x wird mit der CES-Funktion wie folgt definiert:

(C-75) $$C_x = \left[\int_0^n x_i^{\alpha} di + \int_0^{n^*} (m_j^*)^{\alpha} dj \right]^{1/\alpha}, \qquad 0 < \alpha < 1,$$

wobei m_j die Importmenge des differenzierten Guts j ist.

Die weltweiten Ausgaben für die beiden Konsumgüter $E = e + e^*$ werden auf Eins nominiert und perfekte Kapitalmobilität ist angenommen. Der Anteil der

Ausgaben für die traditionellen Güter und für die differenzierten Konsumgüter ist damit jeweils $1-\beta$ und β. Die Veränderungsrate der Weltausgaben ergibt sich aus der Nutenmaximierung:

(C-76) $$\frac{\dot{E}}{E} = r - \rho$$

Da $E = 1$ ist, muß der Zinssatz im Steady-State der Zeitpräferenzrate entsprechen. Außerdem sind die Restriktionen für Humankapital und Arbeit in Nord und Süd dadurch gegeben:

(C-77) $$L_Z + L_x = L \quad \text{und} \quad L_Z^* + L_x^* = L^*$$

(C-78) $$H_x + H_R = H \quad \text{und} \quad H_x^* + H_R^* = H^*$$

Der Monopolist setzt den Markup-Preis auf die Grenzkosten. Der Preis eines differenzierten Konsumguts ist

(C-79) $$p\left(1-\frac{1}{\eta}\right) = A\omega_L^{\ 1-\mu}\omega_R^{\ \mu}, \quad \eta = \frac{1}{1-\alpha} \quad \text{und } A = \mu^{-\mu}(1-\mu)^{1-\mu}.$$

Aufgrund der Bedingung des freien Eintritts sollen die Innovationskosten in jedem Land dem Designpreis entsprechen, wenn überhaupt die Innovation in einem Land stattfindet.

(C-80) $$p_n = \frac{\omega_R}{\delta N} \quad \text{und} \quad p_n^* = \frac{\omega_R^*}{\delta N}$$

Im Steady-State bleibt der Lohnsatz ω konstant, weil die Ausgaben auf Eins nominiert sind. Die „no-arbitrage"-Bedingung wird dann unter Verwendung von (C-80):

(C-81) $$\frac{\pi}{p_n} = r + \frac{\dot{N}}{N} \quad \text{und} \quad \frac{\pi^*}{p_n^*} = r + \frac{\dot{N}}{N}.$$

Diese Bedingung impliziert, daß das Verhältnis zwischen dem Gewinn und dem Designpreis international gleich ist. Mit (C-79) erhält man dieses Verhältnis

(C-82) $$\frac{(p - A\omega_L^{\ 1-\mu}\omega_R^{\ \mu})(x+m)}{\omega_R} = \frac{[p - A(\omega_L^*)^{1-\mu}(\omega_R^*)^{\mu}](x^*+m^*)}{\omega_R^*}.$$

Die Produktionsmenge des einzelnen differenzierten Konsumguts ist sowohl in Nord als auch in Süd gleich. Außerdem ist der Preis der traditionellen Güter international gleich, wenn beide Länder sie produzieren. Das bedeutet $\omega_L = \omega_L^*$.

Da $p = p^*$ und $x + m = x^* + m^*$ gelten, folgt der Faktorpreisausgleich zwischen Ländern. Wenn beide Länder sich stark in den Faktorausstattungen unterscheiden, dann können die Faktorpreise nicht ausgeglichen werden. Die Faktorintensität in der Produktion der differenzierten Konsumgüter ist damit international nicht identisch, weil die Substitution zwischen Arbeit und Humankapital in diesem Sektor stattfindet. Dieser Fall wird hier nicht analysiert.

Definiert wird der relative Anteil von Nord an der weltweiten Anzahl der differenzierten Konsumgüter, $s \equiv n/(n+n^*)$. Da die Veränderung von s im Steady-State konstant bleiben soll, $\dot{s} = s(1-s)(g-g^*)$, folgt $g = g^*$. Sonst entsteht keine Innovation in einem Land und der Anteil dieses Landes geht langfristig gegen Null.

2. Handelsmuster

Da beide Länder in allen drei Sektoren aktiv sind und die Faktorpreise und die Güterpreise international identisch sind, gibt es bei der Produktion des differenzierten Konsumguts keinen Unterschied in der Faktorintensität zwischen den Ländern. Die Gesamtmenge der differenzierten Konsumgüter ist damit proportional zu ihrer Anzahl:

(C-83) $$\frac{X}{X^*} = \frac{n \cdot (l^{1-\mu} h^{\mu})}{n^* \cdot (l^*)^{1-\mu} (h^*)^{\mu}} = \frac{n}{n^*}$$

Die Einsatzmenge des Humankapitals im FuE-Sektor ist proportional zum relativen Anteil der differenzierten Konsumgüter und letztlich zur Anzahl dieser Konsumgüter, weil beide Länder mit derselben Rate wachsen. Aus (C-73) ergibt sich damit

(C-84) $$\frac{H_R}{H_R^*} = \frac{\frac{1}{\delta}\frac{\dot{n}}{N}}{\frac{1}{\delta}\frac{\dot{n}^*}{N}} = \frac{g \cdot n}{g^* \cdot n^*} = \frac{n}{n^*}.$$

Darüber hinaus ist die gesamte Arbeit im differenzierten Konsumgütersektor proportional zur Anzahl dieser Güter, weil die Arbeitsintensität in der Produktion der differenzierten Güter zwischen den Ländern gleich ist:

(C-85) $$\frac{L_x}{L_x^*} = \frac{nl}{n^* l^*} = \frac{n}{n^*}.$$

Da Nord über das größere Humankapital als Süd verfügt, ergibt sich $n > n^*$ aus (C-83), (C-84) und (C-85).

Beweis:
Wenn dies nicht der Fall wäre, also wenn $n < n^*$ wäre, dann müßten $L_x < L_x^*$, $H_R < H_R^*$ und $nh(= H_x) < n^*h^*(= H_x^*)$ sein. Daher müßte auch die Relation $H = H_R + H_x < H^* = H_R^* + H_x^*$ gültig sein. Das steht im Widerspruch zur Annahme $H > H^*$.

Nord setzt relativ mehr Humankapital im FuE-Sektor ein, $H_R > H_R^*$, und produziert aus (C-73a) und (C-73b) auch relativ mehr Design $\dot{n} > \dot{n}^*$. Aus (C-77) und (C-85) folgt $L_Z < L_Z^*$, d.h. Süd produziert relativ mehr die traditionellen Güter. Folglich produziert Süd relativ wenig die differenzierten Konsumgüter. Es folgen:

(C-86) $$\frac{X}{Z} > \frac{X^*}{Z^*} \quad \text{und} \quad \frac{\dot{n}}{Z} > \frac{\dot{n}^*}{Z}$$

Nord mit dem relativ reichlichen Humankapital spezialisiert sich im Vergleich mit Süd auf die Produktion der differenzierten Konsumgüter. Dagegen spezialisiert sich Süd (mit der relativ reichlichen Arbeit) auf die Produktion der traditionellen Güter. Nord exportiert n differenzierte Konsumgüter und Süd exportiert auch n^* der Güter. Aber Nord ist Nettoexporteur der differenzierten Konsumgüter. Süd ist damit Nettoexporteur der traditionellen Güter. Die Faktorausstattungen bestimmen in diesem Modell das Handelsmuster. Das ist die Bestätigung des Hecksher-Ohlin-Theorems in der Dynamik. Auch wenn die Faktorpreise zwischen Ländern ausgeglichen werden, entstehen komparative Vorteile zwischen den Ländern aus der Differenz der Faktorausstattungen, wenn sich die Sektoren in den Faktorintensitäten unterscheiden.

3. Bestimmungsfaktoren komparativer Vorteile

Die Differenz der Faktoraustattungen ist jedoch nicht die einzigen Quelle der dynamischen komparativen Vorteile. Unter der Annahme der nationalen Diffusion zeigen Grossman und Helpman (1991, Kap.8), daß sich dynamische komparative Vorteile aus der Differenz am Wissensstock ergeben können. Im endogenen Wachstumsmodell ist es entscheidend für die Bestimmung dynamischer komparativer Vorteile, wodurch die Differenz in den Kosten und den Erträgen der Innovation zwischen Ländern entsteht. In einem Modell, in dem die Produktionsfunktion der Innovation mit $\dot{n} = \delta \cdot N \cdot F$ können sich die folgenden Unterschiede zwischen Ländern ergeben:

1) Produktivitätsparameter δ
2) Verfügbarer Wissensstock N
3) Verfügbare Faktorausstattungen F.

Sind die Produktivität in den Innovationsaktivitäten zwischen Ländern unterschiedlich, wie im Ricardo-Modell der traditionellen Handelstheorie, hat das Land mit größerer Produktivität die Kostenvorteile in der Innovation, wenn andere Bedingungen gleich sind. Ist die Diffusion national, dann kann ein Land mit dem größeren Wissensstock einen komparativen Vorteil in der Forschung haben. Das Land mit reichlichem Faktor, der in der Innovation intensiv genutzt wird, hat auch komparative Vorteile in der Innovation.

D. Firmenniederlassung und Wachstum

I. Einleitung

Im Kapital D wird die Interaktion zwischen der Firmenniederlassung und dem Wachstum studiert. In den Kapiteln B und C wird die Mobilität der Firmen nicht zugelassen, aber mit zunehmender Globalisierung gewinnt das Standortproblem mehr und mehr an Bedeutung. Firmen sind heutzutage nicht mehr an ein Land gebunden. Sie sind immer bereit, ihre Standorte zu wechseln, wenn in einem anderen Land ein größerer Gewinn als an dem jetzigen Standort erzielt werden kann. Die Annahme der Immobilität von Firmen ist nicht nur wenig realistisch, man kann damit auch nicht erklären, warum die Industriestruktur zwischen Ländern unterschiedlich ist. Zu beobachten ist tatsächlich, daß Wirtschaftsaktivitäten räumlich ungleichmäßig verteilt sind. Beispielsweise agglomeriert sich die amerikanische Industrie in den Regionen, die „Manufacturing Belt“ genannt werden. Sie verbinden ungefähr Green Bay-St.Louis-Baltimore-Portland.[1] Die Industrieregionen in Europa werden „Hot Banana“[2] genannt – die Regionen zwischen Mailand und London (einschließlich Norditalien, Süddeutschland, Südost-Frankreich, Ruhrgebiet, Ile-de-France, Belgien, Niederlande und Südostengland).

Die Wirtschaftsgeographie wird meistens in der Regionalökonomie behandelt. Von Thünen (1826) hat ein erstes Kern-Peripherie-Modell entwickelt, in dem die Verteilung der Wirtschaftsaktivitäten eine ringförmige Raumstruktur hat, die aus dem Zusammenspiel der Transportkosten und der Entfernung zu einem Zentrum abgeleitet wird. Die nachfolgenden Standorttheoretiker untersuchen das Standortproblem unter Betonung entweder der Produktions- oder der Absatzaspekte. Bei Weber (1922) wählen Industrien ihren Standort rohstofforientiert, um die Kosten für Transporte zwischen Produktionsort und Absatzmarkt zu minimieren. Bei Christaller (1933) und Lösch (1939), deren Ansätze als die absatzorientierte Standorttheorie bezeichnet werden, ergeben sich hierarchische Systeme mit sechseckigen Marktnetzen, in denen die relativ gleichmäßige Verteilung der Produktionsorte über den Raum produziert wird.[3]

In jüngerer Zeit wurde ein modernes Wirtschaftsgeographiemodell (Krugman 1991a,b) entwickelt, das auf der Interaktion der zunehmenden Skalenerträge mit den Transportkosten basiert. Hierbei stellt sich anders als bei der traditionellen Theorie nicht die Frage, warum sich bestimmte Industrien an bestimmten Orten niederlassen, sondern, warum sich Industrien im allgemeinen in wenigen Regionen agglomerieren. Von Krugman und Venables (1995) wird dieses Modell auf

[1] Krugman (1991a) S.11.
[2] Ottaviano und Puga (1997).
[3] Die traditionelle Standorttheorie wird bei Krieger-Boden (1995) und Hoover (1948) ausführlich dargestellt.

die internationale Ebene erweitert. Pekuniäre Externalitäten sind im modernen Geographiemodell die grundlegenden Kräfte, die zur Agglomeration von Industrien führen und damit die unterschiedliche Produktionsstruktur in unterschiedlichen Ländern erzeugen. Ein wichtiger Charakter des modernen Geographiemodells ist auch die Unabhängigkeit der räumlichen Struktur der Wirtschaftsaktivitäten von der Geschichte oder den Faktorausstatttungen. Während in der traditionellen Handelstheorie die räumliche Differenz der Produktionsstruktur zwischen Ländern auf den Unterschied der Faktorausstattung oder der Produktivität zurückzuführen ist, zeigt das moderne Geographiemodell, daß Länder ganz unterschiedliche Produktionsstrukturen haben können, auch wenn sie identisch sind.

Um die Relation zwischen den Firmenniederlassungen und dem Wachstum zu untersuchen, wird in diesem Kapitel das statische Geographiemodell (Krugman und Venables 1995) dynamisiert, indem es mit dem endogenen Wachstumsmodell (Romer 1990 sowie Grossman und Helpman 1991) kombiniert wird. Durch eine mechanische Verbindung der beiden Theorien kann man sicherlich schwer die Einsicht von der Interaktion zwischen Agglomeration und Wachstum gewinnen. Man braucht einen neuen Mechanismus. Hierbei soll zunächst die Frage gestellt werden, ob Agglomeration und Wachstum voneinander unabhängig sind. Man geht davon aus, daß Agglomerations- und Wachstumsprozesse interdependent sind und gleichzeitig entstehen, weil Agglomeration von Industrien in einem Land unmittelbar die Steigerung der dortigen Produktionstätigkeiten bedeutet, die das positive Wachstum dieses Landes zur Folge haben kann. Die Interdependenz der Agglomeration und des Wachstums kann man daran bestens erkennen, daß Markt eines Landes nicht nur durch die Zuwanderung der bereits vorhandenen ausländischen Firmen, sondern auch durch die Entstehung neuer Firmen in demselben Land vergrößert werden kann. Ebenfalls kann ein Land schneller wachsen nicht nur durch das interne Wachstum, sondern auch durch die Zuwanderung ausländischer Firmen. Die Agglomerations- und Wachstumsprozeß werden durch sowohl die Verlagerung der bereits vorhandenen Firmen als auch die Entstehung neuer Firmen gleichzeitig generiert.
Wenn Agglomeration und Wachstum interdependent sind, dann sollen sie auch in theoretischen Überlegungen nicht getrennt behandelt werden. Die bisherigen Theorien konzentrieren sich allerdings lediglich auf einen Prozeß von den beiden. Das statische Geographiemodell erklärt den geographischen Agglomerationsprozeß, aber vernachlässigt die Auswirkungen der Agglomeration auf Wachstum, und die endogene Wachstumstheorie betont dagegen nur ständigen Wachstumsprozeß, aber kein räumlicher Verteilungsprozeß kann daraus abgeleitet werden.

Die nächste Frage ist dann, wie diese beiden Prozesse verbunden werden können. Der Mechanismus für die Interaktion zwischen Agglomeration und Wachstum wird in diesem Modell im engen Zusammenhang zwischen pekuniären und technologischen Externalitäten gesucht. Seit Scitovsky (1954) wurden pekuniären und technologischen Externalitäten in den theoretischen Überlegungen getrennt untersucht und ihr Zusammenhang ist jedoch wenig Aufmerksamkeit geschenkt worden. Da die Agglomeration der Industrie im statischen Geographiemodell durch pekuniäre Externalitäten und das ständige Wachstum in der endogenen Wachstumstheorie durch technologische Externalitäten generiert wird, impliziert die Interdependenz zwischen Agglomerations- und Wachstumsprozeß somit, daß pekuniäre und technologische Externalitäten auch voneinander abhängig sind. Es existiert die zirkuläre Kausalität zwischen beiden Externalitäten, sich gegenseitig zu verstärken. Wenn ein Land z.B. durch hohe Innovation schneller als ein anderes wächst, dann wird der Markt in diesem Land relativ schnell vergrößert. Die dadurch erzeugte Differenz an der Marktgröße induziert ausländischen Firmen zur Verlagerung. In diesem Fall wird die Agglomeration der Firmen durch den Wachstumsprozeß generiert, nämlich technologische Externalitäten verstärken pekuniäre Externalitäten. Wenn sich Firmen in einem Land agglomerieren, dann könnte dieses Land aufgrund des größeren Umfangs von learnig-by-doing oder einen engen Kontakt zwischen Innovator und Produzenten ein günstiges Umfeld für die Innovation anbieten. In diesem Fall bringt die Agglomeration den Wachstumsprozeß hervor, nämlich pekuniäre Externalitäten verstärken technologische Externalitäten. Mit einem dynamischen Geographiemodell, das auf der Interaktion zwischen technologischen und pekuniären Externalitäten basiert, kann man die Einsicht über die Prozesse der räumlichen Verteilung der Wirtschaftsaktivitäten und des Wachstums gleichzeitig gewinnen.

Hier wird ein Zwei-Länder-Modell mit drei Sektoren (Endprodukt-, Zwischenprodukt- und FuE-Sektor) dargestellt. Das in diesem Kapital dargestellten dynamischen Modell bringt im Vergleich mit dem statischen Geographiemodell einige Unterschiede in den Aussagen mit sich. Zum einen zeigt dieses Modell, daß beide Länder durch die internationale Arbeitsteilung langfristig besser gestellt werden können. Der Spezialisierungsgewinn tritt hier als höheres Wachstum auf. Nord spezialisiert sich auf die Innovation und Süd auf die Produktion des Endprodukts. Obwohl die Agglomeration von Industrien die absolute Einkommensdifferenz zwischen Ländern hervorbringt, führt die internationale Arbeitsteilung zur Erhöhung der Produktivität der Sektoren und auch zum höheren Wachstum in beiden Ländern, nicht nur in einem. In Süd entsteht keine Innovation, aber Handel sorgt für die Verfügbarkeit neuer innovativer Güter, so daß das Einkommen beide Länder mit derselben Rate wachsen. Die geographische Verteilung der Wirtschaftsaktivitäten bringt damit keine Wachstumsdisparität zwischen den Ländern hervor. Die Organisierung der Weltwirtschaft als eine Kern-Peripherie-Struktur bedeutet im dynamischen Modell die Schaffung der dynamischen Interdependenz zwischen Industrien in unterschiedlichen Ländern, während Firmen im statischen Geographiemodell von Krugman und Venables (1995) Gegenstand der Konkurrenz zwischen Ländern sind.

Zum anderen führt die Senkung der Handelskosten (die Integration) zum noch höheren Wachstum beider Länder. Da Handel in dem folgenden dargestellten Modell auch bei der Existenz der positiven Transportkosten eine Verbindungsrolle zwischen den räumlich entfernten Industrien spielt, stellt die Beseitigung der Handelshemmnisse eine weitere Quelle für den höheren Handelsgewinn bzw. das höhere Wachstum dar. Die absolute Einkommensdifferenz zwischen Ländern, die durch die Agglomeration der Industrien unvermeidlich entsteht, kann darüber hinaus durch die Integration verringert werden. Ohne die Konvergenz der Industriestruktur kann im dynamischen Geographiemodell die Einkommenskonvergenz erfolgen, d.h. die Spezialisierung und die Verringerung der Einkommensdifferenz zwischen den Ländern können gleichzeitig stattfinden. Im statischen Geographiemodell ist die Einkommenskonvergenz zwischen den Ländern nur durch die Konvergenz der Industriestruktur möglich. Außerdem geraten dabei die Interessen beider Länder an der Beseitigung der Handelshemmnisse in Konflikt, wenn einmal die Weltwirtschaft mit Kern-Peripherie-Struktur reorganisiert wird.

Das Kapitel D ist folgendermaßen aufgebaut: Zunächst wird das statische Geographiemodell kurz dargestellt. Anschließend wird die Grundidee des dynamischen Geographiemodells und die Unterschiede zu anderen Modellen aufgezeigt. Diskutiert wird danach die Rolle der pekuniären und technologischen Externalitäten beim Prozeß der Agglomeration der Industrien und beim weiteren Wachsen des Landes. Es wird dabei argumentiert, daß die beiden Externalitäten nicht getrennt behandelt werden sollen, wenn es sich nicht nur um die Agglomeration der Industrie, sondern auch um die dynamische Entwicklung des Standorts handelt. Ein dynamisches Geographiemodell wird in IV unter zwei Umständen – Immobilität und Mobilität der Arbeit – dargestellt. Sodann werden die Ergebnisse unter verschiedenen Annahmen verglichen, um die Auswirkungen der Agglomeration auf das Wachstum zu verdeutlichen. Die Abschnitte IV. 5 und 6 entsprechen der Schlußfolgerung des dynamischen Geographiemodells. Im Abschnitt V wird diskutiert, wofür die Annahme vollkommener Konkurrenz auf dem Markt des Endprodukts notwendig ist und welche Rolle die Asymmetrie zwischen den Ländern bei der geographischen Agglomeration der Industrie spielt.

II. Literaturüberblick

Das statische Geographiemodell

In der neuen Handelstheorie (Helpman und Krugman 1985, Kap.10, Krugman und Venables 1990) wird bei der Existenz der zunehmenden Skalenerträge und der Transportkosten gezeigt, daß Produktion tendenziell in der Nähe des großen Markts stattfindet und Güter von dort zum kleinen Markt exportiert werden. Dabei wird die Differenz in der Marktgröße zwischen den Ländern von Anfang an

gegeben. Der Heimmarkteffekt (home market effect) führt hierbei zur Konzentration der Produktion. Diese Handelstheorie erklärt aber nicht, warum a priori ähnliche Länder eine unterschiedliche Produktionsstruktur zeigen können.
Das neue Geographiemodell verbindet die neue Handelstheorie mit dem Argument der Entwicklungsökonomie, daß die großen Märkte mit mehr Firmen und Arbeitern durch die zirkuläre und kumulative Kausalität (Myrdal 1957) oder „forward" und „backward linkage" (Hirschman 1958) entstehen, und zeigt, daß Regionen oder Länder, auch wenn sie identisch sind, tendenziell eine Kern-Peripherie-Struktur organisieren. Es gibt zwei Mechanismen für die Entstehung der kumulativen Kausalität. Krugman (1991b) formuliert ein statisches Geographiemodell mit zwei Regionen und zwei Sektoren, in dem das Agrarprodukt unter vollkommener Konkurrenz produziert wird und auf dem Markt der Industriegüter monopolistische Konkurrenz herrscht. Es wird gezeigt, daß bei der Existenz der Transportkosten die Interaktion der Arbeitsmobilität mit zunehmenden Skalenerträgen der Produktion die Tendenz erzeugt, daß sich Firmen und Arbeit in einer Region agglomerieren.
Dieses Modell wird von Krugman und Venables (1995) sowie Venables (1996) auf die internationale Ebene erweitert. Dabei ist Arbeit international nicht mobil. Statt dessen wird die kumulative Kausalität für die Agglomeration der Industrie durch die vertikale Verbindung der Industrien erzeugt. Industrien bilden eine Input-Output-Struktur. Danach kommt die Agglomeration von Industrien wegen dieser direkten Verbindung der Industrien von selbst zustande. Die Interaktionen zwischen Transportkosten und zunehmenden Skalenerträgen bei der Produktion erzeugen pekuniäre Externalitäten. Wenn z.B. ein Land einen größeren Sektor des Endprodukts als ein anderes hat, dann bietet dieses Land den größeren Markt für die Zwischenproduktfirmen an, weil die Nachfrage nach Zwischenprodukten aus dem Sektor des Endprodukts kommt. Es ist für die Firmen der Zwischenprodukte günstig, sich dort niederzulassen. Firmen können dort einen großen Teil ihrer Produkte ohne Transportkosten verkaufen und einen kleinen Teil ihrer Produkte mit Transportkosten exportieren. Dieser Effekt wird als „backward linkage" bezeichnet. Wenn umgekehrt ein Land den größeren Sektor der Zwischenprodukte hat, dann sind die Preise der Zwischenprodukte wegen der Transportkosten dort niedriger. Firmen des Endprodukts können also dort ihr Produkt mit den niedrigeren Kosten herstellen. Wenn die anderen Bedingungen gleich sind, dann ist es für die Firmen des Endprodukts besser, in diesem Land ihre Produkte zu produzieren. Dieser Effekt heißt „forward linkage".
Diese forward und backward linkages als pekuniäre Externalitäten treiben die Agglomeration der Industrie in einem Land an. Wenn diese Agglomerationsprozesse einmal in Gang gesetzt werden, dann setzen sie sich fort und enden mit der vollkommenen Agglomeration der Industrie. Bei den hohen Transportkosten sind forward und backward linkages nicht groß genug für die Agglomeration der Industrien. Aber wenn die Transportkosten unter einen kritischen Punkt fallen, dann organisiert die Weltwirtschaft spontan eine Kern-Peripherie-Struktur. Als Folge der Agglomeration ergibt sich die Einkommensdivergenz zwischen den

Ländern. Gewinnt ein Land mehr Firmen, ist das Einkommensniveau in diesem Land höher als das in dem anderen. Wenn die Transportkosten weiter sinken und damit sehr niedrig werden, dann wird die Lohndifferenz zwischen Peripherie und Kern noch wichtiger als die Agglomerationseffekte, die durch das Zusammenspiel zunehmender Skalenerträge mit Transportkosten erzeugt werden. Einige Firmen verlassen daher die Kernregion und die Einkommenskonvergenz erfolgt. Das Einkommen in der Peripherie steigt und die Länder im Kern können verlieren.

Puga (1999) setzt die zwei oben skizzierten Mechanismen für die Agglomeration der Industrie – das Modell von Krugman (1991b) und Krugman und Venables (1995) – zusammen und vergleicht die Ergebnisse mit und ohne interregionale Arbeitsmobilität. Wenn die Arbeitsmobilität niedrig ist, dann wird die Agglomeration der Industrie verzögert. Da in diesem Modell monopolistische Konkurrenz auf dem Markt des Endprodukts herrscht, wird der kumulative Agglomerationsprozeß zwischen Industrie und Arbeit erzeugt, nicht zwischen vertikal verbundenen Industrien.

Das oben zusammengefaßte statische Geographiemodell konzentriert sich allerdings nur auf den Agglomerationsprozeß der Wirtschaftsaktivitäten, und vernachlässigt die Auswirkungen der Agglomeration auf Wachstum. Es geht dabei um die geographische Aufteilung der auf der Welt konstant vorhandenen Firmen. Martin und Ottaviano (1996) sowie Baldwin, Martin und Ottaviano (1998) studieren geographische Verteilung der Wirtschaftsaktivitäten in einem dynamischen Modell.

Dynamisierung

Martin und Ottaviano (1996) studieren den Zusammenhang zwischen Wachstum und Firmenniederlassungen. Das Modell hat drei Sektoren: der differenzierte Konsumgütersektor, FuE-Sektor und Agrarsektor. Dabei wird direkt angenommen, daß die Innovationskosten in einem Land mit mehr Firmen niedriger sind als im Land mit weniger Firmen. Anders als in der endogenen Wachstumstheorie (Romer 1990 sowie Grossman und Helpman 1991) hängen die Innovationskosten unmittelbar von der Anzahl der Firmen ab. Es gibt in diesem Modell kein Wissenskapital. Die Externalität für ständiges Wachstum sei von Jacobs (1969) Typ. Unter der Annahme der Asymmetrie im Humankapital zwischen Ländern und der lokalen Diffusion entsteht die Innovation nur in einem Land. Die Differenz der Anfangsausstattung zwischen den Ländern führt zur Agglomeration der Innovation und die Agglomeration der Innovation hat einen Wachstumseffekt. Ein wichtiges Merkmal des neuen Geographiemodells ist allerdings, daß ohne Rückgriff auf den Unterschied zwischen Ländern die räumlich ungleiche Verteilung der Wirtschaftsaktivitäten erzeugt wird. Die geographische Agglomeration der Innovation hängt im Modell von Martin und Ottaviano allein von der Asymmetrie im Humankapital zwischen den Ländern ab. Es fehlen also die ausreichenden Kräfte, die dazu führen, daß auch symmetrische Länder letztlich ganz unterschiedliche Industriestruktur haben.

Um die vier Phänomene (Industrialisierung in Nord, Wachstumsaufschwung, Einkommensdivergenz und Handelsexpansion) zu erklären, dynamisieren Baldwin, Martin und Ottaviano (1998) das statische Geographiemodell, indem es mit der endogenen Wachstumstheorie kombiniert wird. Dieses Modell erzeugt dreistufigen Wachstumsphasen, die von der Höhe der Transportkosten abhängig sind. Die differenzierten Güter stellen die Konsumgüter dar. Es wird dabei argumentiert, daß es zwei zirkuläre Kausalitäten gibt, die die symmetrische Verteilung von Industrien instabil machen: die nachfragebezogene und die wachstumbezogene Kausalität. Die Produktionsverlagerung bringt die Verlagerung der Ausgaben für die differenzierten Konsumgüter mit sich und die Verlagerung der Produktionsstätte führt zur Senkung der Innovationskosten.

Die kritische Betrachtung soll sich auf zwei Aspekten richten: Modellmechanismus und Implikationen. Da in beiden Modellen (Martin und Ottaviano 1996 sowie Baldwin u.a. 1998) die innovativen Produkte von Konsumenten nachgefragt werden und Arbeit international nicht mobil ist, gibt es keine pekuniären Externalitäten aus der Interaktion zwischen Arbeit und Industrie wie bei Krugman (1991a,b) oder aus der vertikalen Verbindung der Industrien (Krugman und Venables 1995). Der Antrieb der Agglomeration soll nicht unbedingt pekuniäre Externalitäten sein. Er kann auch technologische Externalitäten sein. Beim Modell von Baldwin, Martin und Ottaviano (1998) wird in diesem Zusammenhang argumentiert, daß die geographische Agglomeration der Industrie die Ausnutzung technologischer Externalitäten ermöglicht. Es wird aber nicht erklärt, warum das so ist und welcher Grund dahinter steht. Folglich wird die Beziehung zwischen Wissensstock und Firmen dabei nicht deutlich definiert, falls Firmen ihren Standort wechseln. Für die Argumentation, daß die Agglomeration von Industrien in einem Land die Innovation dort begünstigt, sollte es irgendeinen Mechanismus geben, der die Veränderung der Firmenzahl und den Wissensstock zusammen verbindet. Die Dynamisierung des statischen Geographiemodells erzielt auf die Untersuchung der Interaktionen zwischen Wachstums- und Agglomerationsprozeß. Ohne Mechanismus, der Wachstum und Standortwahl verbindet, und ohne Definition über die Relation zwischen Wissensstock und Firmenzahl kann man die Interaktionen der Agglomerations- und Wachstumsprozesse schwer verdeutlichen. Die wachstumsbezogene Kausalität, die die Kräfte für Agglomeration der Wirtschaftsaktivitäten in diesem Modell ist, hängt allerdings stark von der Annahme ab, daß Innovationskosten unmittelbar negativ mit der Firmenzahl verbunden sind. Der Mechanismus, der aus diesen beiden Modellen abgeleitet werden kann, ist lediglich die einseitige Beziehung zwischen Agglomeration der Industrie und Wachstum, nämlich die Agglomeration der Firmen führt zu höherem Wachstum. Es gibt keine gegenseitige Relation zwischen Wachstum und Agglomeration. Im folgenden dynamischen Geographiemodell

wird die Beziehung zwischen Firmen und Wissenskapital aufgrund der zirkulären Kausalität zwischen pekuniären und technologischen Externalitäten explizit definiert.
Die Implikationen des Modells von Baldwin u.a. (1998) sowie Martin und Ottaviano (1996) unterscheiden nicht so viel von den Aussagen des statischen Geographiemodells. Wie im statischen Geographiemodell die Agglomeration der Industrie zur Einkommensdivergenz führt, ergibt sich in diesen beiden Modellen die Divergenz der Wachstumsrate. Folglich ist die Schaffung der Kern-Peripherie-Struktur die notwendige Bedingung für den Wachstumsaufschwung in Nord. Das impliziert, daß die Industrialisierung in Nord nur auf Kosten von Süd möglich ist, d.h. die Industrialisierung in einem Land bedeutet die Deindustrialisierung in einem anderem und hohes Wachstum eines Landes impliziert niedriges Wachstum eines anderen. Wachstum ist in diesem Modell ein Gegenstand der Konkurrenz zwischen Ländern. Das gemeinsame Wachstum ist nicht möglich.

Internationale Arbeitsteilung

Eine wichtige Implikation des im folgenden dargestellten dynamischen Geographiemodells besteht darin, daß beide Länder durch die Agglomeration der Wirtschaftsaktivitäten bzw. die Spezialisierung profitieren. Diese Idee geht auf die traditionelle Handelstheorie zurück. Mit der Aufnahme des Handels spezialisiert sich jedes Land nach seinem komparativen Vorteil, der durch die relative Produktivitätsdifferenz der Arbeit (Ricardo-Modell) oder durch den Unterschied in den Anfangsausstattungen der Faktoren (Heckscher-Ohlin-Modell) entschieden werden kann. Durch die internationale Spezialisierung in der Produktion bzw. durch die internationale Arbeitsteilung können beide Länder nach dieser Theorie besser gestellt werden als in der Autarkie. Handel ist deshalb als eine indirekte Produktion[4] zu betrachten. Wenn sich beide Länder nach ihren komparativen Vorteilen spezialisieren, dann wird die Produktion noch produktiver und die Konsummöglichkeiten werden durch Handel vergrößert. Dieser Ansatz kann auf die Wachstumsprozesse erweitert werden. Man kann davon ausgehen, daß die Innovationstätigkeit auch ein Gegenstand der internationalen Arbeitsteilung ist. Wenn sich ein Land auf die Innovation und ein anderes auf die anderen Produktionstätigkeiten spezialisiert, dann können sowohl die Innovationen als auch die Produktionen noch produktiver werden.
Grossman und Helpman (1991 Kap.7 und 8) studieren die Determinanten des Handelsmusters zwischen zwei Ländern. Die dynamischen komparativen Vorteile hängen dabei von den relativen Faktorausstattungen der Länder und der internationalen Wissensdiffusion ab. Im endogenen Wachstumsmodell, in dem Firmen nicht mobil sind, werden komparative Vorteile nur dann erzeugt, wenn beide Länder entweder in der Faktorausstattung oder im Wissensstock unterschiedlich sind. Die internationale Arbeitsteilung kommt beim symmetrischen Fall nicht zustande. Im hier dargestellten dynamischen Geographiemodell wird das Spezialisierungsmuster wie im statischen Geographiemodell ohne Rückgriff

[4] Krugman und Obstfeld (1994).

auf die Faktorausstattungen durch die Agglomeration der Industrien bestimmt. Die Spezialisierung hat das gemeinsame hohe Wachstum zur Folge, das nicht von der internationalen Diffusion abhängt. Alle beteiligte Länder können durch geographische Verteilung der Wirtschaftsaktivitäten langfristig besser gestellt werden. Der Grund dafür liegt im Handel, der die internationale Interdependenz der Produktion bzw. der Industrien in unterschiedlichen Ländern schafft. Handel spielt also die Verbindungsrolle zwischen den räumlich entfernten Industrien.

Integration

Im statischen Geographiemodell (Krugman und Venables 1995) geraten die Interessen der Länder an der Handelsrestriktion in Konflikt: Länder im Kern wollen die Restriktion behalten, um die Senkung ihres Einkommens zu verhindern. Dagegen will die Peripherie die Restriktion abbauen, um Firmen im Kern zu lockern. Da das Einkommen eines Landes mit zunehmender Firmen steigt, ist die Industriestruktur unmittelbar mit dem Einkommen verbunden. Und die Firmenzahl ist im statischen Geographiemodell konstant. Deswegen können die Spezialisierung und die Einkommenskonvergenz gleichzeitig nicht zustande kommen.

Bezüglich des Wachstumseffekts der Integration gibt es im Kreis der endogenen Wachstumstheorie zwei unterschiedliche Modelle. Grossman und Helpman (1990) zeigen, daß unter einigen Umständen die Handelsrestriktion jedoch zur Steigerung des Weltwachstums führen kann. Dagegen zeigen Rivera-Batiz und Romer (1991b), daß die Integration (der Abbau der Handelsrestriktion) das Wachstum erhöht. In der Wachstumstheorie hängt der Effekt der Handelsrestriktion auf das Wachstum entscheidend davon ab, in welchen Sektor (Produktion oder Forschung) die Ressourcen umgelenkt werden. Die Veränderung der Ressourcenallokation geschieht über die Veränderung des Faktorpreises.

Im dynamischen Geographiemodell haben die Handelsparteien ein gemeinsames Interesse an der Beseitigung der Handelshemmisse. Der Grund dafür liegt darin, daß beide Länder durch die internationale Arbeitsteilung voneinander profitieren. Der Effekt der Abschaffung der Handelsrestriktion wird wegen der internationalen Interdependenz der Produktion reibungslos übertragen. Betrachtet wird der Agglomerations-Steady-State, in dem sich Nord auf die Innovation und die Produktion der Zwischenprodukte und sich Süd auf die Produktion des Endprodukts spezialisiert. Süd profitiert durch die Beseitigung der Handelsrestriktion direkt, weil die Importmenge der Zwischenprodukte dadurch steigt und die Produktion des Endprodukts damit noch produktiver wird. Nord profitiert auch dadurch, weil sich die Konsummöglichkeit von Nord aufgrund internationaler Arbeitsteilung erhöht und Nord kann damit mehr Ressourcen in den Forschungssektor einsetzen. Die Integration bringt außerdem einen Einkommenseffekt für Süd hervor, nämlich die Integration verringert die Einkommensdifferenz zwischen den Ländern. Die Spezialisierung und die Verringerung der Einkommensdifferenz können also ohne die Konvergenz der Industriestruktur gleichzeitig stattfinden.

In bezug auf die Industrialisierung der Regionen oder Länder gibt es auch zahlreiche Modelle. Insbesondere zeigt das „Big-Push-Modell“ von Murphy, Shleifer und Vishny (1989), daß eine Wirtschaft, die wegen des kleinen Markts in die Armutsfalle geraten ist, rasch industrialisiert werden kann, wenn die Industrialisierung in einem Sektor die Marktgröße der anderen Sektoren durch die Erzeugung von Nachfrage-Spillover vergrößert. Voraussetzung ist die Verfügbarkeit moderner Technologien, die im Big-Push-Modell als gegeben angenommen sind. Kelly (1997) zeigt, daß die geographische Marktexpansion aufgrund der Verbesserung der Transportverbindung zur Spezialisierung führen kann und dadurch das rasche Wachstum der Wirtschaft angetrieben wird. Da die Spezialisierung in der Produktion in diesem Modell die einzige Quelle des Wachstums ist, stagniert das Wachstum der Wirtschaft, wenn das Potential der Spezialisierung ausgeschöpft ist. Es wird kein ständiges Wachstum generiert.

Zusammenfassend betrachten die bisherigen Theorien den Agglomerations- und Wachstumsprozeß als separat oder der Mechanismus für die Interaktion zwischen Agglomeration und Wachstum ist nicht überzeugend. Um diese beiden Prozesse gleichzeitig zu erfassen, wird in nächsten Abschnitt konkret diskutiert, wie ein Mechanismus für die gegenseitige Interaktion zwischen Wachstum und Firmenniederlassungen erzeugt werden kann.

III. Zirkuläre Kausalität zwischen pekuniären und technologischen Externalitäten[5]

Nach Marshall (1920) lassen sich die Vorteile der Agglomeration der Industrien wie folgt zusammenfassen:

1) Die Verfügbarkeit von Arbeitskräften mit spezifischen Qualifikationen.
2) Die Verfügbarkeit und Vielfältigkeit des nicht-handelbaren spezifischen Inputs und Dienstleistungen mit niedrigen Kosten.
3) Die technologischen Spillover.

---

[5] Scitovsky (1954) hat vorgeschlagen, daß pekuniäre und technologische Externalitäten voneinander unterschieden werden sollen. Die Zusammenhänge zwischen beiden Externalitäten wurden allerdings danach wenig untersucht. Im Rahmen der endogenen Wachstumstheorie entwickelt Romer (1987) ein Modell, in dem pekuniäre Externalitäten ständiges Wachstum generieren.

Davon betrachten Krugman (1991a,b) und Krugman und Venables (1995) lediglich pekuniäre Externalitäten (die erste und zweite) als die grundlegenden Kräfte für die Agglomeration von Industrien in einem Ort. Obwohl Krugman (1991a) selbst zugibt, daß technologische Externalitäten bei der Niederlassung von Firmen eine wichtige Rolle spielen können, werden ausschließlich pekuniäre Externalitäten in seinem Geographiemodell behandelt. Seine Argumente für die Vernachlässigung technologischer Externalitäten lassen sich wie folgt zusammenfassen:

> „Labor pooling or intermediate goods supply are things in principle one could examine directly and predict given a knowledge of the technology of the industry. And on the other side, the concreteness of these forces places constraints on what we can assume. Knowledge flows, by contrast, are invisible; they leave no paper trail by which they may be measured and tracked, ..." (Krugman, 1991a, S.53).

Soll es in einem Wirtschaftsmodell nur angenommen werden, was direkt gefolgert und bestätigt werden kann? Dieses Argument ist wenigstens aus dem Aspekt des langfristigen Wachstums nicht überzeugend. Die Frage, warum Industrien die Tendenz zur Agglomeration haben, ist gar nicht uninteressant, aber ein genauso wichtiges Problem ist das weitere Wachstum des Landes sowie der Einfluß der Agglomeration auf das Wachstum. Nur aus dem Grund, daß technologische Externalitäten unsichtbar und schwer festzustellen sind, soll in einem Modell die Rolle technologischer Externalitäten bei der Agglomeration der Industrien und dem weiteren Wachstum des Landes nicht ausgeschlossen werden. Marshall (1920, S.271) beschreibt den Agglomerationsvorteil aus technologischen Externalitäten wie folgt:

> „ if one man starts a new idea, it is taken up by others and combinded with suggestions of their own; and thus it becames the source of further new ideas."

Die grundlegende Idee der endogenen Wachstumstheorie steht im Einklang mit Marshalls Idee von technologischem Spillover. In der endogenen Wachstumstheorie entstehen technologische Externalitäten bei den Forschungstätigkeiten und dadurch wird das Wissenskapital unbegrenzt akkumuliert, was wiederum weitere Forschungen und Innovationen noch produktiver macht. Mit der endogenen Wachstumstheorie kann man das ständige Wachstum eines Landes gut erklären. Ein Problem liegt dabei jedoch in der Annahme der Immobilität der Firmen, so daß sich keine geographische Verteilung der Wirtschaftsaktivitäten ergeben. Folglich bleibt die Auswirkung der räumlichen Verteilung der Wirtschaftsaktivitäten auf das Wachstum ausgeklammert.

Sind räumliche Agglomeration von Industrien und langfristiges Wachstum voneinander nicht unabhängig, dann könnte man durch die Kombination des statischen Geographiemodells mit der endogenen Wachstumstheorie sowohl die geographische Verteilung der Wirtschaftsaktivitäten als auch das langfristige Wachstum gleichzeitig erklären.

Wie können das statische Geographiemodell und die endogene Wachstumstheorie zusammengesetzt werden? Die reine mechanische Verbindung hat sicherlich wenig Bedeutung. Ein dynamisches System ist keine zeitliche Wiederholung des statischen Mechanismus, sondern hat einen anderen Mechanismus. In dem nun dargestellten Modell wird er im engen Zusammenhang – zirkuläre Kausalität – zwischen pekuniären und technologischen Externalitäten gesucht, die sowohl bei der räumlichen Verteilung der Wirtschaftsaktivitäten als auch beim Wachstum eine wichtige Rolle spielen können.

Um die Rolle der pekuniären Externalitäten bei der Niederlassung der Industrien zu betonen, erzählt P. Krugman (1991a, S.60) in seinem Buch *Geography and Trade* eine Geschichte.

> Im Jahr 1885 stellt Catherine Evans, wohnhaft in Dalton, Georgia, einen Bettüberwurf als Hochzeitsgeschenk her. Es war für damals ein ungewöhnlicher Teppich, weil er „tufted" war; er wird später als Nadelflorteppich bekannt. Diese Handtechnik war bereits im 18. Jahrhundert bekannt gewesen und dazwischen wurde sie nicht mehr benutzt. Das Hochzeitspaar war über das Geschenk sehr erfreut. Die dadurch motivierte junge Dame Evans hat während der nächsten Jahre die Handtechnik weiter entwickelt und begann, die Teppiche zu verkaufen. Nach dem Zweiten Weltkrieg wurde eine Maschine für den Nadelflorteppich entwickelt. Der Nadelflorteppich wurde kostengünstiger produziert als der Webteppich. In den vierziger und fünfziger Jahren dieses Jahrhunderts kamen viele kleine Teppichfirmen nach Dalton, bildeten einen Cluster mit verschiedenen Zulieferern. Die Teppichproduzenten im Nordosten der Vereinigten Staaten, die an der alten Webtechnik festhielten, wurden entweder aus dem Markt verdrängt oder verlagerten ihre Produktionsorte nach Dalton. Dadurch trat Georgia als das Zentrum der Teppichindustrie in den USA auf. Noch heutzutage sind sechs der Top zwanzig Firmen der Teppichindustrie weiter in Dalton.

Was hat in der oben erzählten Geschichte Dalton zur Keimzelle der Teppichindustrie in den USA gemacht? Pekuniäre oder technologische Externalitäten? Auch wenn man akzeptiert, daß pekuniäre Externalitäten zur Agglomeration der Industrien geführt haben, bleibt noch die Frage unbeantwortet, was die weitere Entwicklung und das Wachstum der Teppichindustrie in Dalton ermöglichte.

Das war die Entwicklung der Technologie. Die Entwicklung der Maschine ermöglichte eine günstigere Produktion des Nadelflorteppichs als des Webteppichs. Gleichzeitig führten die Marktgröße durch die Nachfrage- und Angebotsverbindungen in Dalton zur Agglomeration der dortigen Teppichfirmen. Die beiden Externalitäten ermöglichten es, daß die kumulativen Prozesse in Dalton entstanden und sich dort von selbst stabilisierten und Dalton weiter wächst.

Noch ein schlüssiges Beispiel für den engen Zusammenhang zwischen beiden Externalitäten ist Silicon Valley. Ohne Agglomeration der Industrien wäre der Spitzenstatus der Universität Stanford in der Wissenschaft und im Ingenieurswesen nicht möglich gewesen und der Spitzenstatus der Universität macht auch Silicon Valley zu einem attraktiven Ort für die Hochtechnologie-Industrie. Die beiden Sektoren helfen sich gegenseitig. Pekuniäre Externalitäten allein sind nicht verantwortlich für die Entwicklung von Silicon Valley. Der Agglomerationsprozeß und das Wachstum eines Landes (einer Region) können nicht getrennt werden.

Die Frage soll sich daher nicht darauf richten, welche Externalitäten noch wichtiger für die Agglomeration der Industrien an einem Ort sind, sondern darauf, welche Rolle die beiden Externalitäten jeweils für die Agglomeration von Industrien spielen. Pekuniäre und technologische Externalitäten sind zwei Seiten derselben Medaille. Jede hat eine eigene Rolle in unterschiedlichen Bereichen: Pekuniäre Externalitäten werden durch die Märkte vermittelt und technologische Externalitäten entstehen bei der Innovation. Wodurch können die beiden Externalitäten verbunden werden? Das Verbindungsmittel zwischen beiden Externalitäten ist die Produktion.

Die zirkuläre Kausalität zwischen pekuniären und technologischen Externalitäten kann man bestens an den Prozessen des Marktwachstums und der Innovation erkennen. Vergrößert wird der Markt eines Landes nicht nur durch die externe Zunahme – die Zuwanderung der bereits existierenden ausländischen Firmen –, sondern auch durch die interne Zunahme – das Wachstum. In der Dynamik hat Innovation bzw. Entstehung neuer Firmen zwei Bedeutungen: Die Innovation bringt einerseits technologische Externalitäten für die künftigen Innovationstätigkeiten hervor. Andererseits vergrößert die Einführung neuer Produkte sowie die Entstehung neuer Firmen den betroffenen Sektor und auch letztlich, wenn die Industrien eine Input-Output-Struktur bilden, den gesamten Markt. Wenn z.B. ein Land schnell wächst, also wenn die Innovationsrate in diesem Land relativ groß ist, dann wird der Markt in diesem Land immer größer und dadurch die Differenz in der Marktgröße zwischen den Ländern erzeugt, weil neue Firmen in diesem Land schneller entstehen. Diese Differenz in der Marktgröße lockt die Firmen in anderen Ländern zur Verlagerung. Technologische Externalitäten induzieren in diesem Fall die Entstehung pekuniärer Externalitäten. Somit bringt die Innovation nicht nur technologische Externalitäten hervor, sondern verstärkt auch gleichzeitig pekuniäre Externalitäten.

Die Agglomeration der Industrien funktioniert analog wie die Innovation zur Agglomeration der Industrie wirkt. Erstens, wie das statische Geographiemodell betont, lockt der große Markt die bereits vorhandenen ausländischen Firmen zur Verlagerung ihrer Produktionsstätte. Dadurch wird nicht nur der betroffene Sektor, sondern auch wegen der Interdependenz zwischen den Sektoren der gesamte Markt vergrößert. Pekuniäre Externalitäten führen zur Agglomeration der bereits existierenden Firmen in einem Land. Diese Wirkungen des Markteffekts beenden sich hier nicht. Wenn z.B. ein Land einen noch größeren Industriesektor hat als ein anderes, d.h. wenn die Produktionstätigkeit in diesem Land relativ hoch ist, dann könnte dieses Land ein günstiges Umfeld für die Innovationstätigkeiten anbieten. Dort kann man den größeren Umfang von learning-by-doing und bessere Beschleunigung der Wissensdiffusion durch den umfangreichen Kontakt zwischen Innovatoren und Produzenten erwarten. Pekuniäre Externalitäten verstärken in diesem Fall technologische Externalitäten. Die Produktion und Innovation sind darüber hinaus im learning-by-doing-Modell (Arrow 1962, Young 1991) nicht trennbar, in dem sich die Technologie durch die kumulative Produktion entwickelt. Abgesehen von der Form des technischen Fortschritts (Innovation oder learnig-by-doing) könnte man nun behaupten, daß die hohe Produktionstätigkeit die Innovation begünstigt. Auch bei den Modellen (Romer 1990, Grossman und Helpman 1991), bei denen die Kreation des Wissens das Ergebnis gezielter, kostspieliger und letztlich profitorientierter Aktivitäten ist, soll die Beziehung zwischen Produktion und Innovation so interpretiert werden, daß die beiden Aktivitäten gegenseitig die Existenz der anderen in demselben Land voraussetzen. Darüber hinaus finden Audretsch und Feldman (1996) die Evidenz, daß die Innovationsaktivitäten die Tendenz der Cluster-Bildung in der Nähe der Industrien haben, in denen die Kreation des technischen Wissens die entscheidende Rolle spielt. Die Untrennbarkeit der Produktions- und Innovationstätigkeiten bedeutet gleichzeitig die Untrennbarkeit zwischen pekuniären und technologischen Externalitäten.

Pekuniäre Externalitäten verstärken technologische Externalitäten und technologische Externalitäten verstärken pekuniäre Externalitäten. Die beiden Externalitäten haben in der Dynamik die zirkuläre Kausalität, sich gegenseitig zu verstärken. Die Wachstums- und Agglomerationsprozesse stellen daher eine zirkuläre Kausalität dar. Sowohl die endogene Wachstumstheorie als auch das statische Geographiemodell betonen nur eine von beiden Externalitäten, die bei der Agglomeration von Industrien und beim Wachstum eines Landes die entscheidende Rolle spielen können. Logischerweise können die beiden Modelle nur eine Seite der Entwicklung des Standorts erklären: entweder räumliche Verteilung der Produktion oder Wachstum. Ein dynamisches Geographiemodell, das pekuniäre und auch technologische Externalitäten gleichzeitig einschließt und ihre zirkuläre Kausalität berücksichtigt, könnte die Ursache und die weitere Entwicklung der räumlichen Agglomeration der Industrien gleichzeitig erklären.

IV. Ein dynamisches Geographiemodell

1. Aufstellung des Modells

End- und Zwischenprodukt

Firmen sind in diesem Modell nicht mehr immobil. Sie können ihren Standort jederzeit ohne Verlagerungskosten wählen und wechseln. Hier werden zwei Länder betrachtet, die Nord und Süd genannt werden. Sie sind in bezug auf Produktionstechnologie, Präferenzen und Faktorausstattungen symmetrisch. Nord bzw. Süd hat im Ausgangspunkt drei Sektoren: nämlich Sektor des Endprodukts, der Zwischenprodukte und FuE-Sektor. Das Endprodukt Y wird unter Einsatz von Arbeit und Zwischenprodukten hergestellt. Die Produktionsfunktion lautet:

(D-1) $$Y = L_y^{1-\mu} D^{\mu},$$

wobei L_y den Einsatz der Arbeit im Sektor des Endprodukts und D das Aggregat der Zwischenprodukte darstellt. Nach Dixit und Stiglitz (1977) und Ethier (1982) wird das Aggregat der horizontal differenzierten Zwischenprodukte D wie folgt definiert.

(D-2) $$D = \left[\int_0^n x_i^{\beta} di + \int_0^{n^*} (m_i^*)^{\beta} di \right]^{1/\beta}, \qquad 0 < \beta < 1$$

wobei n bzw. n^* die Anzahl der Zwischenprodukte angibt, die in Nord bzw. Süd produziert werden. x_i und m_i^* sind jeweils die Nachfrage nach dem inländischen und importierten Zwischenprodukt i in Nord. Eine Zwischenprodukt-Firma i produziert ihr eigenes Produkt x_i, so daß n bzw n^* gleich der Anzahl der Firmen in Nord und Süd ist. Auf dem Zwischenproduktmarkt herrscht monopolistische Konkurrenz. Die Parameter mit Sternzeichen stellen die Parameter für Süd dar.

Das Endprodukt Y wird frei gehandelt. Auf dem Markt herrscht vollkommene Konkurrenz. Das Endprodukt kann für verschiedene Zwecke verwendet werden: nämlich für den Konsum und für die Produktion der Zwischenprodukte. Man kann die Zwischenprodukte als dauerhaftes Gut wie im endogenen Wachstumsmodell von Romer (1990) und Rivera-Batiz und Romer (1991a,b) modellieren, so daß der gesamte Kapitalstock den gesamten Zwischenprodukt-Firmen verteilt ist. Wie im Kapitel B dargestellt, bringt die Modellierung mit physischem Kapital keine große Differenz in der Schlußfolgerung im Vergleich mit dem Fall ohne Kapital. Hier wird angenommen, daß eine Einheit des Zwischenprodukts unter Einsatz einer Einheit des Endprodukts hergestellt wird. Die Produktionskosten eines Zwischenprodukts sind deshalb gleich dem Preis des Endprodukts p_y. Aufgrund von Freihandel und vollkommener Konkurrenz des Endprodukts sind die Produktionskosten des Zwischenprodukts international einheitlich.

Beim Handel der Zwischenprodukte entstehen die Transportkosten τ in Form von Ice-berg[6] wie im Geographiemodell von Krugman (1991b) und Krugman und Venables (1995). Wenn Nord eine Einheit eines Zwischenprodukts exportiert, dann erreicht nur $1/\tau$ Einheiten Süd und der Konsumentenpreis ist damit $p\tau$, wobei $\tau > 1$.

Aus der Gewinnmaximierung der Produzenten des Endprodukts läßt sich die Nachfrage nach Zwischenprodukten wie folgt ableiten:

(D-3a′) $$x = p^{-\varepsilon} Q_M^{\varepsilon-1} \mu p_y Y \quad \text{und} \quad m^* = (p^*)^{-\varepsilon} \tau^{-\varepsilon} Q_M^{\varepsilon-1} \mu p_y Y$$

(D-3b′) $$x^* = (p^*)^{-\varepsilon} (Q_M^*)^{\varepsilon-1} \mu p_y^* Y^* \quad \text{und} \quad m = p^{-\varepsilon} \tau^{-\varepsilon} (Q_M^*)^{\varepsilon-1} \mu p_y^* Y^*,$$

wobei Q_M und Q_M^* jeweils der Preisindex der Zwischenprodukte in Nord und Süd sind und $\beta = 1 - 1/\varepsilon$. Der Output des einzelnen Zwischenprodukts ist durch die Multiplikation τ auf die ausländische Nachfrage zu erhalten, weil ein Teil des Outputs beim Transport schmilzt.

(D-3a) $$x = p^{-\varepsilon} Q_M^{\varepsilon-1} \mu p_y Y \quad \text{und} \quad m^* = (p^*)^{-\varepsilon} \tau^{1-\varepsilon} Q_M^{\varepsilon-1} \mu p_y Y$$

(D-3b) $$x^* = (p^*)^{-\varepsilon} (Q_M^*)^{\varepsilon-1} \mu p_y^* Y^* \quad \text{und} \quad m = p^{-\varepsilon} \tau^{1-\varepsilon} (Q_M^*)^{\varepsilon-1} \mu p_y^* Y^*.$$

Der Preisindex kommt zum Ausdruck:

(D-4a) $$Q_M = \left[n p^{1-\varepsilon} + n^* (p^* \tau)^{1-\varepsilon} \right]^{\frac{1}{1-\varepsilon}} = \left[n p^{1-\varepsilon} + n^* \phi (p^*)^{1-\varepsilon} \right]^{\frac{1}{1-\varepsilon}}$$

(D-4b) $$Q_M^* = \left[n^* (p^*)^{1-\varepsilon} + n (p\tau)^{1-\varepsilon} \right]^{\frac{1}{1-\varepsilon}} = \left[n^* (p^*)^{1-\varepsilon} + n \phi (p)^{1-\varepsilon} \right]^{\frac{1}{1-\varepsilon}}$$

wobei $\phi \equiv \tau^{1-\varepsilon}$ und $0 \le \phi \le 1$.

---

[6] Ein Teil des exportierten Zwischenprodukts schmilzt beim Transport. Diese Form von Transportkosten hat den Vorteil, daß keine separate Transportindustrie zusätzlich berücksichtigt wird.

Die Zwischenprodukt-Firmen in Nord und Süd haben die identischen Produktionskosten und die gleiche Nachfragestruktur. Der Monopolist setzt damit den Markup-Preis auf die Grenzkosten.

(D-5) $$p(1-\frac{1}{\varepsilon}) = p_y,$$

wobei ε die Preiselastizität und gleichzeitig die Substitutionselastizität zwischen zwei beliebigen Zwischenprodukten ist. Da Freihandel und vollkommene Konkurrenz angenommen sind, gilt $p_y = p_y^*$. Der Preis der Zwischenprodukte, den die Firmen in Nord und Süd kassieren, ist gleich p bzw. p^*. Es gilt darüber hinaus $p = p^*$, da die Preiselastizität in beiden Ländern gleich ist und unabhängig von den Ausgaben für Zwischenprodukte konstant bleibt. Die Existenz der Transportkosten führt allerdings zur Differenz an der Nachfragemenge zwischen inländischen und importierten Zwischenprodukten. Auch bei der Symmetrie $Y = Y^*$ ist die inländische Nachfrage x in (D-3a) und (D-3b) größer als die Exportmenge m.

Der Gewinn der Zwischenprodukt-Firma in Nord kommt unter Verwendung von (D-3a) zum Ausdruck:

(D-6a) $$\begin{aligned}\pi &= (p - p_y)(x + m) \\ &= \mu(p - p_y)p^{-\varepsilon} p_y \left[Q_M^{\varepsilon-1} Y + (Q_M^*)^{\varepsilon-1} \phi Y^*\right].\end{aligned}$$

Für die Firma in Süd erhält man mit (D-3b) den analogen Ausdruck:

(D-6b) $$\pi^* = \mu(p - p_y)p^{-\varepsilon} p_y \left[(Q_M^*)^{\varepsilon-1} Y^* + Q_M^{\varepsilon-1} \phi Y\right].$$

Der Gesamtgewinn einer Firma besteht aus zwei Teilen. Wegen der positiven Transportkosten gilt $Q_M^{\varepsilon-1} Y > (Q_M^*)^{\varepsilon-1} \phi Y^*$ bzw. $Q_M^{\varepsilon-1} \phi Y < (Q_M^*)^{\varepsilon-1} Y^*$, auch wenn $Y = Y^*$ und $Q_M = Q_M^*$ sind. Wenn es einen kleinen Unterschied zwischen Y und Y^* gibt, dann entsteht die Gewinndifferenz zwischen Firmen in Nord und Süd, die zur Wanderung der Firmen führt.

Spezifikation der Innovationsfunktion bei der Mobilität von Firmen

Ausgehend vom Modell C.I.1, das der Grundidee von Romer (1990) und Grossman und Helpman (1991) folgt, geschieht die Entwicklung der Technologie über die Expansion der Anzahl an Zwischenprodukten bzw. Firmen. Im FuE-Sektor wird ein neues Design produziert, das eine Zwischenprodukt-Firma vor der Herstellung ihres differenzierten Gutes erwerben muß.[7] Es wird angenommen, daß Designs international nicht handelbar sind. Die Produktionsfunktion der Designs ist gewöhnlich wie im endogenen Wachstumsmodell darzustellen:

$$\text{(D-7')} \qquad \dot{n} = \delta K_n L_R$$

wobei K_n den Wissensstock des Landes, δ den konstanten Produktivitätsparameter und L_R die Arbeit im FuE-Sektor angibt. Die Innovationstätigkeit vergrößert gleichzeitig den sozialen Wissensstock, dessen Nutzung anderer Forscher innerhalb eines Landes nicht auszuschließen ist. Der akkumulierte Wissensstock steht für die weitere Forschung kostenlos zur Verfügung. Bei der Innovation entstehen also technologische Externalitäten. Da der soziale Wissensstock K_n durch die Innovationstätigkeiten nicht konstant bleibt, sondern weiter akkumuliert wird, ist es also notwendig, den Parameter n und den Wissensstock K_n miteinander zu verbinden. Dafür setzen Romer (1990) und Grossman und Helpman (1991) den Wissensstock K_n mit der Anzahl der Zwischenprodukte n gleich, so daß $K_n = n$ ist. Diese Spezifikation bedeutet, daß der Wissensstock proportional zu kumulativen Innovationstätigkeiten ist. Die Beiträge der Innovationstätigkeiten zur Akkumulation des Wissens hängen direkt vom Wissensstock ab.

Diese Spezifikation $K_n = n$ ist im endogenen Wachstumsmodell kein Problem, weil Firmen dort nicht mobil sind und damit die Veränderung der Firmenanzahl nur durch die interne Zunahme – das Wachstum – möglich ist. Das Wissen, das einmal in einem Land erzeugt wird, bleibt für immer dort. Da es keine Zu- oder Abwanderungsmöglichkeit der Firmen gibt, ist wohl anzunehmen, daß der Wissensstock K_n der Firmenanzahl n entspricht. Dadurch verändert sich kein wesentlicher Aspekt des Wachstumsprozesses. In dynamischem Geographiemodell, in dem Firmen international vollkommen mobil sind, darf man aber die Anzahl der Firmen n nicht einfach mit dem Wissensstock K_n gleichsetzen, ohne irgendeine zusätzliche Annahme oder einen Mechanismus einzuführen. Wenn die Anzahl der Firmen durch die Standortwechsel verändert wird, dann kann die Proportionalität zwischen dem Wissensstock K_n und der Anzahl der Firmen n nicht mehr eingehalten werden.

Es wird im vorigen Abschnitt dieses Kapitals argumentiert, daß die zirkuläre Kausalität zwischen pekuniären und technologischen Externalitäten existiert, nämlich daß sich technologische und pekuniäre Externalitäten nicht nur selbst, sondern auch gegenseitig verstärken. Im Fall der horizontal differenzierten Güter läßt sich die Größe des Markts der Zwischenprodukte an der Firmenan-

---

[7] Die Beschaffung des Designs entspricht den Fixkosten im statischen Modell für monopolistische Konkurrenz [Krugman 1979, Helpman und Krugman 1985].

zahl messen, weil der Output der einzelnen Firmen konstant bleibt. Markt wird nicht nur durch die Zuwanderung der bereits vorhandenen ausländischen Firmen (pekuniäre Externalitäten) vergrößert, sondern auch durch das Wachstum (technologische Externalitäten). Wenn ein Land schneller wächst als ein anderes, dann entstehen neue Firmen in diesem Land schneller und wird damit auch der Markt schneller vergrößert. In diesem Fall erzeugen technologische Externalitäten die Differenz an der Marktgröße zwischen Ländern, die unter den Umständen der Transportkosten und der vertikalen Verbindung der Industrien die Entstehung pekuniärer Externalitäten entzündet. Damit kommt die Agglomeration der Industrien zustande.
Man kann sich auch einen anderen Fall vorstellen; Wenn ein Land durch die Zuwanderung der ausländischen Firmen den relativ größeren Markt bzw. die relativ größeren Produktionstätigkeiten hat, d.h. wenn pekuniäre Externalitäten die Wanderung von Firmen induzieren, dann könnte dieses Land das relativ günstigere Umfeld für die Innovation – für die Erzeugung der technologischen Externalitäten – anbieten. Ein noch größeres learning-by-doing oder einen besseren und umfangreicheren Kontakt zwischen Innovatoren und Produzenten kann man in einem Land mit größeren Produktionstätigkeiten eher erwarten als in einem Land mit wenigen Firmen. In diesem Fall werden technologische Externalitäten von pekuniären Externalitäten verstärkt.

Bei diesen zwei Fällen kann Agglomeration durch Innovation induziert werden und auch Innovation durch Agglomeration. Agglomeration und Wachstum sind interdependent, entstehen gleichzeitig und verstärken sich gegenseitig. Die Interaktion zwischen Agglomeration und Wachstum bzw. pekuniären und technologischen Externalitäten stellt zirkuläre Kausalität dar. Diese Relation zwischen technologischen und pekuniären Externalitäten läßt sich intuitiv wie folgt erklären: Ohne Produktion, d.h. ohne ständige Nutzung des Designs in der Produktion, könnte das technische Wissen zur Erweiterung des sozialen Wissensstocks wenig beitragen. Ohne Innovation kann kein neues Gut produziert werden. Die Produktion ist die Voraussetzung für die Innovation, und Innovationstätigkeiten sind auch die Voraussetzung für die Produktion.

Die Veränderung des Umfelds für die Innovation, die aus der Wanderung der Firmen resultiert, und das Wachstum des Markts durch die Innovation sollen in einem dynamischen Modell gleichzeitig berücksichtigt werden. Wie sollen diese Veränderungen des Innovationsumfelds und der Firmenzahl formuliert werden? Eine einfache Methode liegt darin, daß die Veränderung des Innovationsumfelds als die Veränderung des Wissensstocks in der Innovationsfunktion (D-7′) ausgedrückt wird. Die nächste Frage ist dann, wie groß diese Zunahme des Wissensstocks durch die Zuwanderung der Firmen im Vergleich mit der Veränderung des Wissensstocks durch Innovationstätigkeiten ist. Kurzfristig könnten die Beiträge der Erster zur Innovation nicht so groß sein wie die der Letzter. Aber langfristig gesehen, eine kleine Differenz des Innovationsumfelds zwischen

Ländern ist genügend, einen permanenten Unterschiede in Innovation zwischen Ländern hervorzubringen, wie die endogene Wachstumstheorie (Grossman und Helpman, 1991 Kap.7) zeigt. Unabhängig von der Quelle der Veränderungen des Innovationsumfelds gibt es keine Differenz in ihren langfristigen Auswirkungen auf Innovation. Die absolute Größe der Beiträge zur Innovation spielt gar keine Rolle in der Untersuchung der langfristigen geographischen Verteilung der Wirtschaftsaktivitäten. Da sich das dynamische Geographiemodell auf die langfristige geographische Entwicklung der Wirtschaftsaktivitäten konzentriert, kann man annehmen, daß der Wissensstock und die Firmenzahl in einem Land langfristig eine proportionale Beziehung haben.

Unter dieser Annahme der zirkulären Kausalität zwischen den beiden Externalitäten bzw. der interdependenten Prozesse der Agglomeration und des Wachstums kann man den Wissensstock mit der Firmenzahl gleichsetzen, $K_n = n$. Die Zunahme des Wissensstocks durch die Innovation lockt die Zuwanderung der ausländischen Firmen (Zunahme von n) an. Die Steigerung von n in Folge der Zuwanderung ausländischer Firmen verbessert zuerst das Innovationsumfeld, was letztlich als Steigerung des Wissensstocks K_n ausgedrückt werden kann. Im Steady-State gewährleistet die zirkuläre Kausalität die gemeinsame Veränderung der beiden Parameter n und K_n. Damit kommt die Produktionsfunktion des Designs bzw. Wissens zum Ausdruck:

(D-7) $$\dot{n} = \delta n L_R$$

Darüber hinaus wird in diesem Modell keine Wissensdiffusion zugelassen. Die Diffusion des Wissens stellt sicherlich eine wichtige Quelle für die Entwicklung der Technologie und auch für das Wachstum dar, aber sie spielt aber keine entscheidende Rolle bei der Niederlassung der Firmen. Ohne Annahme der Wissensdiffusion könnte man die Auswirkung der zirkulären Kausalität zwischen pekuniären und technologischen Externalitäten auf die geographische Aufteilung der Wirtschaftsaktivitäten und auf das Wachstum besser analysieren.

Haushalt und Arbeitsmarkt

Haushalte konsumieren das Endprodukt und die intertemporale Nutzenfunktion ist dadurch gegeben:

(D-8) $$U = \int_t^\infty e^{-\rho(v-t)} \log C(v) dv,$$

wobei $C(v) = c(v) \cdot L$ den gesamten Konsum des Endprodukts der Haushalte im Zeitpunkt v und ρ die Zeitpräferenzrate darstellt.

Das natürliche Wachstum der Bevölkerung ist Null, $\dot{L} = \dot{L}^* = 0$. Auf dem Arbeitsmarkt ergibt sich ein Gleichgewicht, wenn das fixe Arbeitsangebot L gleich der Summe der Arbeitsnachfragen des Sektors des Endprodukts und des FuE-Sektors. Es gilt:

(D-9) $$L = L_y + L_R,$$

wobei L_y und L_R jeweils die Arbeit im Sektor des Endprodukts und im FuE-Sektor angibt.

2. Zur Lösung des Modells

Ein erfolgreicher Innovator hat ein permanentes Patentrecht über die Nutzung seines Designs für die Produktion, aber nicht über die Nutzung für die Innovationstätigkeiten. Dies ist sozusagen die partielle Ausschließbarkeit des Wissens. Da es viele potentielle Produzenten der Zwischenprodukte gibt, die ein neues Design erwerben wollen, entspricht im Gleichgewicht der Designpreis p_n dem Gegenwartswert des künftigen Gewinns. Es gilt somit:

(D-10) $$p_n(t) = \int_t^{\infty} \pi(v) e^{-\bar{r}(v,t)(v-t)} dv,$$

wobei $\bar{r} = (v-t)^{-1} \int_t^v r(w)dw$ den durchschnittlichen Zinssatz zwischen Zeitpunkt v und t, und $\pi(v)$ den Gewinn der Zwischenprodukt-Firma in der Zeit v darstellt. Für die Vereinfachung wird der konstante Zinssatz r angenommen. Differenziert man (D-10) nach der Zeit, dann erhält man die „no-arbitrage"-Bedingung, die im Gleichgewicht auf dem Kapitalmarkt erfüllt werden soll.

(D-11) $$rp_n = \pi + \dot{p}_n.$$

Da der akkumulierte Wissensstock einen kostenlosen Input im FuE-Sektor darstellt, sind die Innovationskosten eines Designs aus der Produktionsfunktion der Innovation (D-7) gleich $\omega_R / \delta \cdot n$. Da jeder freiwillig in den FuE-Sektor eintreten darf, entspricht der Designpreis im Gleichgewicht den Innovationskosten:

(D-12) $$p_n = \frac{\omega_R}{\delta \cdot n}, \qquad \text{für } \dot{n} > 0.$$

Der Lohnsatz im Sektor des Endprodukts entspricht dem Grenzprodukt der Arbeit, und der Lohn im FuE-Sektor ist aus (D-12) gleich $\omega_R = \delta \cdot p_n \cdot n$. Da Arbeit intersektoral mobil ist, soll der Lohn in beiden Sektoren ausgeglichen werden. Damit gilt

(D-13) $$\delta \cdot p_n \cdot n = p_y(1-\mu)L_y^{-\mu}D^{\mu}.$$

Die Konsumausgaben E entsprechen den Ausgaben für den Kauf des Endprodukts, so daß $E = p_y \cdot C$ gilt. Es folgt die Formulierung von Grossman und Helpman (1991), in der die Ausgaben auf eins normiert ($E = 1$) wird, d.h. die Nominalausgaben für Y bleiben immer konstant. Haushalte können frei zum konstanten Zinssatz r ausleihen und verleihen. Es gibt also keine Restriktionen für die internationale Kapitalmobilität und es gilt damit $r = r^*$. Ein repräsentativer Haushalt verfügt über eine Einheit der Arbeit und besitzt einen Teil der Firmen. Der Marktwert der gesamten Firmen beträgt $p_n \cdot n$ und bleibt im Steady-State konstant. Haushalte bekommen die Dividende in Höhe von $r \cdot p_n \cdot n$. Die intertemporale Budgetrestriktion der Haushalte lautet damit:

$$\int_t^{\infty} e^{-[R(v)-R(t)]}E(v)dv \leq \int_t^{\infty} e^{-[R(v)-R(t)]}[\omega(v)L + r \cdot p_n \cdot n]dv,$$

wobei $R(t)$ der kumulative Zinssatz in der Zeit t ist.

Haushalte maximieren die Nutzenfunktion (D-8) unter dieser Budgetrestriktion. Daraus ergibt sich die Evolution der Ausgaben für den Konsum C:

(D-14) $$\frac{\dot{E}}{E} = \frac{\dot{p}_y}{p_y} + \frac{\dot{C}}{C} = r - \rho.$$

Da die Ausgaben E auf eins normiert sind, muß der Zinssatz auf dem gleichgewichtigen Wachstumspfad der Zeitpräferenzrate entsprechen, $r = \rho$. In (D-12) gilt $p_n \cdot n = \omega / \delta$. Das Einkommen der Haushalte ist damit abhängig vom Lohnsatz. Die Ausgaben für den Konsum C lassen sich als $E = \omega(L + r/\delta)$ umschreiben. Da die Wachstumsrate der Ausgaben gleich Null ist, muß die Wachstumsrate des nominalen Lohnsatzes auch gleich Null sein:

$$\frac{\dot{E}}{E} = \frac{\dot{\omega}}{\omega} = 0.$$

Aus (D-14) und dem Euler-Theorem $\omega L_y = p_y(1-\mu)Y$ ergibt sich

(D-15) $$\frac{\dot{Y}}{Y} = \frac{\dot{C}}{C}$$

Der Konsum C $(= E / p_y)$ ist dann als das Realeinkommen zu interpretieren. Wenn der Konsum bzw. der Output des Endprodukts mit positiver Rate wächst, dann steigt im Lauf der Zeit auch das Realeinkommen.

Die Analyse konzentriert sich auf den gleichgewichtigen Wachstumspfad. Die dynamische Transition ist schwer zu analysieren, weil die Anzahl der Firmen bzw. der Wissensstock nicht nur intern bestimmt wird, sondern auch durch die Wanderung der Firmen verändert wird. Um dieses dynamische System zu lösen, muß man in erster Linie die möglichen Steady-States charakterisieren. Im Mittelpunkt der Analyse steht die geographische Verteilung der Zwischenprodukt-Firmen bzw. der Produktionen Y und Y^*. Die Beziehung zwischen Y und Y^* ist im Steady-State gleichzeitig zu erhalten, wenn zunächst die geographische Verteilung von n und n^* bestimmt wird, weil die Einsatzmenge der Zwischenprodukte zur Produktion des Endprodukts von n und n^* abhängig ist.

Man definiert eine Variable $s \equiv n/(n+n^*)$, die den relativen Anteil der Zwischenprodukt-Firmen in Nord darstellt. Differenziert man s nach der Zeit erhält man

(D-16′) $$\frac{\dot{s}}{s} = \frac{\dot{n}}{n} - \frac{n}{n+n^*} g - \frac{n^*}{n+n^*} g^* .$$

Vereinfacht man (D-16′), folgt

(D-16) $$\dot{s} = s(1-s)(g-g^*),$$

wobei $g = \dot{n}/n$ und $g^* = \dot{n}^*/n^*$. Da im Steady-State die Variable s konstant bleiben soll, d.h. $\dot{s} = 0$, ergeben sich daraus die zwei möglichen Steady-States: $g = g^*$ oder $s = 0,\ 1$. Diese zwei Steady-States stellen allerdings lediglich die Kandidaten für den stabilen Steady-State dar, weil bei der Definition s keine zusätzlichen Bedingungen, z.B. die Mobilität der Firmen oder Arbeit, berücksichtigt sind. Wenn Firmen wie in endogenen Wachstumsmodellen immobil sind, ist der symmetrische Steady-State stabil, weil die beiden Länder symmetrisch sind. Wenn aber Firmen mobil sind, kann die Annahme der symmetrischen Länder allein die Stabilität des symmetrischen Steady-State nicht mehr gewährleisten.

3. Agglomeration und Immobilität der Arbeit

3.1 Grundanalyse

Es wird angenommen, daß Firmen des Endprodukts und der Zwischenprodukte international mobil sind, aber Arbeit international immobil ist. Die Annahme wird später aufgehoben, um die Auswirkungen der Arbeitsmobilität auf das Verhalten der Firmen und das Gleichgewicht zu studieren. Die Stückkosten des Endprodukts kommen bei der Cobb-Douglas-Produktionsfunktion zum Ausdruck:

(D-17) $c_y = A\omega^{1-\mu}Q_M^{\mu}$ und $c_y^* = A(\omega^*)^{1-\mu}(Q_M^*)^{\mu}$,

wobei $A = \mu^{-\mu}(1-\mu)^{\mu-1}$.

Solange das Endprodukt in beiden Ländern produziert wird, müssen die Stückkosten dieses Guts zwischen Ländern aufgrund der vollkommenen Konkurrenz und des Freihandels gleich sein ($c_y = c_y^*$). Da Arbeit international nicht mobil ist, bleibt die verfügbare Arbeit L bzw. L^* unverändert, d.h. das Grenzprodukt der Arbeit ist nur von der Anzahl der Zwischenprodukte abhängig. Damit erhält man die Relation zwischen dem relativen Lohnsatz und dem relativen Preisindex der Zwischenprodukte und daraus auch einen weiteren Ausdruck für den relativen Lohnsatz durch die Substitution von (D-4a) und (D-4b) für die Preisindexe in (D-17):

(D-18)
$$\frac{\omega^*}{\omega} = \left(\frac{Q_M}{Q_M^*}\right)^{\frac{\mu}{1-\mu}} = \left(\frac{n+n^*\phi}{n\phi+n^*}\right)^{\frac{\mu}{(1-\varepsilon)(1-\mu)}}.$$

Der relative Lohnsatz wird als die Funktion der Anzahl der Firmen ausgedrückt. Der Lohnsatz ist in dem Land mit den relativ größeren Firmen höher als im Land mit den relativ geringeren Firmen, weil das Grenzprodukt der Arbeit in der Produktion des Endprodukts mit zunehmender Firmenzahl steigt, $\partial GP_{L_y} / \partial(n/n^*) > 0$. Der Lohnsatz im Land mit der geringeren Firmenzahl muß für die Anpassung an den gegebenen Weltpreis des Endprodukts niedriger sein als im Land mit der relativ größeren Anzahl der Firmen. Dies ist intuitiv wie folgt zu erklären: Nimmt n zu, dann steigt das Grenzprodukt der Arbeit und damit auch der Lohnsatz. Dagegen sinkt der Preisindex Q_M mit zunehmender Anzahl der Firmen. Die Produzenten des Endprodukts erhöhen den Einsatz der billigen Zwischenprodukte in der Produktion und reduzieren dagegen die teuere Arbeit. Das Gegenphänomen entsteht im Land mit wenigen Firmen. Dies ist ein ähnliches Ergebnis wie bei Helpman (1984) sowie bei Dixit und Norman (1980, Kap.4), daß im Zwei-Faktoren-Fall das Land mit dem großen Kapital-Arbeit-Verhältnis kein niedriges Lohn-Zins-Verhältnis haben kann.

Wenn jeder Faktor nach dem Grenzprodukt entlohnt wird, dann gilt das Euler-Theorem $\omega L_y = (1-\mu)p_y Y$. Zusammen mit (D-18) folgt:

(D-19) $$\frac{Y^*}{Y} = \frac{\omega^*}{\omega}\frac{L_y^*}{L_y} = \left(\frac{n+n^*\phi}{n\phi+n^*}\right)^{\frac{\mu}{(1-\varepsilon)(1-\mu)}} \cdot \frac{L_y^*}{L_y}$$

Beim identischen Einsatz der Arbeit wird das Endprodukt mehr in dem Land produziert, das den größeren Anteil an Zwischenprodukt-Firmen besitzt. Auch bei gleicher Verteilung der Zwischenprodukt-Firmen wird das Endprodukt mehr in dem Land hergestellt, in dem mehr Arbeit in die Produktion des Endprodukts eingesetzt wird. Der letzte Fall kann aber in diesem Modell nicht vorkommen, da die Länder symmetrisch sind und Arbeit nicht mobil ist. Ein Land kann bei der symmetrischen Verteilung der Zwischenprodukt-Firmen nicht beliebig den Arbeitseinsatz zur Produktion des Endprodukts erhöhen, ohne die Bedingung der Kostenminimierung zu verletzen.

3.2. Effekte: zentripetale und zentrifugale Kräfte

Bevor man dieses dynamische System analysiert, muß man wissen, welche Kräfte in diesem Modell wirken. Wie im statischen Geographiemodell gibt es auch hier zentripetale und zentrifugale Kräfte. Die zentripetalen Kräfte führen zur Agglomeration der Industrien und die zentrifugalen Kräfte bewirken dagegen die Dispersion der Industrien.

Pekuniäre Externalitäten

Da die Industrien eine Input-Output-Struktur bilden, gibt es forward und backward linkages. Die Kosten der Endproduktindustrie hängen von der Zwischenproduktindustrie ab. In (D-19) ist der Output des Endprodukts in dem Land mit der größeren Zwischenproduktindustrie größer als der in dem Land mit der geringen.[8] Die Zunahme n erhöht den Output des Endprodukts. Der Grund dafür liegt darin, daß die Steigerung der Anzahl der Firmen der Zwischenprodukte zur Senkung des Preisindex Q_M in (D-4a) führt und damit die Stückkosten des Endprodukts in (D-17) sinken. Das bedeutet die Steigerung der Nachfrage nach den

[8] Krugman und Venables (1995) nehmen die monopolistische Konkurrenz in der Endproduktindustrie an, so daß die Anzahl der Firmen vom Endprodukt explizit darzustellen ist. Wegen der Annahme vollkommener Konkurrenz wird in diesem Modell statt der Anzahl der Firmen die Agglomeration der Endproduktindustrie durch die hergestellte Quantität des Endprodukts verglichen.

Zwischenprodukten. Folglich steigt der Output des Endprodukts. Von diesem Effekt spricht man als forward (Kosten-) linkage.
Wenn umgekehrt das Endprodukt in einem Land mehr hergestellt wird, dann ist gemäß (D-3a) die Nachfrage nach Zwischenprodukten in diesem Land höher als im anderen Land. Denn die Nachfrage nach inländischen Zwischenprodukten ist aufgrund der positiven Transportkosten größer als nach importierten $(x > m^*)$. Der Gewinn der Zwischenprodukt-Firma erhöht sich in (D-6a) bzw. (D-6b) in dem Land mit der größeren Produktion des Endprodukts. Wenn ein Land (z.B. Nord) einen großen Markt (eine große Produktion des Endprodukts) hat, dann haben Zwischenprodukt-Firmen in Süd den Anreiz, nach Nord zu wandern. Dieser Effekt entspricht der backward (Nachfrage-) linkage.

Diese beiden Effekte als pekuniäre Externalitäten, die durch Märkte vermittelt werden, stellen die kumulativen Prozesse dar und führen zur Agglomeration der Industrien in einem Land.[9] Wenn diese Effekte einmal im Gang gesetzt werden, dann verstärken sich sie selbst.

Technologische Externalitäten
Da die Entwicklung der Technologie in diesem Modell über die Expansion der Anzahl der differenzierten Zwischenprodukte geschieht, wird der Markt der Zwischenprodukte durch die Entstehung neuer Firmen in Folge der Innovation vergrößert. Wegen der Nicht-Rivalität und der partiellen Ausschließbarkeit des Wissens bringt die Innovationstätigkeit technologische Externalitäten hervor, die zur Senkung der Innovationskosten $(\omega_R / \delta n)$ für weitere Innovationen führen. Die Reduktion der Innovationskosten macht die Innovation attraktiv, so daß ständiges Wachstum generiert wird. Der Markt der Zwischenprodukte wird also durch technologische Externalitäten vergrößert und das Wachstum des Markts der Zwischenprodukte hat wiederum die Vergrößerung des Sektors des Endprodukts zur Folge.

Zirkuläre Kausalität zwischen technologischen und pekuniären Externalitäten
In diesem dynamischen Geographiemodell erzeugen nicht nur die einzelnen technologischen und pekuniären Externalitäten, sondern auch die beiden Externalitäten gemeinsam die kumulativen Prozesse der Agglomeration, indem sie sich gegenseitig verstärken. Wenn z.B. ein Land schneller wächst als ein anderes (z.B. $g > g^*$), dann wird der Markt der innovativen Güter im Lauf der Zeit immer größer, weil die Innovationskosten $(\omega_R / \delta n)$ im FuE-Sektor sinken. Dadurch ergibt sich also die Differenz der Marktgröße zwischen den Ländern. Der

---

9 Mit dem statischen Modell, in dem die Industrien vertikal verbunden sind, argumentiert Venables (1996), daß „forward und backward linkages" nur unter unvollkommener Konkurrenz beider Industrien wirksam sind. Man kann aber hier auch bei vollkommener Konkurrenz auf dem Markt des Endprodukts die Existenz von „forward und backward linkages" feststellen.

größere Markt in Nord lockt die Zuwanderung der ausländischen Firmen an, weil der Gewinn der Firma der Zwischenprodukte über die Steigerung der Nachfrage aus dem Sektor des Endprodukts steigt. Die Zunahme der Nachfrage wird in (D-3a) und (D-4a) über die Senkung des Preisindexes Q_M induziert. Dadurch werden die Märkte sowohl des Endprodukts als auch der Zwischenprodukte größer. Technologische Externalitäten verstärken in diesem Fall pekuniäre Externalitäten.
Wenn der Markt des Endprodukts oder der Zwischenprodukte in einem Land relativ groß ist, dann kommt wegen der pekuniären Externalitäten zur Zuwanderung ausländischer Firmen in dieses Land. Da die Steigerung der Produktionstätigkeiten durch die externe Zunahme ein günstiges Umfeld für die Innovation anbietet – wegen learning-by-doing oder besserer Kontakte zwischen Produzenten und Innovatoren -, sinken die Innovationskosten. Dadurch steigt die Innovationsrate, d.h. noch schneller entstehen neue Firmen und damit wächst auch der Markt schneller. Technologische Externalitäten werden in diesem Fall durch pekuniäre Externalitäten verstärkt.

In der dynamischen Entwicklung verstärken sich pekuniäre und technologische Externalitäten gegenseitig. Es gibt also eine zirkuläre Kausalität zwischen pekuniären und technologischen Externalitäten, die zur Agglomeration der Industrien und daher zum höheren Wachstum führt. In einem zirkulären kumulativen Prozeß verstärken sich Wachstum und Agglomeration der Wirtschaftsaktivitäten gegenseitig. Auch wenn von diesen beiden Externalitäten jeweils eine einzelne allein die kumulativen Prozesse für die Agglomeration der Industrien erzeugen können, wird die Bedeutung der zirkulären Kausalität zwischen beiden Externalitäten nicht vermindert, weil mit der zirkulären Kausalität beider Externalitäten das Wachstum und die Konzentration wirtschaftlicher Aktivitäten gleichzeitig erklärt werden können. Das statische Geographiemodell kann nicht das Wachstum eines Landes erklären und das endogene Wachstumsmodell kann auch unter der Annahme symmetrischer Länder keine Erklärung für die Tendenz der Agglomeration der Wirtschaftsaktivitäten geben, die sich dabei nur durch die unterschiedlichen Faktorausstattungen zwischen Ländern (Grossman und Helpman 1991, Kap.7 und 8) ergeben kann. Die Modelle, die nur eine Externalität von beiden betonen, sehen daher nicht den Zusammenhang zwischen beiden Externalitäten, der die entscheidende Rolle sowohl bei der geographischen Verteilung der Industrien als auch bei der Entwicklung eines Landes spielt.

Konkurrenzeffekt und Allokationseffekt
Als zentrifugale Kräfte, die zur Dispersion der Wirtschaftsaktivitäten führen, gibt es in diesem Modell den Konkurrenzeffekt und den Allokationseffekt. Mit zunehmender Firmenzahl in einem Land verschärft sich die Konkurrenz zwischen Firmen. Wenn n steigt, dann sinkt der Preisindex Q_M in (D-4a). Das führt zur Senkung des Gewinns der Firmen in (D-6a) bzw. (D-6b), weshalb letztlich zur Dispersion der Industrien kommt. In diesem Modell wird dieser

Konkurrenzeffekt nur zwischen den Firmen der Zwischenprodukte erzeugt, weil auf dem Markt des Endprodukts vollkommene Konkurrenz herrscht. Dieser Konkurrenzeffekt hat auch dynamische Auswirkungen. Da in (D-10) der Designpreis dem Gegenwartswert des künftigen Gewinns entspricht, reduziert die Senkung des Gewinns auch den Designpreis p_n. Damit wird die Innovation nicht mehr attraktiv und die Wachstumsrate sinkt. Dieser Konkurrenzeffekt schwächt also sowohl pekuniäre als auch technologische Externalitäten.

Der zweite Effekt entsteht aus der Reallokation der Arbeit, wenn sich die Anzahl der Firmen verändert. Mit zunehmender Firmenzahl steigt der Lohnsatz in (D-18). Einerseits führt die Steigerung des Lohnsatzes zur Steigerung der Innovationskosten ($\omega_R / \delta n$). Dadurch sinkt die Nachfrage nach Arbeit im FuE-Sektor und folglich sinkt auch die Wachstumsrate in (D-7). Andererseits sinkt mit zunehmender Firmenzahl die Nachfrage nach Arbeit im Sektor des Endprodukts, weil der Preisindex der Zwischenprodukte Q_M sinkt und dagegen der Lohnsatz steigt. Der endgültige Effekt wird daher durch die Größe der Veränderungen von Q_M und ω bestimmt. Führt die Zunahme von n zur Verringerung von L_R, d.h. wirkt der Allokationseffekt negativ auf das Wachstum, wird langfristig die Dispersion der Wirtschaftsaktivitäten zwischen Ländern stabil.

3.3. Stabilitätsanalyse

Wie oben dargestellt, wird der Steady-State entschieden durch das Zusammenspiel der pekuniären Externalitäten (forward und backward linkage), der technologischen Externalitäten, des Konkurrenzeffekts und des Allokationseffekts. Um die Stabilität des Steady-State zu analysieren, braucht man zwei Differentialgleichungen. Zwei neue Variablen V und V^* werden wie folgt definiert:

$$V \equiv \frac{p_y Y}{p_n \cdot n} \text{ und } V^* \equiv \frac{p_y^* Y^*}{p_n^* \cdot n^*}.$$

V und V^* zeigen jeweils das Verhältnis der Produktionsvolumen zwischen dem End- und dem Zwischenprodukt für Nord und Süd. Differenziert man diese Variablen nach der Zeit und substituiert (D-11) für die Veränderungsrate des Designpreises, ergeben sich die Differentialgleichungen

(D-20a) $$\frac{\dot{V}}{V} = \frac{\dot{p}_y}{p_y} + \frac{\dot{Y}}{Y} - \frac{\dot{n}}{n} + r - \frac{\pi}{p_n}$$ und

(D-20b) $$\frac{\dot{V}^*}{V^*} = \frac{\dot{p}_y^*}{p_y^*} + \frac{\dot{Y}^*}{Y^*} - \frac{\dot{n}^*}{n^*} + r - \frac{\pi^*}{p_n^*}.$$

Noch eine Differentialgleichung für s ist bereits in (D-16) gegeben. Sie zeigt den Anteil von Nord an den gesamten Firmen der Zwischenprodukte. Die Relation zwischen dem Gewinn π und dem Designpreis p_n läßt sich unter Verwendung von (D-3a), (D-3b) und (D-6a) wie folgt zusammenfassen:

(D-21) $$\frac{\pi}{p_n} = \frac{\mu}{\varepsilon}\frac{p_y Y}{p_n \cdot n}\left[\frac{n}{n+n^*\phi} + \frac{n\phi}{n\phi + n^*}\frac{Y^*}{Y}\right].$$

Das Outputverhältnis zwischen Süd und Nord (Y^*/Y) ist in (D-19) gegeben. Der Arbeitseinsatz im Sektor des Endprodukts L_y kommt aus $\omega L_y = (1-\mu)p_y Y$ und (D-12) zum Ausdruck:

(D-22) $$L_y = \frac{1-\mu}{\delta}V.$$

Vereinfacht man (D-21) mit Hilfe der Definition von s und V, ergibt sich

(D-23) $$\frac{\pi}{p_n} = \frac{\mu}{\varepsilon}\left(\frac{s}{s+\phi-s\phi}\right)V + \frac{\varepsilon}{\mu}\left(\frac{\delta}{1-\mu}\right)\left(\frac{s\phi}{1-s+s\phi}\right)\left(\frac{s+\phi-s\phi}{1-s+s\phi}\right)^{\frac{\mu}{(1-\varepsilon)(1-\mu)}} L_y^*.$$

Die Veränderung von V in (D-20) läßt sich somit unter Verwendung von (D-7), (D-15), (D-22) sowie (D-23) wie folgt darstellen:

(D-24) $$\dot{V} = -(\rho+\delta L)V + (1-\mu)V^2 + \frac{\mu}{\varepsilon}\left(\frac{s}{s+\phi-s\phi}\right)V^2 + \frac{\mu}{\varepsilon}\left(\frac{s\phi}{1-s+s\phi}\right)\left(\frac{s+\phi-s\phi}{1-s+s\phi}\right)^{\frac{\mu}{(1-\varepsilon)(1-\mu)}} V^* \cdot V.$$

Gemäß der Definition von Steady-State sollen s und V im Steady-State konstant bleiben. Aus (D-16) ergeben sich zwei möglichen Steady-States ($s = 1/2$ oder $s = 1$) und die Gleichgewichtswerte von V im jeweiligen Steady-State:

$$\bar{V}\Big|_{s=1/2} = \frac{\varepsilon(1-\mu)(1+\phi)(\delta L+\rho) - \mu\delta\phi L_y^*}{(1-\mu)[\varepsilon(1+\phi)(1-\mu)+\mu]}$$ und

$$\bar{V}\Big|_{s=1} = \frac{\varepsilon(1-\mu)(\delta L+\rho) - \mu\delta\phi^{\frac{\mu}{(\varepsilon-1)(1-\mu)}} L_y^*}{(1-\mu)[\varepsilon(1-\mu)+\mu]}.$$

3.3.1. Der symmetrische Steady-State

Im symmetrischen Steady-State sind die beiden Länder aktiv in der Innovation. Die Differentialgleichung von s in (D-16) kommt unter Verwendung von (D-7), (D-20a), (D-20b) und (D-22) zum Ausdruck:

(D-25) $$\dot{s} = (1-\mu)(s-s^2)(V^* - V).$$

Für die Analyse der Stabilität des Systems wird V^* bzw. L_y^* als gegeben betrachtet. Mit Hilfe von Taylor-Expansion linearsiert man zunächst die Differentialgleichung (D-25) und erhält durch die Differenzierung

$$\left.\frac{\partial \dot{s}}{\partial s}\right|_{\bar{V},\bar{s}} = 0$$

$$\left.\frac{\partial \dot{s}}{\partial V}\right|_{\bar{V},\bar{s}} = -\frac{(1-\mu)}{4} < 0$$

Da $\partial \dot{s}/\partial s$ im symmetrischen Steady-State gleich Null ist, hängt die Stabilität des symmetrischen Steady-State vom Vorzeichen von $\partial \dot{s}/\partial V$ und $\partial \dot{V}/\partial s$ ab. Differenziert man (D-24) nach s, ergibt sich

$$\left.\frac{\partial \dot{V}}{\partial s}\right|_{\bar{V},\bar{s}} = \frac{\mu}{\varepsilon}\frac{4\phi}{(1+\phi)^2}\left[V + V^* + \frac{\mu(1-\phi)}{(1-\varepsilon)(1-\mu)}V^*\right].$$

Im Symmetrischen Steady-State gilt $V = V^*$. Das Vorzeichen $\partial \dot{V}/\partial s$ hängt damit von den Transportkosten ab. Indem man $\partial \dot{V}/\partial s$ gleich Null setzt, ist der kritische Punkt der Transportkosten zu erhalten:

(D-26) $$\tau^S = \left(\frac{2\varepsilon\mu + 2 - 2\varepsilon - \mu}{\mu}\right)^{\frac{1}{1-\varepsilon}}$$

Ab dem kritischen Punkt τ^S wird die der symmetrische Steady-State instabil. Wenn die Transportkosten sehr hoch sind ($\tau > \tau^S$), dann ist das Vorzeichen $\partial \dot{V}/\partial s$ negativ. Die Determinante der Jacobi-Matrix ist in diesem Fall negativ, so daß der symmetrische Steady-State stabil wird. Wenn die Transportkosten unter das kritische Niveau fällt, dann wird das Vorzeichen $\partial \dot{V} / \partial s$ positiv und damit der symmetrische Steady-State instabil.

3.3.2. Der Agglomerations-Steady-State

Angenommen, die Industrien konzentrieren sich in Nord und die Innovation entsteht nur in Nord. Die Innovationsrate in Süd ist damit gleich Null. Die Differentialgleichung von s läßt sich damit wie folgt darstellen:

(D-27)
$$\begin{aligned} \dot{s} &= (s - s^2)g \\ &= (s - s^2)[\delta L - (1-\mu)V] \end{aligned}$$

Differenziert man (D-27) jeweils nach s und V, ergeben sich

$$\left.\frac{\partial \dot{s}}{\partial s}\right|_{\bar{V},\bar{s}} = -\left[\delta L - (1-\mu)\bar{V}\right] < 0 \quad \text{und}$$

$$\left.\frac{\partial \dot{s}}{\partial V}\right|_{\bar{V},\bar{s}} = 0 .$$

Die Stabilität des Agglomerations-Steady-State hängt damit vom Vorzeichen von $\partial \dot{V} / \partial V$ ab. Wenn $\partial \dot{V} / \partial V$ positiv ist, dann ist die Determinante der Jacobi-Matrix negativ. Differenziert man (D-24) nach V und setzt den Gleichgewichtswert von s und V dazu ein, erhält man

$$\left.\frac{\partial \dot{V}}{\partial V}\right|_{\bar{V},\bar{s}} = \rho + \delta L - \frac{2\mu\phi^{\frac{\mu}{(\varepsilon-1)(1-\mu)}} L}{(1-\mu)[\varepsilon(1-\mu)+\mu]} + \frac{\varepsilon\delta}{\mu(1-\mu)}\phi^{\frac{\mu}{(\varepsilon-1)(1-\mu)}} L .$$

Das Vorzeichen von $\partial \dot{V} / \partial V$ hängt somit von der Höhe der Transportkosten ab. Der kritische Punkt der Transportkosten, die das Vorzeichen von $\partial \dot{V} / \partial V$ verändert, ergibt sich

(D-28)
$$\tau^A = \left[\left(\frac{\varepsilon(1-\mu)[\varepsilon(1-\mu)+\mu]}{\varepsilon + \varepsilon\mu - \mu}\right)\frac{\rho + \delta L}{\mu\delta L}\right]^{\frac{\mu-1}{\mu}} .$$

Dieser kritische Punkt τ^A zeigt die Transportkosten, ab denen der Agglomerations-Steady-State instabil wird. Wenn die Transportkosten größer als τ^A sind, dann ist das Vorzeichen von $\partial \dot{V} / \partial V$ positiv. In diesem Fall ist der Agglomerations-Steady-State stabil. Wenn aber die Transportkosten unter τ^A sinken, dann wird der Agglomerations-Steady-State instabil. Die Nichtstabilität des Agglomerations-Steady-State kann man bei der Outputrelation des Endprodukts bestätigen. Setzt man $n^* = 0$ in (D-19) ein, ergibt sich die Relation des Outputs zwischen Süd und Nord

$$\text{(D-29)} \qquad \frac{Y^*}{Y} = \phi^{\frac{\mu}{(\varepsilon-1)(1-\mu)}} \frac{L}{L_y}.$$

Im Agglomerations-Steady-State wird die gesamte Arbeit in Süd für die Produktion des Endprodukts eingesetzt $(L_y^* = L)$. Wenn die Transportkosten sehr klein werden $(\phi \approx 1)$, dann wird der Output des Endprodukts in Süd größer als der in Nord.[10] Das impliziert, daß die Zwischenprodukte mehr in Süd nachgefragt werden als in Nord. Wegen der „backward linkage" findet dann die Verlagerung der Firmen der Zwischenprodukte von Nord nach Süd statt. Der symmetrische Steady-State wird also wieder stabil, wenn die Transportkosten sehr niedrig sind.

Tabelle (D-1): die kritischen Punkte der Transportkosten

	$\mu = 0.5$			$\mu = 0.6$			$\mu = 0.7$		
ε	1.2	1.5	3	1.5	3	5	1.5	3	5
τ^S	12.9	-	-	9	-	-	3.06	-	-
τ^A	1	1	1	1.2	1.04	1	1.42	1.33	1.19

Das Zeichen – zeigt den undefinierbaren kritischen Punkt.

Die Tabelle (D-1) zeigt die Werte von τ^S und τ^A. Der symmetrische Steady-State ist im sehr begrenzten Bereich stabil. Der symmetrische Steady-State ist im Fall $\mu = 0.6$ und $\varepsilon = 1.5$ stabil, wenn $\tau > 9$ gilt. Wenn der Anteil der Zwischenprodukte in der Produktion des Endprodukts (μ) 0,5 ist, dann ist der Agglomerations-Steady-State fast im ganzen Bereich stabil. Auch wenn die Transportkosten sehr hoch sind, kommt der Agglomerations-Steady-State zustande. Im Fall $\mu = 0.5$ wird der Agglomerations-Steady-State erst dann instabil, wenn

[10] Die notwendige Bedingung für die Nichtstabilität des Agglomerations-Steady-State ist aus den Nachfragen (D-3a') und (D-3b') abzuleiten. Aus $x \leq m$ folgt die notwendige Bedingung $\tau Y \leq Y^*$. Diese Bedingung stellt allerdings nur die notwendige Bedingung dar, weil allein die Existenz von „backward linkage" die Realisierung des symmetrischen Steady-State nicht gewährleistet. Beim symmetrischen Steady-State sind die beiden Länder in der Innovation aktiv. Dafür sollen die Innovationskosten in beiden Ländern identisch sein.

keine Transportkosten existieren. In den anderen Fällen wird Agglomerations-Steady-State instabil, wenn die Transportkosten sehr niedrig sind.

Die Stabilität des Agglomerations-Steady-State kann man mit dem Phasediagramm wie folgt darstellen.

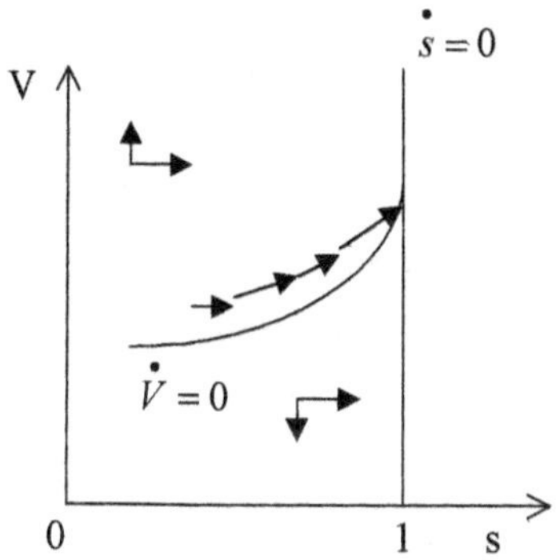

Abb. <D-1>: Stabilität des Agglomerations-Steady-State

Die $\dot{V}=0$ Kurve hat eine positive Steigerung. Da die $\dot{s}=0$ Linie von V nicht abhängt, ist sie senkrecht. Die Pfeile repräsentieren die Anpassungsprozesse. Dieses System ist „saddle path" stabil.

3.4. Wachstum im Agglomerations-Steady-State

In diesem Modell ist die Wachstumsrate des Endprodukts proportional zur Wachstumsrate der Innovation. Die Produktionsfunktion des Endprodukts (D-1) in Nord im Agglomerations-Steady-State läßt sich wie folgt umschreiben:

$$Y = L_y^{1-\mu}\left[(nx)^{\beta} n^{1-\beta}\right]^{\frac{\mu}{\beta}}.$$

Da die gesamte Einsatzmenge der Zwischenprodukte nx im Steady-State konstant sind, erhält man durch die Differenzierung die Relation der Wachstumsrate zwischen dem Endprodukt und der Innovation:

(D-30) $$g_y = \frac{\mu}{\varepsilon - 1} g.$$

Differenziert man (D-13) unter Berücksichtigung, daß die Wachstumsrate des Lohnsatzes gleich Null ist, ergibt sich

(D-31) $$\frac{\dot{p}_n}{p_n} = -\frac{\dot{n}}{n}.$$

Diese proportionale Relation zwischen g_y und g kann man auch in (D-17) bestätigen. Wenn man (D-17) differenziert und $c_y = p_y$ verwendet, ergibt sich

$$\frac{\dot{p}_y}{p_y} = (1-\mu)\frac{\dot{\omega}}{\omega} + \frac{\mu}{1-\varepsilon}\frac{\dot{n}}{n}.$$

Da die Veränderungsrate des Lohnsatzes gleich Null ist und $g_y = -(\dot{p}_y / p_y)$ gilt, erhält man unter Verwendung von (D-31) die proportionale Wachstumsrate zwischen g_y und g.

Der Gewinn der Zwischenprodukt-Firmen ergibt sich im Agglomerationsgleichgewicht unter Verwendung von (D-19), $L = L^*$ und $n^* = 0$

(D-32) $$\pi = \frac{\mu}{\varepsilon-1}\frac{p_y^2 Y}{np}\left(1 + \phi^{\overline{(\varepsilon-1)(1-\mu)}^{\,\mu}}\frac{L}{L_y}\right)$$

Da $\delta \cdot p_n \cdot n$ gleich der Lohnsatz im FuE-Sektor ist, der im Steady-State dem Lohnsatz im Sektor des Endprodukts entsprechen muß, kommt der Lohnsatzausgleich zwischen Sektoren in (D-13) zum Ausdruck:

(D-33) $$p_n \cdot n = \delta^{-1}(1-\mu)p_y Y (L_y)^{-1}$$

Setzt man (D-32) und (D-33) in die „no-arbitrage"-Bedingung (D-11) ein, ergibt sich

(D-34) $$\rho = \left(\frac{\delta}{\varepsilon}\right)\left(\frac{\mu}{1-\mu}\right)L_y\left(1 + \phi^{\overline{(\varepsilon-1)(1-\mu)}^{\,\mu}}\frac{L}{L_y}\right) - g\,.$$

Daraus erhält man die Arbeit im Sektor des Endprodukts:

(D-35) $$L_y = \frac{\varepsilon(1-\mu)}{\delta\mu}(g+\rho) - L\phi^{\overline{(\varepsilon-1)(1-\mu)}^{\,\mu}}$$

Somit ist die Wachstumsrate der Innovation in Nord aus der Produktionsfunktion im FuE-Sektor (D-7) zu erhalten

(D-36)
$$g = \delta L_R = \delta(L - L_y)$$
$$= \frac{\delta\mu(1+\phi^{\frac{\mu}{(\varepsilon-1)(1-\mu)}})L - \varepsilon(1-\mu)\rho}{\varepsilon(1-\mu)+\mu}$$

L_y und L_R sind im Steady-State konstant, weil die Wachstumsrate im Steady-State konstant bleibt. Für ständiges Wachstum muß diese Wachstumsrate g immer positiv bleiben. Dafür muß $L > \varepsilon(1-\mu)\rho / \delta\mu(1+\phi^{\mu/(\varepsilon-1)(1-\mu)})$ gelten. Wie in (D-30) dargestellt, ist die Wachstumsrate des Endprodukts sowie die des Konsums proportional zur Wachstumsrate der Innovation.

Die Innovationsrate in Süd ist in diesem Agglomerations-Steady-State gleich Null, $g^* = 0$. Die Produktionsfunktion des Endprodukts in Süd läßt sich umformen zu:

$$Y^* = L^{1-\mu}(n)^{\mu/\beta} m^{\mu} = L^{1-\mu}(X^*)^{\mu} n^{\mu/(\varepsilon-1)}, \quad X^* = n \cdot m.$$

Obwohl keine Innovation in Süd entsteht, ist die Wachstumsrate des Endprodukts sowie des Konsums nicht Null, sondern positiv und insbesondere gleich der Wachstumsrate des Endprodukts in Nord $g_y^* = g_y$. Der Grund dafür liegt in Handel. Mit Aufnahme des Handels verfügt Süd wie Nord über die identische Anzahl der Zwischenprodukte. Die absolute Menge der einzelnen Zwischenprodukte, die Süd zur Verfügung steht, ist wegen der positiven Transportkosten relativ zu Nord klein, aber die verfügbare Anzahl der Zwischenprodukte ist gleich wie in Nord. Das Wachstum des Endprodukts in Süd geht auf die Innovation in Nord zurück. Neue Zwischenprodukte, die durch die Innovation in Nord produziert werden, stehen auch Süd für die Produktion des Endprodukts zur Verfügung. Die Innovation in Nord ermöglicht das Wachstum im Sektor des Endprodukts in Süd indirekt durch Handel. Handel stellt in diesem Modell eine indirekte Innovation dar.

3.5. Wachstum im symmetrischen Steady-State

Analog wie im Falle des Agglomerations-Steady-State kann man die Wachstumsrate g_y und g im symmetrischen Steady-State aus der „no-arbitrage"-Bedingung, dem Gleichgewicht auf dem Arbeitsmarkt und intertemporaler Nutzenmaximierung erhalten. Aus der Bedingung des Lohnsatzausgleichs zwischen Sektoren ergibt sich

(D-37)
$$L_y = \frac{\varepsilon(1-\mu)}{\delta\mu}(\rho + g).$$

Durch die Substitution von (D-37) für L_y in (D-7) kommt die Wachstumsrate der Innovation zum Ausdruck:

$$\text{(D-38)} \qquad g = g^* = \delta(L - L_y) = \frac{\delta\mu L - \varepsilon(1-\mu)\rho}{\mu + \varepsilon(1-\mu)}.$$

Im Falle $\delta\mu L > \varepsilon(1-\mu)\rho$ wachsen beide Länder langfristig mit derselben Innovationsrate und es wird ein positives Wachstum in diesem System generiert. Die Wachstumsrate des Endprodukts sowie des Konsums ist auch im symmetrischen Steady-State proportional zur Wachstumsrate der Innovation:

$$g_y = g_y^* = \frac{\mu}{\varepsilon - 1} g.$$

3.6. Wohlfahrtseffekt und Faktorintensität im Agglomerations-Steady-State

Ausgehend von absolut identischen Ländern wird in diesem Modell wie in neuen Wirtschaftsgeographiemodellen (Krugman 1991b, Krugman und Venables 1995) gezeigt, daß die Industrie die Tendenz hat, sich auf ein Land oder eine Region zu konzentrieren. Die Kräfte, die zur Agglomeration der Wirtschaftsaktivitäten und zur Spezialisierung in der Produktion führen, sind in diesem Modell nicht nur pekuniäre sondern auch technologische Externalitäten und ihre zirkuläre Kausalität. Die Agglomeration der Wirtschaftsaktivitäten erzeugt allerdings die Differenz am Einkommensniveau zwischen Ländern, an der Faktorintensität im Sektor des Endprodukts und an der Industriestruktur.

Einkommensdivergenz

Aus (D-18) ergibt sich das Einkommensverhältnis (Pro-Kopf) zwischen Süd und Nord im Agglomerations-Steady-State:

$$\text{(D-39)} \qquad \left.\frac{\omega^*}{\omega}\right|_{n^*=0} = \phi^{\frac{\mu}{(\varepsilon-1)(1-\mu)}} < 1.$$

Die Agglomeration der Wirtschaftsaktivitäten führt zur Divergenz des Einkommensniveaus zwischen den Ländern. Nord hat ein höheres Einkommen als Süd. Die Existenz der Transportkosten bringt die absolute Differenz der Einsatzmenge des einzelnen Zwischenprodukts zwischen den Ländern hervor und damit auch die Differenz des Grenzprodukts der Arbeit im Sektor des Endprodukts. Folglich ergibt sich der Einkommensunterschied. Aber wächst das Einkommen in beiden Ländern endogen vom Modell heraus mit derselben Rate, weil die Wachstumsrate des Endprodukts in beiden Ländern gleich ist.

Faktorintensität

Da die Agglomeration der Wirtschaftsaktivitäten die Differenz an den Faktorpreisen zwischen den Ländern hervorbringt und der Preis des Endprodukts international gegeben ist, werden Y und Y^* mit unterschiedlichen Faktorintensitäten hergestellt. Der Preisindex der Zwischenprodukte im Agglomerations-Steady-State ist in Nord und Süd dadurch gegeben:

$$Q_M\Big|_{n^*=0} = n^{\frac{1}{1-\varepsilon}} p \quad \text{und} \quad Q_M^*\Big|_{n^*=0} = (n\phi)^{\frac{1}{1-\varepsilon}} p\,.$$

Wegen der positiven Transportkosten ist der Preisindex der Zwischenprodukte in Nord relativ niedrig. Dagegen ist der Lohnsatz in Nord in (D-18) relativ hoch. Die gesamte Einsatzmenge der Zwischenprodukte zur Herstellung des Endprodukts in Nord wird als $X \equiv nx$ bezeichnet und als $X^* = n \cdot m$ für Süd. Damit gilt

$$D = n^{\frac{1}{\varepsilon-1}} X \quad \text{und} \quad D^* = n^{\frac{1}{\varepsilon-1}} X^*.$$

Unter Verwendung vom Euler-Theorem ($Q_M D = \mu p_y Y$ und $\omega L_y = (1-\mu) p_y Y$) läßt sich das Verhältnis des Faktoreinsatzes zwischen Zwischenprodukten und Arbeit in Nord und Süd wie folgt ableiten:

$$\text{(D-40)} \qquad \frac{X^*/L_y^*}{X/L_y} = \frac{\frac{\mu}{1-\mu}\frac{\omega^*}{p}}{\frac{\mu}{1-\mu}\frac{\omega}{p}} = \phi^{\frac{\mu}{(\varepsilon-1)(1-\mu)}} < 1\,.$$

Das Endprodukt wird also in Süd relativ arbeitsintensiv hergestellt, während es in Nord relativ unter intensiver Verwendung von den Zwischenprodukten produziert wird.

4. Arbeitsmobilität und symmetrischer Steady-State

In diesem Abschnitt wird die Arbeitsmobilität zugelassen. Sowohl Arbeit als auch Firmen sind mobil. Der einzige Punkt, durch den sich Länder unterscheidet, ist die Existenz der Transportkosten beim Handel der Zwischenprodukte. Diese Annahme ist sehr spezifisch und sicherlich auf der internationalen Ebene schwer anwendbar. Die Analyse könnte trotzdem informativ sein. Krugman (1991b) zeigt, daß die Interaktion zwischen Arbeit und Transportkosten zur Agglomeration der Industrien führt. Die Frage ist daher, ob auch bei der vertikal verbundenen Industriestruktur die Arbeitsmobilität den kumulativen Agglomerationsprozeß erzeugen kann und welchen Einfluß die Mobilität der Arbeit auf die zirkuläre Kausalität zwischen pekuniären und technologischen Externalitäten hat.

4.1. Lohnsatzausgleich

Wenn Arbeit immobil ist und nur Firmen mobil sind, hängt der Lohnsatz ω und ω^* in (D-18) von der in dem Land vorhandenen Firmenzahl ab. In diesem Fall führte die Veränderung der Anzahl der Firmen über die Änderung des Lohnsatzes zur Reallokation der Arbeit zwischen Sektoren. Diese Veränderung der Arbeitsallokation war intersektoral in dem Sinne, daß sie nur innerhalb eines Landes entsteht. Die Zulassung der internationalen Arbeitsmobilität verändert das ganze System dramatisch. Die Auswirkungen der Arbeitsmobilität begrenzen sich nicht nur auf den Arbeitsmarkt, weil die Arbeitsmobilität das Verhalten der Produzenten des Endprodukts und auch das Verhalten der Zwischenprodukt-Firmen verändert. Die mobile Arbeit reagiert auf die Lohndifferenz zwischen Ländern. Der Lohnsatz in einem Land hängt jetzt nicht nur von der Anzahl der Zwischenprodukt-Firmen ab, sondern auch von der Arbeit selbst. Die Reaktion der Arbeit auf die Lohndifferenz sorgt für den Lohnsatzausgleich zwischen den Ländern, wenn die Produktion des Endprodukts in beiden Ländern stattfindet. Der relative Lohnsatz ist damit die Funktion von der relativen Arbeit im Sektor des Endprodukts und von den relativen Zwischenprodukten. Da der Lohnsatz in einem Land dem Grenzprodukt der Arbeit entspricht, läßt sich das Lohnsatzverhältnis zwischen Süd und Nord wie folgt darstellen:

$$\text{(D-41)} \qquad 1=\frac{\omega^*}{\omega}=\left(\frac{L_y^*}{L_y}\right)^{-\mu}\left(\frac{D^*}{D}\right)^{\mu}$$

Substituiert man zunächst (D-2) für D und den analogen Ausdruck für D^* in (D-41), (D-4a) und (D-4b) für Q_M bzw. Q_M^* und verwendet $\phi \cdot x = m^*$ und $\phi \cdot x^* = m$ aus (D-3a) und (D-3b), erhält man die Relation zwischen Y^* und Y.

$$\text{(D-42)} \qquad \frac{Y^*}{Y}=\left(\frac{L_y^*}{L_y}\right)\left(\frac{n^*+n\phi}{n+n^*\phi}\right)\left(\frac{n^*+n\phi^{\frac{\varepsilon-1}{\varepsilon}}}{n+n^*\phi^{\frac{\varepsilon-1}{\varepsilon}}}\right)^{\frac{\varepsilon}{1-\varepsilon}}$$

Ohne weitere Analyse kann man in (D-18) einfach erkennen, daß der symmetrische Steady-State bei der Arbeitsmobilität stabil wird, weil da für den Lohnsatzausgleich $n=n^*$ sein muß. Die ausführliche Analyse ist jedoch nützlich, weil sie noch deutlicher zeigen kann, welche Effekte in diesem System auftreten. Dafür wird hierbei zunächst die statische Analyse durchgeführt.

4.2. Die statische Analyse

Zwei Variablen χ und z werden wie folgt definiert:

$$\chi \equiv \frac{p_y^* Y^*}{p_y Y} \text{ und } z \equiv \frac{p^* n^*}{pn}$$

Die Funktionen χ und z stellen jeweils den relativen Output des Endprodukts zwischen Süd und Nord bzw. die relative Anzahl der Firmen dar. Die Firmen des Endprodukts reagieren auf die Differenz der Produktionskosten zwischen Ländern, und die Firmen der Zwischenprodukte zeigen die Reaktion auf die Gewinndifferenz zwischen Ländern. Die Steigerung von χ und z repräsentiert damit die Effekte, die die Auswirkungen auf die Produktionskosten bzw. den Gewinn der Firmen haben.

Da im symmetrischen Gleichgewicht die einzelne Zwischenprodukt-Firma in beiden Ländern den gleichen Output produzieren[11], gilt:

(D-43)
$$1 = \frac{x^* + m^*}{x + m} = \frac{(p^*)^{-\varepsilon}(Q_M^*)^{\varepsilon-1}\mu \cdot p_y^* Y^* + (p^*)^{-\varepsilon}\tau^{1-\varepsilon}Q_M^{\varepsilon-1}\mu \cdot p_y Y}{p^{-\varepsilon}Q_M^{\varepsilon-1}\mu \cdot p_y Y + p^{-\varepsilon}\tau^{1-\varepsilon}(Q_M^*)^{\varepsilon-1}\mu \cdot p_y^* Y^*}$$

Daraus läßt sich die Funktion von z ableiten:

(D-44)
$$z = \frac{\chi - \phi}{1 - \phi\chi}, \qquad \text{für } 0 < \phi < 1.$$

Die Steigerung von z ist damit

(D-45)
$$\left.\frac{\partial \chi}{\partial z}\right|_z = \frac{1-\phi}{1+\phi}.$$

---

[11] Im statischen monopolistischen Konkurrenzmodell ist der Output zwischen Firmen immer gleich, wenn die identische Nachfrage und Fixkosten unterstellt sind. Im dynamischen Modell, in dem der Designpreis die Rolle der Fixkosten spielt. In einem Geographiemodell ist der Output zwischen inländischen und ausländischen Firmen nur im symmetrischen Gleichgewicht gleich. Der identische Output (D-43) gilt daher nur im symmetrischen Steady-State, weil sonst wegen der positiven Transportkosten die Nachfrage zwischen den Ländern unterschiedlich ist.

Die Steigerung von z stellt die Reaktion der Zwischenprodukt-Firma auf die Nachfrage Y bzw. Y^* und die Anzahl ihrer Konkurrenten (n und n^*) dar, d.h. den backward (Nachfrage-) linkage und den Konkurrenzeffekt.

Vereinfacht man (D-42) unter Verwendung der Definition z, erhält man die Funktion χ

(D-46) $$\chi = \left(\frac{L_y^*}{L_y}\right)\left(\frac{z+\phi}{1+z\phi}\right)\left(\frac{z+\phi^{\frac{\varepsilon-1}{\varepsilon}}}{1+z\phi^{\frac{\varepsilon-1}{\varepsilon}}}\right)^{\frac{\varepsilon}{1-\varepsilon}}.$$

Aus (D-43) kann man die Relation zwischen L_y und L_y^* ableiten, die in der Nähe der Symmetrie gilt:

(D-47) $$\frac{L_y^*}{L_y} = \left[\frac{n+n^*\phi}{n\phi+n^*}\right]^{\frac{\varepsilon-\varepsilon\mu-1}{(1-\varepsilon)(1-\mu)}}.$$

Bei internationaler Mobilität der Arbeit ist die Zunahme der Arbeit in einem Land unmittelbar mit der Abnahme der Arbeit in anderem Land verbunden, so daß $dL_y = -dL_y^*$ gilt. Man führt zunächst die totale Differenzierung von (D-46) und (D-47) durch, weil sowohl Arbeit als auch Firmen mobil sind. Man verwendet die Cramer-Regel und normalisiert diese Differentialgleichungen in der Nähe der Symmetrie. indem man $L_y = L_y^* = 1$ und $z = 1$ setzt. Dadurch erhält man die Steigerung der Kurve χ in der Nähe des symmetrischen Gleichgewichts:

(D-48) $$\left.\frac{d\chi}{dz}\right|_\chi = \frac{1-\phi}{1+\phi}\left[-\frac{\varepsilon-\varepsilon\mu-1}{(1-\varepsilon)(1-\mu)}+1-\frac{\varepsilon}{\varepsilon-1}\left(\frac{1-\phi^{1-\frac{1}{\varepsilon}}}{1+\phi^{1-\frac{1}{\varepsilon}}}\right)\left(\frac{1+\phi}{1-\phi}\right)\right].$$

Um die Stabilität des Gleichgewichts zu analysieren, muß die Steigerung von χ und z miteinander verglichen werden. Es ist jedoch schwer, die Größe dieser Steigerung von χ und z analytisch deutlich zu bestimmen. Daher werden Zahlenbeispiele gegeben.

Tabelle (D-2): Steigerung der Kurve χ

ϕ \ ε	$\mu=0.5$			$\mu=0.6$			$\mu=0.7$		
	1.5	1.8	3	1.5	2.4	5	1.5	3.2	6
0.5	-1	-0.28	0.478	-2	-0.097	0.61	-3.7	-0.07	0.52
0.7	-0.99	-0.255	0.49	-1.98	-0.078	0.62	-3.6	-0.064	0.53
0.95	-0.99	-0.24	0.49	-2	-0.054	0.62	-3.6	-0.054	0.53

Die Tabelle (D-2) zeigt die Werte der Klammer in (D-48) für die möglichen Kombinationen von μ, ε und ϕ. Hier kann man die Tendenz erkennen: Je größer „economies of scale“ (d.h. je kleiner ε) bei gegebenem μ sind und je größer μ bei gegebenem ε, um so größer ist die Steigerung von χ. Je kleiner die Transportkosten (je größer ϕ) sind, desto schwächer wird die Steigerung von χ. Die Steigerung von χ ist bei kleinem ε und großem μ deutlich negativ. Auch wenn ε groß ist, ist der Wert der Klammer in (D-48) im plausiblen Parameterbereich kleiner als Eins, d.h. die Steigerung von χ ist kleiner als die von z.

Die negative oder schwache Steigerung von χ impliziert, daß forward (Kosten-) linkage bei der Arbeitsmobilität nicht mehr dominant ist. Ohne Arbeitsmobilität führt die Zunahme der Firmenzahl zunächst zur Senkung des Preisindexes der Zwischenprodukte und damit zur Steigerung der Nachfrage, was die Agglomeration wirtschaftlicher Aktivitäten zur Folge hat. Bei der Arbeitsmobilität nimmt aber mit steigender Firmenzahl das Arbeitsangebot auch zu, so daß sich der Effekt des Preisindexes der Zwischenprodukte durch die Lohnsenkung verringert.

Die Reaktion zwischen χ und z wird in der Abb.<D-2> dargestellt. Die Kurve χ ist für den Fall, in dem ε klein und μ groß sind. Der Anpassungsprozeß wird durch die Pfeile dargestellt.

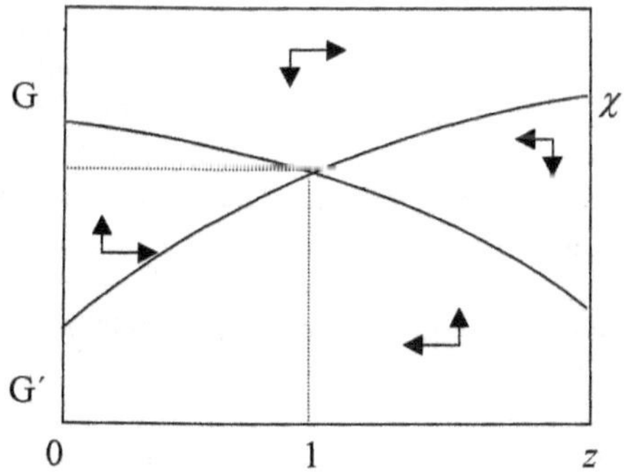

Abb. <D-2>: Das symmetrische Gleichgewicht bei der Arbeitsmobilität

Die Abb.<D-2> zeigt, daß das symmetrische Gleichgewicht unter der Annahme der Arbeitsmobilität durchaus stabil ist. Auch bei großem ε, d.h. die Steigerung von χ ist positiv, ist das symmetrische Gleichgewicht stabil, weil die Steigerung von χ kleiner als die Steigerung der Kurve z ist. In diesem Fall sind die zentripetalen Kräfte nicht groß genug für die Agglomeration der Industrie. Die Transportkosten haben den Einfluß auf die absolute Höhe der Steigerungen der beiden Kurve und damit auch auf die absolute Größe der Effekte, aber haben keine Auswirkungen auf die Stabilität des symmetrischen Gleichgewichts.

4.3. Effekte der Arbeitsmobilität

Ist die Arbeit mobil, dann treten neben forward und backward linkages, der Konkurrenz-, der Allokationseffekt dazu noch der Outputeffekt und der Substitutionseffekt in Wirkung. Für die Vereinfachung der Analyse werden kurz technologische Externalitäten und die zirkuläre Kausalität zwischen pekuniären und technologischen Externalitäten außer acht gelassen. Es ist allerdings sehr schwer, alle Effekte im einzelnen darzustellen, weil sie zusammen auftreten.

Der erste Ausdruck in der Klammer von (D-48) repräsentiert den Output- und Allokationseffekt, weil er aus der Veränderung von L_y und L_y^* kommt. Die Zunahme der Arbeit, d.h. der gestiegene Einsatz des Inputs Arbeit erhöht die Produktion des Endprodukts (Outputeffekt). Die Steigerung n verdrängt gleichzeitig Arbeit aus dem Sektor des Endprodukts, weil die dadurch billiger gewordenen Zwischenprodukte mehr nachgefragt werden (Allokationseffekt). Das endgültige Vorzeichen hängt damit von der Größe der beiden Effekte ab. Der zweite Ausdruck in der Klammer von (D-48) ist als forward linkage anzusehen. Die zunehmende Firmenzahl führt zur Senkung des Preisindexes der Zwischenprodukte und damit zur Steigerung der Nachfrage nach den Zwischenprodukten, was die Steigerung von Y zur Folge hat. Der dritte Ausdruck repräsentiert den Substitutionseffekt, der zum Rückgang der Nachfrage nach Zwischenprodukten führt. Durch die Zunahme der Arbeit wird die Arbeit relativ billig und die Zwischenprodukte werden dagegen relativ teuer. Dagegen steigt der Lohnsatz in Süd mit sinkender Arbeit, was zur Steigerung der Nachfrage nach Zwischenprodukten führt. Die Zwischenprodukt-Firmen reagieren daher durch den Wechsel ihres Standorts auf die Veränderungen der Nachfragen zwischen Nord und Süd. Die Reaktionen der Firmen und der Arbeit sind gegenseitig. Wenn Firmen der Zwischenprodukte zunächst zunehmen, steigt der Output des Endprodukts kurzfristig und damit auch der Lohnsatz.

Da die Arbeitsmobilität die symmetrische Verteilung wirtschaftlicher Aktivitäten zwischen Ländern gewährleistet, ist es in diesem Modell nicht möglich, daß ein Land schneller wächst. Da danach Arbeit auch zunimmt, nimmt die Anzahl der Firmen wieder ab. Da die externe Veränderung des Wissensstocks mit den

Niederlassungen der Firmen verbunden ist, kann ein Sprung eines Landes im FuE-Sektor bei der Arbeitsmobilität nicht vorkommen. Unter der Annahme der symmetrischen Länder ist die Schaffung des komparativen Vorteils im FuE-Sektor durch das interne Wachstum auch nicht möglich. Daher sind die Auswirkungen der technologischen Externalitäten und der zirkulären Kausalität zwischen pekuniären und technologischen Externalitäten symmetrisch für beide Länder.

4.4. Stabilitätsanalyse des symmetrischen Steady-State

Definiert wird $R \equiv \frac{V}{V^*}$. Durch die Differenzierung dieser Variable nach der Zeit folgt

(D-49) $$\frac{\dot{R}}{R} = -(g-g^*) + \frac{\pi}{p_n} - \frac{\pi^*}{p_n^*}.$$

Unter Verwendung der Definition von V, (D-4a) bzw. (D-4b), (D-46) und (D-47) läßt sich das Verhältnis zwischen dem Gewinn und dem Preis des Designs wie folgt schreiben:

(D-50) $$\frac{\pi}{p_n} = \frac{\mu}{\varepsilon}\theta_S V \text{ und } \frac{\pi^*}{p_n^*} = \frac{\mu}{\varepsilon}\theta_S^{-1} V^*$$

wobei $\theta_S = \frac{s}{s+\phi-s\phi} + \frac{s\phi}{s+\phi-s\phi}\cdot\theta$

mit $$\theta = \left(\frac{1-s+s\phi}{s+\phi-s\phi}\right)^{\frac{1-\varepsilon+\varepsilon\mu}{(1-\varepsilon)(1-\mu)}} \left(\frac{1-s+s\phi^{1-1/\varepsilon}}{s+\phi^{1-1/\varepsilon}-s\phi^{1-1/\varepsilon}}\right)^{\frac{-\varepsilon}{\varepsilon-1}}.$$

Die Differentialgleichung von s ist durch $\dot{s} = s(1-s)(g-g^*)$ gegeben. Mit (D-17), (D-46) und (D-49) läßt sich $L_y^* - L_y$ wie folgt vereinfachen:

$$L_y^* - L_y = -\delta^{-1}(1-\mu)\left[\theta V - \theta^{-1}V^*\right]$$

Damit sind die beiden Differentialgleichungen von s und R so umzuschreiben:

$$\dot{s} = \delta(s-s^2)(L-L^*) - (s-s^2)(1-\mu)V^*(\theta\cdot R - \theta^{-1})$$
$$\dot{R} = -\delta(L-L^*) + (1-\mu)(\theta\cdot R-\theta^{-1})R + \frac{\mu}{\varepsilon}V^*(\theta_S R - \theta_S^{-1})R$$

Indem die beiden Differentialgleichungen gleich Null gesetzt werden, ergeben sich die Werte von s und R im Gleichgewicht: $s=1/2$ und $R=1$ ($V=V^*$). Man berechnet die Elemente der Jacobi-Matrix und folgt:

$$\left.\frac{\partial \dot{R}}{\partial R}\right|_{\bar{R},\bar{s}} = \left(1-\mu+\frac{\mu}{\varepsilon}\right)\bar{V}^*$$

$$\left.\frac{\partial \dot{R}}{\partial s}\right|_{\bar{R},\bar{s}} = 8(1-\mu)\bar{V}^* B + \frac{8\mu}{\varepsilon}\bar{V}^* \frac{\phi}{1+\phi}(1+B),$$

$$\text{wobei } B = \frac{\varepsilon-\varepsilon\mu-1}{(\varepsilon-1)(1-\mu)}\frac{\phi-1}{\phi+1} - \frac{\varepsilon}{\varepsilon-1}\left(\frac{\phi^{\frac{\varepsilon-1}{\varepsilon}}-1}{\phi^{\frac{\varepsilon-1}{\varepsilon}}+1}\right)$$

$$\left.\frac{\partial \dot{s}}{\partial R}\right|_{\bar{R},\bar{s}} = -\frac{1}{4}(1-\mu)\bar{V}^*$$

$$\left.\frac{\partial \dot{s}}{\partial s}\right|_{\bar{R},\bar{s}} = -2(1-\mu)\bar{V}^* B$$

B ist immer noch positiv.[12] Die Determinante der Jacobi-Matrix ist negativ, so daß dieses System „saddle path“ stabil ist.

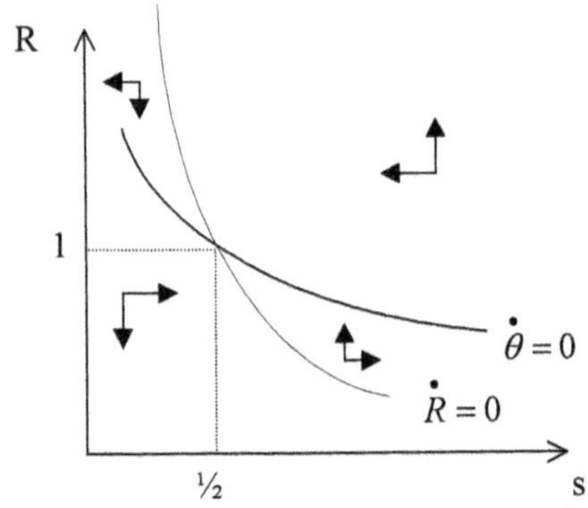

Abb. <D-3>: Stabilität des symmetrischen Steady-State

---

[12] $B=-(d\chi/dz)|_{\chi}+1$. Da $(d\chi/dz)|_{\chi}<1$ gilt, ist B immer positiv. Der Wert $(d\chi/dz)|_{\chi}$ wurde bereits in (D-48) bzw. in der Tabelle (D-2) gezeigt.

5. Gewinner der Agglomeration

Wirtschaftsgeographie bringt keine Disparität der Wachstumsrate

Im statischen Geographiemodell stehen im Mittelpunkt der Analyse die räumliche Aufteilung der bereits vorhandenen Firmen und die absolute Menge der gehandelten Güter. Die Existenz der Transportkosten verursachen die absolute Differenz zwischen der Exportmenge und der inländischen Nachfrage beim identischen Gut und Preis. Wenn ein Land seine Firmen beim Agglomerationsprozeß verliert und daher die differenzierten Güter importiert, verringert sich das Einkommen dieses Landes stark. Die mobilen Firmen bzw. die Produktionstätigkeit sind ein Gegenstand der internationalen Konkurrenz. Ein Land wird unvermeidlich Gewinner und ein anderes Verlierer, wenn die Agglomeration der Firmen zustande kommt. Die Organisierung der Weltwirtschaft in eine Kern-Peripherie-Struktur bedeutet die Reproduktion der Länder als Gewinner und Verlierer.

Dagegen besagt das in Abschnitt IV dargestellte dynamische Geographiemodell, daß beide Länder trotz der absoluten Einkommensdifferenz langfristig besser gestellt werden können, weil sie im Agglomerations-Steady-State gemeinsam mit der hohen Wachstumsrate wachsen. Aus der langfristigen Sicht gibt es keinen Verlierer. Die Wachstumsrate des Endprodukts sowie des Realeinkommens im Agglomerations-Steady-State ist dadurch gegeben:

$$\begin{aligned} g_y^* &= g_y \\ &= \frac{\mu}{\varepsilon - 1} g \end{aligned}$$

Die Wachstumsrate des Endprodukts bzw. des Konsums in Süd ist identisch mit der in Nord und proportional zur Wachstumsrate der Innovation in Nord. Obwohl keine Innovation in Süd entsteht, wachsen im Agglomerations-Steady-State das Realeinkommen und der Konsum in Süd mit derselben Rate wie in Nord. Der Standort verursacht keine Wachstumsdisparitäten zwischen Länder. Langfristig gesehen kommt das Problem nicht in Frage, welches Land sich auf welche Aktivitäten spezialisiert.

Der Grund für das gemeinsame Wachstum $g_y^* = g_y$ liegt im Handel. Süd kann durch Handel über die gleiche Anzahl der Zwischenprodukte wie Nord verfügen, auch wenn die Transportkosten beim Handel entstehen. Die neu in Nord entwickelten Zwischenprodukte stehen durch Handel nicht nur Nord sondern auch Süd zur Verfügung. Wie im statischen Geographiemodell bringt die Agglomeration der Industrien wegen der Existenz der Transportkosten auch die Differenz zwischen den Exportmengen und den inländischen Verkaufsmengen der differenzierten Güter hervor, so daß sich das absolute Niveau des Grenzprodukts der Arbeit bzw. das absolute Einkommensniveau zwischen den Ländern unterscheidet. Da der Fortschritt der Technologie im dynamischen Geographiemodell nicht von den absoluten Mengen der differenzierten Zwischenprodukte abhängt, sondern von der Anzahl dieser Produkte, sorgt die Verfügbarkeit der gleichen Anzahl der Zwischenprodukte durch Handel für das gleiche Wachstum in Süd wie in Nord. In diesem Sinne stellt Handel eine indirekte Innovation für Süd dar. Das ist die internationale Interdependenz der Wirtschaftsaktivitäten; die Innovation ist international. Die Verfügbarkeit der differenzierten Zwischenprodukte durch Handel und der internationale Charakter der Innovation gewährleisten das gemeinsame Wachstum beider Länder. Diese Implikation über die Rolle des Handels entspricht dem Argument von Romer (1994) in dem Sinne, daß die Verfügbarkeit eines neuen Guts als die Hauptrolle des Handels betont wird.

Höhere Wachstumsrate durch internationale Arbeitsteilung

Außerdem ist die Wachstumsrate der Innovation sowie des Einkommens im Agglomerations-Steady-State höher als im symmetrischen Steady-State. Aus (D-30), (D-36) und (D-38) gilt

$$\text{(D-51)} \quad g_y^*(agg) = \frac{\mu}{\varepsilon-1}\left(\frac{\delta\mu\left(1+\phi^{\frac{\mu}{(\varepsilon-1)(1-\mu)}}\right)L-\varepsilon(1-\mu)\rho}{\mu+\varepsilon(1-\mu)}\right) > g_y^*(sym) = \frac{\mu}{\varepsilon-1}\left(\frac{\delta\mu L-\varepsilon(1-\mu)\rho}{\mu+\varepsilon(1-\mu)}\right).$$

Dieses höhere Wachstum im Agglomerations-Steady-State in beiden Ländern ist auf die internationale Arbeitsteilung zurückzuführen, die durch die zirkuläre Kausalität zwischen pekuniären und technologischen Externalitäten und ihre Interaktion mit den Transportkosten erzeugt wird. Nord übernimmt die Aufgabe der Innovation und setzt mehr Arbeit dazu ein. Süd verzichtet auf die Innovation und spezialisiert sich statt dessen auf die Produktion des Endprodukts. Die Innovation in Nord macht über den Handel der Zwischenprodukte den Sektor des Endprodukts in Süd noch produktiver. Diese Steigerung der Produktivität des Sektors des Endprodukts in Süd erhöht wiederum das Konsumniveau von Süd und auch von Nord, so daß Nord sich auf die Innovation spezialisieren kann. Sonst müssen in einem Land sowohl die Innovation und als auch die Produktion des Endprodukts gleichzeitig stattfinden, was niedriges Wachstum und niedriges Einkommen zur Folge hat. Durch Handel und die internationale Arbeitsteilung nutzen beide Länder die Größenvorteile in der Produktion und Innovation, und realisieren den Spezialisierungsgewinn. Das höhere Wachstum in Süd ist daher das Resultat einer indirekten Innovation und das höhere Wachstum in Nord ist dank der Spezialisierung von Süd in der Produktion des Endprodukts möglich.

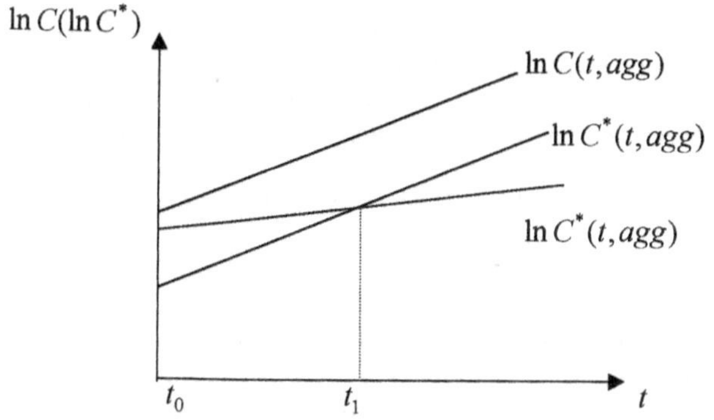

Abb. <D-4>: Entwicklung des Realeinkommens

Die Abbildung <D-4> zeigt die zeitlichen Entwicklungen von Realeinkommen bzw. Konsum in Nord und Süd in jeweiligem Steady-State. Auf dem Horizont steht die Zeit t und die vertikale Linie zeigt den logarithmische Wert des Konsums. Wenn die Agglomeration der Industrien in der Zeit t_0 stattfindet, ergibt sich zunächst der statische Wohlfahrtseffekt der Agglomeration, nämlich die Einkommensdifferenz zwischen Ländern. Es ist das gleiche Ergebnis wie beim statischen Geographiemodell von Krugman und Venables (1995). Im Lauf der Zeit wachsen aber beide Länder im Agglomerations-Steady-State schneller als im symmetrischen Steady-State $(d \ln C(agg)/dt > d \ln C(sym)/dt)$. Das Realeinkommen in Süd wird ab Zeitpunkt t_1 größer als das, was Süd im symmetrischen Steady-State erreichen kann. Damit werden beide Länder im Agglomerations-Steady-State langfristig besser gestellt als im symmetrischen Steady-State.

Dieses Ergebnis ist eine Bestätigung der klassischen Handelstheorien in einer dynamischen Version. Im Ricardo-Modell spezialisiert sich ein Land auf die Produktion jenes Gutes, in dessen Produktion es die höhere Produktivität hat. Im Heckscher-Ohlin-Modell wird das Spezialisierungsmuster durch die Faktorausstattungen der Länder bestimmt. Auf jeden Fall profitieren die Handelspartner gleich durch die Spezialisierung auf die Produktion nach komparativen Vorteilen. Der Unterschied zur klassischen Handelstheorie liegt darin, daß es sich bei diesem Modell um die Realisierung des hohen Wachstums handelt, während es bei der klassischen Handelstheorie nur um den statischen Handelsgewinn geht.

Internationale Interdependenz der Produktion

Das Problem des Produktionsstandorts ist in der Außenhandelstheorie nicht einstimmig. Hierbei werden die Argumente verschiedener Ansätze kurz zusammengefaßt und verglichen. In der klassischen Handelstheorie sorgt Freihandel für die gleiche Konsummöglichkeit der Güter, unabhängig davon, wo die Güter produziert werden. Freihandel bringt keine absolute Mengendifferenz beim identischen Preis hervor. Außerdem weist die Produktion unter der Annahme vollkommener Konkurrenz konstante Skalenerträge auf. Alle Märkte werden unabhängig von ihren Größen gleich behandelt. Handel eröffnet den Weg zur Realisierung des Spezialisierungsgewinns durch die internationale Arbeitsteilung. Die Geographie der Produktion kommt in der klassischen Handelstheorie nicht in Frage.

Ethier (1982) erweitert das horizontal differenzierte Konsumgütermodell (Dixit und Stiglitz 1977) zur Produktion der differenzierten Zwischenprodukte, deren Produktion die zunehmenden Skalenerträge aufweist. Er argumentiert dabei, daß zunehmende Skalenerträge unter Freihandel international sind, so daß für die effiziente Weltproduktion die Agglomeration der Produktionen in einem Land nicht notwendig ist. Denn zunehmende Skalenerträge hängen beim Freihandel von der Größe des Weltmarkts ab, nicht von der nationalen Marktgröße.

Beim Geographiemodell von Krugman und Venables (1995), in dem positive Transportkosten und zunehmende Skalenerträge angenommen sind, sind die Produktionsaktivitäten nicht international. Wenn ein Land mehr Firmen besitzt, dann wird es besser gestellt. Die räumliche Verteilung der Produktion steht daher im Mittelpunkt der Interessen der Länder. Firmen sind im statischen Geographiemodell ein Gegenstand der Konkurrenz zwischen den Ländern.

Zu bestätigen ist erstens, daß in den oben genannten Modellen die internationale Interdependenz der Produktion, die zunehmende Skalenerträge aufweist, unmittelbar davon abhängt, ob Freihandel möglich ist oder nicht. Die Existenz der Transportkosten ist aber nicht die grundlegende Ursache für die Verzerrung internationaler Interdependenz der Produktion. Dieser bedingte Charakter (national oder international) der Skalenerträge ist grundsätzlich darauf zurückzuführen, daß alle Modelle statisch sind. Beim statischen Modell steht die absolute Menge des Handelsgegenstands (Produkts) oder der Firmen im Mittelpunkt, die konstant gegeben sind. Ergibt sich die ungleiche Verteilung der Firmen, dann ist es fatal für den Verlierer. Bei der Existenz der Transportkosten kommt keine internationale Arbeitsteilung zustande, durch die die beiden Länder gegenseitig profitieren. Diese drei Modelle sind statisch, so daß lediglich die absolute Differenz der Gütermenge oder der Firmenzahl im Mittelpunkt der Analyse steht. Wenn zunehmende Skalenerträge und positive Transportkosten in einem statischen Modell angenommen werden, werden Gewinner und Verlierer unvermeidlich erzeugt, solange die exogene Variable Transportkosten unverändert bleibt.

Dagegen besteht das Hauptinteresse des dynamischen Geographiemodells viel mehr in der Einführung und Verfügbarkeit des neuen Produkts. Wenn Handel für die Verfügbarkeit eines neuen Produkts sorgt, dann können beide Länder durch die Arbeitsteilung langfristig besser gestellt werden. Im hier dargestellten dynamischen Modell sind die Wirtschaftsaktivitäten auch bei positiven Transportkosten weiterhin international, weil die Länder durch die Spezialisierung mit höherer Rate wachsen.

6. Integration

6.1. Wachstumseffekt

Symmetrisches Steady-State

Im symmetrischen Steady-State gibt es keine Lohndifferenz zwischen beiden Ländern. Die Wachstumsrate ist bei (D-38) im symmetrischen Steady-State unabhängig von den Transportkosten und dem Handelstarif, so daß die Integration[13] keinen Wachstumseffekt hat. Der Grund dafür liegt darin, daß die Auswirkungen der Beseitigung der Handelshemmnisse symmetrisch sind. Die Wirtschaftsintegration führt einerseits zur Steigerung des Exports der heimischen Zwischenprodukte, was den Gewinn der Firma erhöht. Andererseits nimmt der Import der ausländischen Zwischenprodukte genau gleich zu, so daß die Abschaffung der Handelshemmnisse über die Senkung des Preisindexes den Gewinn der Firma reduziert. Die Zwischenprodukt-Firmen kompensieren den Verlust an inländischen Verkaufsmengen durch die Zunahme des Exports. Die Veränderungen der Nachfrage nach einem repräsentativen Zwischenprodukt in bezug auf die Veränderung der Transportkosten sind $\frac{\partial x}{\partial \phi} = \frac{-\mu p_y Y p n^*}{\left(p(n+\phi n^*)\right)^2}$ und $\frac{\partial m}{\partial \phi} = \frac{\mu p_y Y^* p n}{\left(p(n^*+\phi n)\right)^2}$. Da im symmetrischen Steady-State $Y = Y^*$ und $n = n^*$ gelten, ergibt sich die Änderung des Gewinns:

(D-52) $$\frac{\partial \pi}{\partial \phi} = \frac{\partial x}{\partial \phi} + \frac{\partial m}{\partial \phi} = 0 .$$

Diese beiden Effekte sind genau gleich, so daß der Nettoeffekt der Integration auf den Gewinn der Firmen gleich Null ist. Da der Gewinn der Zwischenprodukt-Firma durch die Integration nicht verändert wird, bleibt der Preis des Designs auch konstant. Damit verändert sich die Allokation der Ressourcen im Innovationssektor durch die Integration nicht, so daß die Wachstumsrate unbeeinflußt bleibt.

---

[13] Die Senkung der Transportkosten und die Integration werden als Synonym verstanden, weil sich der Integrationsgrad nach der Höhe der Transportkosten definiert.

Aus der Sicht der Produzenten des Endprodukts hat die Abschaffung der Handelshemmnisse im symmetrischen Steady-State keinen Outputeffekt, weil sich nur die Einsatzkombination der Zwischenprodukte verändert. Die Ausgaben für die Zwischenprodukte sind

(D-53) $$\mu p_y Y = \int_0^n p(j)x(j)dj + \int_0^{n^*} p^*(j)m^*(j)dj\,.$$

Differenziert man (D-53) nach ϕ, ergibt sich die Veränderung der Gesamtausgaben für die Zwischenprodukte $np\frac{\partial x}{\partial \phi} + n^* p^* \frac{\partial m^*}{\partial \phi}$. In Symmetrie gelten $m = m^*$ und $n = n^*$, so daß die Gesamtausgaben für die Zwischenprodukte unverändert bleiben:

(D-54) $$\frac{\partial Y}{\partial \phi} = np\frac{\partial x}{\partial \phi} + n^* p^* \frac{\partial m^*}{\partial \phi} = 0\,.$$

Die Integration führt lediglich zur Änderung der Nachfragemenge nach inländischen und importierten Zwischenprodukten. Die Nachfragedifferenz zwischen inländischen und importierten Zwischenprodukten $(m^* = \phi_1 x)$ sinkt durch die Integration. Da die Integration keine Veränderung an den Ausgaben für die Zwischenprodukte hervorruft, bleibt der Output des Endprodukts nach dem Euler-Theorem unverändert. Der Arbeitseinsatz im FuE-Sektor und im Sektor des Endprodukts verändert sich damit auch nicht, so daß die Integration keine Auswirkung auf das Wachstum und das Einkommensniveau hat.

Agglomerations-Steady-State

Die Wachstumsrate im Agglomerations-Steady-State ist in (D-36) mit den Transportkosten bzw. den Handelshemmnissen negativ verbunden, so daß die Integration einen persistenten Wachstumseffekt hervorbringt.

(D-55) $$\frac{\partial g}{\partial \phi} = \frac{\delta \mu^2 L \phi^{\frac{\mu}{(\varepsilon-1)(1-\mu)}-1}}{(\varepsilon-1)(1-\mu)[\varepsilon(1-\mu)+\mu]} > 0$$

Da im Agglomerations-Steady-State alle Zwischenprodukte in Nord produziert werden, bedeutet die Beseitigung der Handelshemmnisse unmittelbar die Zunahme des Exports und gleichzeitig die Steigerung des Gewinns. Damit erhöht sich der Preis des Designs. Die Forschungstätigkeit wird daher noch attraktiver, was zu höherem Wachstum führt. Die höhere Innovationsrate in Nord bedeutet die höhere Wachstumsrate des Endprodukts in Süd, weil Handel für die Verfügbarkeit der neuen Zwischenprodukte sorgt. Die Integration hat also im Agglomerations-Steady-State einen Wachstumseffekt für die beiden Länder.

6.2. Verringerung der Einkommensdifferenz

Im statischen Geographiemodell von Krugman und Venables (1995) wird ein Land Gewinner und ein anderes Verlierer, wenn die Agglomeration der Firmen zustande kommt. Die daraus folgende politische Implikation ist dann, daß der Gewinner möglichst die Transportkosten hoch halten soll, weil er mit sinkenden Transportkosten den Rückgang des Einkommens hinnehmen muß. Wenn die Transportkosten als die Handelshemmnisse interpretiert werden, dann ist die beste Politik für den Gewinner des Agglomerationsprozesses die Protektion. Durch die Erhebung des hohen Handelstarifs kann Nord die Abwanderung der heimischen Firmen nach Süd verhindern, die den Anreiz haben, den niedrigen Lohn in Süd zu nutzen. Gleichzeitig kann Nord dadurch die weitere Zuwanderung der Firmen nach Nord locken, weil der Export nach Nord wegen des hohen Tarifs schwer wird und Standortverlagerung statt Export günstiger für die Firmen in Süd wird.

Im dynamischen Geographiemodell wachsen beide Länder durch die Agglomeration der Industrien mit der höheren Rate als im symmetrischen Steady-State. Dabei entsteht aber absolute Einkommensdifferenz zwischen beiden Ländern. Ein Land, in dem sich die Industrien konzentrieren, hat das absolut hohe Einkommen und ein anderes Land das niedrige. Dieser absolute Unterschied des Einkommensniveaus geht auf die absolute Differenz der Einsatzmenge der Zwischenprodukte in der Produktion des Endprodukts und somit auf die Differenz des Grenzprodukts der Arbeit zurück.

Es gibt jedoch die Möglichkeit, die absolute Einkommensdifferenz zwischen Nord und Süd zu verkürzen. Das ist die Wirtschaftsintegration. Um die Auswirkung der Integration auf das Wachstum und Einkommen zu zeigen, werden jetzt die Transportkosten ϕ als die Zusammensetzung aus den reinen Transportkosten und dem Handelstarif interpretiert.

(D-56)
$$\tau = \tau_1 \cdot \tau_2, \qquad \tau_1, \tau_2 \geq 1$$
$$\phi = \phi_1 \cdot \phi_2 \qquad 0 \leq \phi_1, \phi_2 \leq 1,$$

wobei τ_1 die reinen Transportkosten und τ_2 die Handelshemmnisse darstellt. Werden die Handelshemmnisse durch die Integration beseitigt, dann ist die Variable τ_2 (ϕ_2) gleich Eins.

Aus der Sicht von Süd wird die Importmenge der Zwischenprodukte durch die Beseitigung des Handelstarifs vergrößert. Damit steigen das Grenzprodukt der Arbeit in Süd und der Output des Endprodukts. Differenziert man (D-39), ergibt sich

(D-57)
$$\frac{\partial(\omega^* / \omega)}{\partial\phi} = \frac{\mu}{(\varepsilon-1)(1-\mu)} \phi^{\frac{\mu}{(\varepsilon-1)(1-\mu)}-1} > 0$$

Im Agglomerations-Steady-State ist die Verringerung der absoluten Einkommensdifferenz und gleichzeitig noch das höhere Wachstum durch die Abschaffung der Handelshemmnisse im Vergleich mit dem Fall vor der Integration realisierbar. Damit können beide Länder durch die Integration noch besser gestellt werden.

Sowohl im dynamischen als auch im statischen Geographiemodell (Krugman und Venables 1995) führt die Integration bzw. die Senkung der Transportkosten zur Verringerung der Einkommensdifferenz zwischen den Ländern. Die beiden Modelle haben aber ganz unterschiedliche Ursachen dafür. Im statischen Geographiemodell spezialisiert sich jedes Land auf die voneinander unabhängigen Wirtschaftsaktivitäten. Wenn die Transportkosten sehr niedrig sind und nicht mehr so wichtig wie der niedrige Lohn in Süd werden, dann findet der Standortwechsel der Firmen statt, d.h. die Industriestruktur zwischen den Ländern wird ähnlich. Ohne die Konvergenz der Industriestruktur erfolgt im statischen Geographiemodell keine Verringerung der Einkommensdifferenz. Im Gegensatz dazu spezialisiert sich jedes Land im dynamischen Geographiemodell auf die interdependenten Industrien. Die Senkung der Transportkosten impliziert die Erhöhung der Importmenge der Zwischenprodukte und somit auch die Steigerung des Grenzprodukts der Arbeit. Die Veränderung der Transportkosten hat aber keine Auswirkung auf den Lohn in Nord. Darüber hinaus ist der Agglomerations-Steady-State fast im ganzen Bereich der Transportkosten stabil. Ohne die Konvergenz der Wirtschaftsstruktur kann im dynamischen Geographiemodell die Verringerung der Einkommensdifferenz realisiert werden. Die Verringerung der Einkommensdifferenz und die Spezialisierung können also gleichzeitig stattfinden.

6.3. Kurze Zusammenfassung

Zusammenfassend werden die Einkommensdifferenz und die Wachstumsrate unter den möglichen Situationen in der Tabelle (D-3) und (D-4) dargestellt.

	Vor Integration	Nach Integration
Symmetrie	$g_y(v.I / sym)$	$g_y(nI. / sym)$
Agglomeration	$g_y(v.I / agg)$	$g_y(n.I / agg)$

Tabelle (D-3): Vergleich der Wachstumsrate

	Vor Integration	Nach Integration
Symmetrie	$\frac{C^*}{C}=1$	$\frac{C^*}{C}=1$
Agglomeration	$\frac{C^*}{C}=(\phi_1\cdot\phi_2)^{\frac{\mu}{(\varepsilon-1)(1-\mu)}}\frac{L}{L+r/\delta}$	$\frac{C^*}{C}=(\phi_1)^{\frac{\mu}{(\varepsilon-1)(1-\mu)}}\frac{L}{L+r/\delta}$

Tabelle (D-4): Realeinkommensdifferenz

Es gilt $g_y(v.I/sym)=g_y(nI./sym)<g_y(v.I/agg)<g_y(n.I/agg)$. Wenn im Agglomerations-Steady-State der Handelstarif durch die Integration abgeschafft wird, dann ist das höchste Wachstum in beiden Ländern zu realisieren. Wird dagegen die Arbeitsmobilität nicht beschränkt oder sind die Transportkosten sehr niedrig, dann ist der symmetrische Steady-State stabil, in dem die beiden Länder unabhängig von der Integration mit der niedrigen Rate wachsen. Die Einkommensdifferenz zwischen Süd und Nord ist im Agglomerations-Steady-State und im Fall der Integration am geringsten.

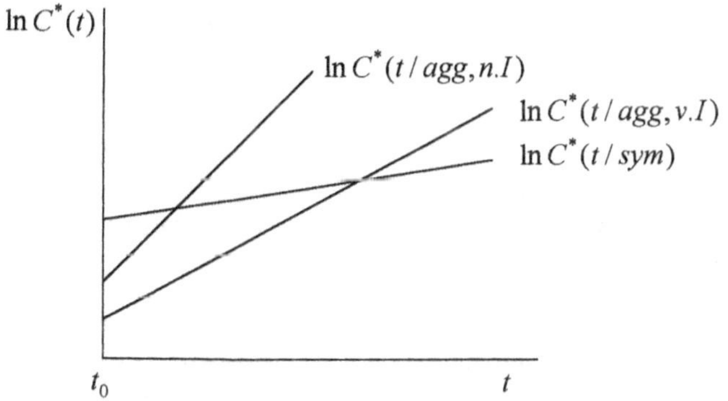

Abb. <D-5>: Vergleich der Einkommensentwicklung im jeweiligen Steady-State

Die Abbildung <D-5> zeigt, wie sich das Einkommen bzw. der Output des Endprodukts in Süd im Lauf der Zeit entwickelt. Dabei wird unterstellt, daß die Agglomeration und die Integration im Zeitpunkt t_0 geschehen. Die Wachstumsraten des Einkommens und des Outputs sind gleich. Der Output im Zeitpunkt t läßt sich wie folgt darstellen:

$$C^*(t/sym)=C^*(0/sym)\cdot e^{g_y(sym)t}$$

$$C^*(t/agg,v.I.)=C^*(0/agg,v.I.)\cdot e^{g_y(agg,v.I.)t}$$

$$C^{*}(t/agg,n.I.) = C^{*}(0/agg,n.I.)\cdot e^{g_y(agg,n.I.)t},$$
wobei $g_y(agg,n.I.) > g_y(agg,v.I) > g_y(sym)$ gilt.

Obwohl Süd durch die Agglomeration kurzfristig einen geringen Rückgang des Einkommens hinnehmen muß, kann Süd im Agglomerations-Steady-State langfristig den höheren Output und das höhere Einkommen erreichen als im symmetrischen Steady-State. Wenn dazu beide Länder die Handelshemmnisse durch die Integration beseitigen, dann können sie sich langfristig noch besser stellen.[14]

V. Diskussion des Modells

1. Ein Mechanismus für ständiges Wachstum

Hinsichtlich der Modellstruktur gibt es einen wichtigen Unterschied zwischen dem statischen und dynamischen Geographiemodell. Im dynamischen Geographiemodell wird vollkommene Konkurrenz auf dem Markt des Endprodukts angenommen, während im statischen Geographiemodell (Krugman und Venables 1995) monopolistische Konkurrenz unterstellt ist. Hierbei wird diskutiert, warum die Annahme vollkommener Konkurrenz auf dem Markt des Endprodukts beim dynamischen Geographiemodell notwendig ist, und was passiert, wenn monopolistische Konkurrenz angenommen wird. Die Notwendigkeit der Annahme vollkommener Konkurrenz besteht darin, ständiges Wachstum zu ermöglichen und die positive Relation zwischen der Agglomeration von Industrien und dem Wachstum zu erhalten. Wenn die Agglomeration von Firmen die Senkung des Wachstums zur Folge haben würde, wäre das Modell unsinnig.

Im Modell von Krugman und Venables (1995) gibt es drei Sektoren: den Sektor des Endprodukts, der Zwischenprodukte und den Agrarsektor. Auf dem Markt der beiden Industriesektoren herrscht monopolistische Konkurrenz und Handel findet mit positiven Transportkosten statt. Auf dem Markt des Agrarprodukts

[14] Im Zusammenhang mit der Rolle des Handels gibt es einen Unterschied zwischen diesem Modell und den endogenen Wachstumsmodellen. Im dynamischen Geographiemodell hat Handel den Wachstumseffekt. Wie in Kapitel C diskutiert, spielt Handel in den endogenen Wachstumsmodellen (Grossman und Helpman 1991 Kap.9, Rivera-Batiz und Romer 1991a) eine untergeordnete Rolle für das Wachstum, wenn das Wissenskapital bei der Innovation die entscheidende Rolle spielt. Die Expansion des Markts durch Handel führt zur Zunahme der ausländischen Nachfrage nach dem differenzierten Gut. Aber genau um die gestiegene Export sinkt wegen der Steigerung des Imports die inländische Nachfrage (die Anzahl der differenzieren Güter im nationalen Markt wird verdoppelt). Handel bringt keinen zusätzlichen Anreiz zur Innovation. Handel hat im Wachstumsmodell lediglich einen Level-Effekt, der beim Übergang von der Autarkie zum Handel geschieht.

herrscht dagegen vollkommene Konkurrenz, Freihandel ist angenommen. Der einzige Produktionsfaktor Arbeit wird zwischen dem Agrarsektor und dem Sektor des Endprodukts verteilt. Welches Gleichgewicht stabil wird, hängt vor allem davon ab, in welche Richtung die Arbeitsallokation mit der zunehmenden Firmenzahl läuft, d.h. ob die Steigerung der Arbeitsnachfragekurve im Sektor des Endprodukts $(\partial\omega/\partial L_y)$ dadurch positiv oder negativ wird. Bei sehr hohen Transportkosten ist die Steigerung der Nachfragekurve negativ. In diesem Fall ist das symmetrische Gleichgewicht stabil, weil die Steigerung des Lohnsatzes durch die Zunahme der Firmenzahl zur Senkung der Arbeit im Sektor des Endprodukts führt. Der Konkurrenzeffekt ist in dieser Situation größer als die pekuniären Externalitäten (forward und backward linkages). Für die Agglomeration von Industrien ist also die positive Steigerung der Nachfragekurve notwendig. Die Zunahme der Firmenzahl führt dann zur Steigerung des Lohnsatzes und der Arbeit im Sektor des Endprodukts, so daß der Output im Sektor des Endprodukts mit zunehmender Anzahl von Firmen steigt, und „forward und backward linkages" vergrößert werden. Der Faktor Arbeit wird aus dem Agrarsektor in den Sektor des Endprodukts umgelenkt. In diesem Fall sind forward und backward linkages groß genug, um zur Agglomeration der Industrien zu führen.

Wenn man monopolistische Konkurrenz auf dem Endproduktmarkt annimmt, und wenn sich Agglomeration des Endprodukt-, Zwischenprodukt- und FuE-Sektor in Nord daraus ergibt, dann muß ein neuer Sektor zusätzlich eingeführt werden. Denn Süd muß irgendeinen Wirtschaftssektor haben. Dadurch wird das Modell wesentlich komplizierter. Außerdem wird dadurch ein kontraintuitives Ergebnis erzeugt, nämlich Agglomeration führt zu Senkung der Wachstumsrate. Durch die Agglomeration steigt die Nachfrage nach Arbeit im Endproduktsektor. Da in diesem Modell Endproduktsektor und FuE-Sektor um Arbeit konkurrieren, die Steigerung der Arbeit im Sektor des Endprodukts bedeutet die Senkung der Beschäftigung im FuE-Sektor und somit die Reduktion der Wachstumsrate.
Angenommen, daß monopolistische Konkurrenz auf dem Markt des Endprodukts herrscht. Die horizontal differenzierten Endprodukte werden unter Einsatz der Arbeit und der n-verschiedenen Zwischenprodukte durch Cobb-Douglas Produktionsfunktion mit dem Anteil der Arbeit $1-\mu$ produziert. Haushalte haben die CES-Nutzenfunktion über die Endprodukte, die wie folgt definiert wird.

(D-58)
$$C=\left[\int_0^n z(j)^\beta+\int_0^{n^*} z^*(i)^\beta\right]^{1/\beta},$$

wobei z und z^* die Konsummenge der jeweiligen Endprodukte in Nord angeben, die in Nord und Süd produziert werden.

Die Anzahl der Endprodukte in Nord und Süd ist jeweils n bzw. n^* und wird gleich wie die Anzahl der Zwischenprodukte angenommen. Alle Parameter in Abschnitt IV werden weiter gleich benutzt. Es wird angenommen, daß beim Handel der Endprodukte Transportkosten in Höhe von τ entstehen. Der Preisindex für die Endprodukte ist damit:

(D-59) $$Q_C = \left[n p_y^{1-\varepsilon} + n^* (p_y^* \tau)^{1-\varepsilon} \right]^{1/(1-\varepsilon)}.$$

Eine repräsentative Firma des Endprodukts als ein Monopolist setzt den Markup-Preis auf die Grenzkosten:

(D-60) $$p_y(1 - \frac{1}{\varepsilon}) = \xi \omega^{1-\mu} Q_M^{\mu},$$

wobei ξ eine Konstante ist.

Hier wird der konkrete Beweis für die Steigerung der Nachfrage nach Arbeit nicht dargestellt, weil der Beweis ganz genau gleich mit der Analyse von Krugman und Venables (1995) ist. Die Analyse zeigt, daß die Steigerung der Nachfragekurve im Endproduktsektor positiv ist $(\partial \omega / \partial L_y > 0)$, wenn Agglomeration zustande kommt. Die Steigerung der Arbeitseinsatz im Endproduktsektor impliziert die Senkung der Arbeit im FuE-Sektor L_R, was die Senkung der Wachstumsrate in (D-7) zur Folge hat . Die Agglomeration von Firmen in einem Land führt daher unter der Annahme monopolistischer Konkurrenz auf dem Endproduktmarkt zur Senkung der Wachstumsrate. Die Annahme monopolistischer Konkurrenz im Sektor des Endprodukts kann das kontraintuitive Ergebnis erzeugen, daß die Agglomeration der Produktions- und Innovationstätigkeiten negativ auf das Wachstum wirkt.

Um dieses Problem zu umgehen, braucht man einen anderen Mechanismus, der langfristiges positives Wachstum ermöglicht und den positiven Zusammenhang zwischen dem Wachstum und der Agglomeration von Firmen gewährleistet. Arbeit soll mit zunehmender Firmenzahl aus dem Sektor des Endprodukts in den FuE-Sektor umgelenkt werden. Ein Mechanismus dafür ist vollkommene Konkurrenz auf dem Markt des Endprodukts. Unter dieser Annahme müssen die Produzenten des Endprodukts die Faktoren so einsetzen, daß sich die Stückkosten an dem international einheitlichen Preis anpassen. Da der Lohnsatz in Nord mit zunehmender Firmenzahl der Zwischenprodukte steigt und der Preisindex der Zwischenprodukte dagegen sinkt, nimmt die Nachfrage nach Arbeit im Sektor des Endprodukts ab. Dagegen steigt die Nachfrage nach den Zwischenprodukten. Arbeit wird dann aus dem Sektor des Endprodukts freigelassen und vom FuE-Sektor absorbiert. Unter diesen Umständen wird ständiges Wachstum gewährleistet und die Agglomeration der Wirtschaftsaktivitäten wirkt auf das Wachstum positiv.

2. Asymmetrie

Grossman und Helpman (1991, Kap. 7 und 8) untersuchen dynamische komparativer Vorteile der Länder in einem endogenen Wachstumsmodell. Sie bestätigen die Gültigkeit des Heckscher-Ohlin-Theorems, nach dem die Anfangsausstattungen der Länder komparative Vorteile bestimmen. Wenn ein Land (Nord) am Anfang über den größeren Wissensstock verfügt als ein anderes (Süd), dann entsteht die Innovation nur in Nord, weil die Innovationskosten dort niedriger sind als in Süd. Nord spezialisiert sich auf die Produktion des differenzierten Gutes und Süd auf die Produktion des traditionellen Gutes. Die Wachstumsrate in Süd ist damit Null. Die Spezialisierung hat die Divergenz zwischen Ländern zur Folge. Durch die internationale Spezialisierung wird ein Land Gewinner und ein anderes Verlierer.

Die dynamischen komparativen Vorteile, die durch die Faktorausstattungen bestimmt werden, sind auch im dynamischen Geographiemodell möglich, wenn man die Asymmetrie zwischen Ländern annimmt. Wenn die Anzahl der Firmen von Anfang an größer in Nord als in Süd ist, ergibt sich die Agglomeration der Firmen in Nord. Nord spezialisiert sich auf die Produktion der Zwischenprodukte und die Innovation. Im dynamischen Geographiemodell braucht man für die Agglomeration eigentlich nicht anzunehmen, daß ein Land den größeren Wissensstock als ein anderes hat. Die unterschiedliche Produktionsstruktur zwischen Ländern ist dabei nicht abhängig von den Faktorausstattungen. Sie werden durch die pekuniären und technologischen Externalitäten und ihre zyklische Kausalität bestimmt. Die einzige Bedeutung der differenten Faktorausstattungen besteht darin, daß man a priori bestimmen kann, welches Land sich auf welche Produktion spezialisiert.

E. Industriepolitik in der EU und die theoretische Grundlage

Im Kapitel E werden die wirtschaftspolitischen Implikationen der neuen Wachstumstheorie, des statischen Geographiemodells und des dynamischen Geographiemodells diskutiert. In den letzten Jahren ist die wachstumstheoretische Begründung industriepolitischer Maßnahmen immer stärker in den Vordergrund getreten. Die Existenz der technologischen Externalitäten, die in der neuen Wachstumstheorie bei der Forschung und Entwicklung entstehen, geben den Ansatzpunkt für staatliche Intervention, um die FuE-Investition auf das soziale Optimum zu bringen. Eine Industriepolitik kann prinzipiell ebenfalls im dynamischen Geographiemodell gerechtfertigt werden, weil es dort auch technologische Externalitäten gibt. Hierzu wird vor allem diskutiert, ob die Hysteresis-Hypothese unter den Umständen der mobilen Firmen und der Existenz der Transportkosten theoretisch gültig ist. Sodann wird gezeigt, daß die Bedeutung der Industriepolitik in beiden Modellen sehr unterschiedlich ist. Bei der Wachstumstheorie ist die erfolgreiche Industriepolitik direkt mit dem künftigen Wachstum des Landes verbunden, während es beim dynamischen Geographiemodell lediglich um die Verkürzung der absoluten Einkommensdifferenz zwischen Ländern geht. Da im dynamischen Geographiemodell die Senkung der Transportkosten sowohl zur Erhöhung der Wachstumsrate als auch zur Verringerung der Einkommensdifferenz führt, kann keine nationale sektorspezifische Industriepolitik begründet werden.

Zum Schluß wird die aktuelle Industriepolitik[1] der EU vorgestellt. Dabei werden das Konzept, die Zielsetzungen und die Maßnahmen der europäischen Industriepolitik dargestellt. In den zahlreichen Berichten behauptet die Europäische Kommission, daß eine aktive Industriepolitik für die europäische Industrie aufgrund der Verschlechterung ihrer Wettbewerbsfähigkeit notwendig ist. In diesem Zusammenhang wird die empirische Studie über die Wettbewerbsfähigkeit der europäischen Industrie zusammengefaßt, um die Position der europäischen Industrie am Weltmarkt zu überprüfen.

---

[1] Der Begriff Industriepolitik wird in der Literatur sehr unterschiedlich verwendet. Es gibt weder umfassende noch weit akzeptierte Definition. Zum einen ist Industriepolitik identisch mit einem Segment sektoraler Strukturpolitik (vgl. Meissner 1981, Gahlen 1981), die aus je nach Zielsetzung unterschiedlichen sektorspezifischen Maßnahmen besteht. Zum anderen wird Industriepolitik als alle staatliche Eingriffe betrachtet, die auf die gesamte Güterproduktion einwirken (vgl. Bussman 1975). Krugman und Obstfeld (1991, S.278) geben eine zusammenfassende Definition. Demnach ist Industriepolitik ein Versuch der Regierung, die Ressourcen in bestimmte Sektor umzulenken, der als wichtig für Wirtschaftswachstum betrachtet wird. Hier wird weiter auf die Diskussion über den Begriff Industriepolitik nicht eingegangen. Es folgt in dieser Arbeit der Definition von Buigues und Sapir (1993). Sie betrachten Industriepolitik als die sämtlichen Maßnahmen des Staats, den Prozeß der Strukturanpassungen, der sich auf die Veränderungen in komparativen Vorteilen bezieht, zu behandeln.

I. Endogene Wachstumstheorie

Im Kapitel B und C werden die verschiedenen Modelle endogenen Wachstums unter den unterschiedlichen Umständen diskutiert. In den Modellen, die vor allem die weitere Akkumulation der Faktoren als die Quelle des Wachstums betrachten, wird das Pareto-Optimum immer gewährleistet, weil die Produktion konstante Skalenerträge aufweist. Wenn die Entwicklung der Technologie durch die Innovation ständiges Wachstum generiert, kommt es zu einer Diskrepanz zwischen privaten und sozialen Erträgen, weil technologische Externalitäten im FuE-Sektor entstehen. Die Existenz technologischer Externalitäten gibt die Gründe für die staatliche Intervention, um die Investition in Forschung und Entwicklung auf das soziale Optimum zu bringen und um die höhere Wachstumsrate zu realisieren. Da es die Vielzahl der unterschiedlichen Modellvariationen des endogenen Wachstums gibt und die politischen Implikationen beträchtlich voneinander abweichen, ist es jedoch schwierig, daraus eine eindeutige Politik abzuleiten.

Ausgehend vom Modell im Kapitel C.I.1 wird in diesem Abschnitt dargestellt, wie ein Eingriff des Staats im endogenen Wachstumsmodell funktioniert und welche Verzerrungen dabei existieren. Zunächst wird der Autarkiesituation dargestellt, um die analytische Grundlage für die Politik zu zeigen. Es folgt grundsätzlich der Analyse von Romer (1990) und Barro und Sala-i-Martin (1995, Kap.6). Anschließend wird die Industriepolitik in offenen Wirtschaften analysiert. Schließlich wird die Hysteresis-Hypothese von Grossman und Helpman (1991, Kap.8) in einem modifizierten Modell diskutiert.

1. Grundmodell für die Industriepolitik

Betrachtet wird eine Wirtschaft in der Autarkie. Der Staat als Sozialplaner maximiert den Nutzen des Haushalts unter den Restriktionen:

$$\text{max!} \quad \int_0^\infty u(C)e^{-\rho t}dt = \int_0^\infty \frac{C^{1-\sigma}-1}{1-\sigma}e^{-\rho t}dt$$

$$\text{u.d.B.} \quad Y = L_y{}^{1-\alpha}\left[\int_0^n x_i{}^\alpha di + \int_0^{n^*}(m_j^*)^\alpha dj\right] = C + n(x+m)$$

$$\dot{n} = \delta \cdot n \cdot L_R .$$

Das Maximierungsproblem des Staats läßt sich mit der Hamiltonfunktion darstellen:

$$J = u(C)e^{-\rho t} + \lambda\frac{\delta L_R}{x}\left[(L-L_R)^{1-\alpha}nx^\alpha - C\right]$$

Die Kontrollvariablen sind hier C, x und L_R und die Zustandsvariable ist n. Die Bedingungen erster Ordnung lauten:

(E-1) $$u'(C)e^{-\rho t} = \lambda \frac{\delta L_R}{x}$$

(E-2) $$\lambda \frac{\delta L_R}{x^2}\left[C-(1-\alpha)(L-L_R)^{1-\alpha} n x^{\alpha}\right]=0$$

(E-3) $$\lambda \frac{\delta}{x}\left[(L-L_R)^{1-\alpha} n x^{\alpha} - C - (1-\alpha)L_R(L-L_R)^{-\alpha} n x^{\alpha}\right]=0$$

(E-4) $$\dot{\lambda} = -\frac{\lambda \delta L_R}{x}\left[(L-L_R)^{1-\alpha} x^{\alpha}\right]$$

Aus der Restriktion der Ressourcen und (E-2) erhält man die soziale optimale Outputmenge der Zwischenprodukte

(E-5) $$x = \alpha^{\frac{1}{1-\alpha}}(L-L_R)\ .$$

Aus (E-3) ergibt sich die Einsatzmenge der Arbeit im FuE-Sektor für Staat

(E-6) $$L_R = \alpha L\ .$$

Differenziert man (E-1) nach der Zeit und substituiert $\dot{\lambda}/\lambda$ aus (E-4), erhält man die soziale optimale Wachstumsrate

(E-7) $$g = \sigma^{-1}(\delta L - \rho).$$

Im Vergleich mit den Marktergebnissen (B-21), (B-29) und (B-32) sind alle Werte des sozialen Optimums höher. Diese Disparität zwischen dem Marktergebnis und dem sozialen Optimum kann in diesem Modell auf zwei Ursachen zurückgeführt werden: Die Markup-Preissetzung der Monopolisten und technologische Externalitäten im FuE-Sektor. Die Produktionskosten des Zwischenprodukts beträgt Eins, aber der Preis ist $1/\alpha\,(>1)$. Da der Innovator die Erhöhung der Produktivität der Arbeit im FuE-Sektor durch seine Innovationstätigkeit nicht berücksichtigt, entstehen technologische Externalitäten.

Um Marktergebnisse auf das Niveau des sozialen Optimums zu bringen, kann der Staat einen Markteingriff in Form von Industriepolitik unternehmen. Hier werden die Subventionen der Produktion der Zwischenprodukte und der Forschung und Entwicklung analysiert.

Subvention der Produktion der Zwischenprodukte

Der Monopolist beschränkt die Produktion auf dem Niveau unterhalb des sozialen Optimums und setzt den Markup-Preis. Die niedrigeren Produktionen der Zwischenprodukte implizieren ein niedrigeres Grenzprodukt der Arbeit im Sektor des Endprodukts. Das wirkt die Wachstumsrate über die Arbeitsallokation reduzierend, weil aufgrund des niedrigen Grenzprodukts mehr Arbeit im Sektor des Endprodukts und folglich weniger Arbeit im FuE-Sektor eingesetzt wird. Man kann sich verschiedene Formen der Industriepolitik vorstellen, z.B. Subvention der Nachfrage nach Zwischenprodukten (Barro und Sala-i-Martin 1995, Kap.6), Preissubvention oder Kostensubvention. Die Subvention der Produktion des Endprodukts und die Preissubvention der Zwischenprodukte haben gesellschaftlich den identischen Effekt, weil die beiden Subventionen letztlich den Preis der Zwischenprodukte reduzieren. Es wird hierbei angenommen, daß der Staat den Preis pro Einheit der Zwischenprodukte in Höhe von θ subventioniert. Die Nettonachfrage für den Monopolist ist dann

(E-8) $$p(1-\theta) = \alpha L_y^{1-\alpha} x^{\alpha-1}.$$

Die Preiselastizität verändert sich nicht durch die Subvention, $p = 1/\alpha$. Die Nachfrage nach dem Zwischenprodukt wird dann wie folgt ausgedrückt:

(E-9) $$x = L_y \alpha^{\frac{1}{1-\alpha}} \left(\frac{1-\theta}{\alpha}\right)^{\frac{1}{\alpha-1}}$$

Das soll dem sozialen Optimum (E-5) entsprechen. Daraus ergibt sich die Höhe der Subvention $\theta = 1-\alpha$. Der Nachfragepreis (Preis für die Produzenten des Endprodukts) ist durch die Subvention auf Eins gesunken. Der Gewinn pro Einheit des Zwischenprodukts verändert sich aber durch die Subvention nicht, $p(1-\theta) + p\theta - 1 = p - 1$. Die Steigerung der Produktion der Zwischenprodukte durch die Subvention führt zur Veränderung des Lohnsatzes (Grenzprodukt der Arbeit) im Sektor des Endprodukts. Der neue Lohnsatz ist

(E-10) $$\omega = (1-\alpha) L_y^{-\alpha} n x^{\alpha} = (1-\alpha)\alpha^{\frac{\alpha}{1-\alpha}} n.$$

Setzt man diesen Lohnsatz in (E-10) und die Produktionsmenge x in (E-9) in die Bedingung des freien Markteintritts ein, dann erhält man die Einsatzmenge der Arbeit im Sektor des Endprodukts:

(E-11) $$L_y = \frac{r}{\delta}.$$

Die Subvention hat also die sektorale Reallokation der Arbeit zur Folge. Da die Wachstumsrate des Konsums gleich $\sigma^{-1}(r-\rho)$ ist, erhält man den Zinssatz unter Verwendung von (E-11):

(E-12) $$r = \frac{\sigma\delta L + \rho}{1+\sigma} - \rho .$$

Somit ergibt sich die Wachstumsrate der Innovation und des Konsums

(E-13) $$g = \frac{\delta L - \rho}{1+\sigma} .$$

Diese Wachstumsrate ist trotz der Subvention der Zwischenprodukte niedriger als das soziale Optimum, d.h. technologische Externalitäten im FuE-Sektor sind noch nicht internalisiert. Dafür ist eine andere Form der Industriepolitik zusätzlich notwendig.

Subvention der FuE-Aktivitäten

Es wird angenommen, daß der Staat alle FuE-Aktivitäten in Höhe von ϑ subventioniert. Die Innovationskosten sinken damit auf $\omega_R(1-\vartheta)/n\delta$. Die Nachfrage nach den Zwischenprodukten und der Lohnsatz sind bereits durch (E-9) und (E-10) gegeben. Aus der Bedingung des freien Eintritts in die FuE-Sektor erhält man den Einsatz der Arbeit L_y im Sektor des Endprodukts

(E-14) $$L_y = \frac{r(1-\vartheta)}{\delta} .$$

Setzt man (E-14) in die Wachstumsrate $g = \delta(L - L_y) = \sigma^{-1}(r-\rho)$ ein, ergibt sich der Zinssatz:

(E-15) $$r = \frac{\sigma\delta L + \rho}{1+\sigma(1-\vartheta)} .$$

Da der Einsatz der Arbeit im FuE-Sektor durch die Subvention dem sozialen optimalen Niveau in (E-6) entsprechen soll, ergibt sich daraus die optimale FuE-Subventionsrate

(E-16) $$\vartheta = \frac{1}{\sigma} - \frac{\rho}{\sigma\delta L} .$$

Mit dieser Subventionsrate ist die gesamtwirtschaftlich optimale Wachstumsrate in (E-7) zu realisieren.

2. FuE-Subvention in offenen Wirtschaften

Wenn beide Länder die FuE-Aktivitäten gleich subventionieren, dann gibt es keine Änderung im Vergleich mit der Autarkie. Die Subvention erhöht die Wachstumsrate in beiden Ländern. Subventioniert nur ein Land seine FuE-Aktivitäten, hängt der Effekt der Subvention von der Innovationskosten in den beiden Ländern ab. Es wird angenommen, daß Nord alle Innovationen in Höhe von θ $(0<\theta<1)$ im Zeitpunkt 0 subventioniert. Die Innovationskosten in den beiden Ländern werden dann jeweils

(E-17a) $$\frac{\omega_R(1-\theta)}{\delta \cdot n(0)} \quad \text{und}$$

(E-17b) $$\frac{\omega_R^*}{\delta \cdot n^*(0)}.$$

Wenn beide Länder im Zeitpunkt 0 über den gleichen Wissensstock verfügen und den gleichen Lohnsatz haben, sind die Innovationskosten in Nord niedriger als in Süd. Die Innovation wird dann nur in Nord entstehen. In diesem Fall hängt der Innovationsort nur davon ab, wer zuerst die FuE-Aktivitäten subventioniert.

Man kann sich einen anderen Fall vorstellen: Beide Länder haben einen unterschiedlichen Lohnsatz. Die Innovationskosten zwischen beiden Ländern können in dieser Situation ausgeglichen werden, wenn das Land mit dem höheren Lohnsatz die FuE-Aktivität subventioniert. Die Frage ist dann, ob in dieser Situation die Innovation in den beiden Ländern entstehen kann. Es ist jedoch in diesem Modell unmöglich, daß trotz des unterschiedlichen Lohnsatzes beide Länder langfristig mit der gleichen positiven Innovationsrate wachsen, wenn beide Länder von Anfang an über den identischen Wissensstock verfügen und ein Land die FuE-Aktivitäten subventioniert.

Nimmt man $\omega_R > \omega_R^*$ an, läßt sich der Lohnsatz im Zeitpunkt t aus der Bedingung des freien Eintritts in den FuE-Sektor wie folgt darstellen

(E-18) $$\omega_R(t) = \frac{\delta \cdot n(t) \cdot p_n}{1-\theta} > \omega_R^*(t) = \delta \cdot n^*(t) \cdot p_n^* .$$

Da die Innovationskosten in beiden Ländern identisch sind, muß $p_n = p_n^*$ sein. Der Lohnsatz muß intersektoral ausgeglichen werden. Die Wachstumsrate des Lohnsatzes ergibt sich aus der Produktionsfunktion des Endprodukts

(E-19) $$\frac{\dot{\omega}}{\omega} = \frac{\dot{N}}{N} = \frac{n}{N} g + \frac{n^*}{N} g^*,$$

wobei $N = n + n^*$ ist.

Damit die beiden Länder die gleiche Wachstumsrate ($g = g^*$) haben, muß der Lohnsatz in beiden Ländern im Steady-State auch gleich sein.

(E-20) $$\omega(t) = \omega(0)e^{gt} = \omega^*(0)e^{gt} = \omega^*(t)$$

Das ist ein Widerspruch zur Annahme $\omega_R > \omega_R^*$. Die einzige Möglichkeit liegt darin, daß keine Innovation in Süd entsteht $g^* = 0$. Die FuE-Subvention hat den permanenten Effekt.

Dieses Ergebnis ist aber schwer nachzuziehen, weil die Spezialisierung der Aktivitäten allein davon abhängt, welches Land zuerst die FuE-Aktivitäten subventioniert. Und dies basiert auf die Annahmen, daß Süd keine Reaktion auf die Subvention von Nord zeigt.

3. Hysteresis

Es wird manchmal argumentiert, daß ein zurückliegendes Land komparative Vorteile in einigen Industrien durch eine Industriepolitik oder Handelspolitik schaffen kann. Krugman (1987) zeigt, daß in einem Modell, in dem sich die Technologie durch exogener learning-by-doing entwickelt, es möglich sein kann, durch die Protektion die Wohlfahrt des Landes zu erhöhen. Im Rahmen der neuen Wachstumstheorie zeigen Grossman und Helpman (1991, Kap.8), daß die Produktivitätsnachteile aus historischen Gründen durch eine genügend große FuE-Subvention überwunden werden können. Wenn die Politik den Wachstumspfad einmal ändert, dann stabilisiert sich das Spezialisierungsmuster selbst. Der Staat braucht nicht mehr diese Politik weiterzuführen, wenn komparative Vorteile einmal etabliert werden. Eine temporäre Politik kann in diesem Fall einen permanenten Effekt haben.

Diesen Hysteresis-Hypothese kann man aus dem in Abschnitt 1.2 dargestellten Modell ohne Schwierigkeiten ableiten. Es wird angenommen, daß Nord mit dem kleinen Wissensstock anfängt $n(0) < n^*(0)$. Ohne Politik wird die Innovation nur in Süd entstehen. Angenommen, Nord subventioniert die Innovationstätigkeit in Höhe von θ. Die Innovationskosten in Nord sind damit gleich (E-17a). Wie bei Grossman und Helpman (1991, Kap.8), wird hier nur der Steady-State mit dem Faktorpreisausgleich analysiert. Alle FuE-Aktivitäten entstehen nur in Nord, wenn die privaten Innovationskosten in Nord niedriger als in Süd sind, d.h. wenn $(1-\theta)/n < 1/n^*$ gilt.

Man definiert die Variable Λ als die Innovationskosten in Nord: $\Lambda \equiv \omega(1-\theta)/\delta n$. Da im Steady-State die Innovationskosten dem Designpreis entsprechen, laßt sich damit die „no-arbitrage"-Bedingung wie folgt schreiben:

(E-21) $$\dot{\Lambda} = r\Lambda - \pi .$$

Da die Wachstumsrate in Nord dem Weltwachstumsrate sowohl im symmetrischen als auch im asymmetrischen Steady-State entspricht, kann (E-21) unter Verwendung von $L_R = g/\delta$ und der Nachfragefunktion der Zwischenprodukte ausgedrückt werden:

(E-22) $$\dot{\Lambda} = [\sigma s g + \sigma(1-s)g^* + \rho]\Lambda - (1-\alpha)\alpha^{\frac{1+\alpha}{1-\alpha}}[L + L^* - (g/\delta) - (g^*/\delta)],$$

wobei $s \equiv n/(n+n^*)$ ist.

Im Steady-State muß $\dot{p}_n = \dot{\Lambda} = 0$ sein, weil in diesem Modell die Wachstumsrate des Lohnsatzes der Innovationsrate entspricht. Sie bleibt im Steady-State konstant. Damit kann man ein Diagramm bilden, das die Beziehung zwischen s und Λ darstellt. Diese Übergangsprozesse erklären Grossman und Helpman (1991, Kap.8) auch mit einem ähnlichen Diagramm.

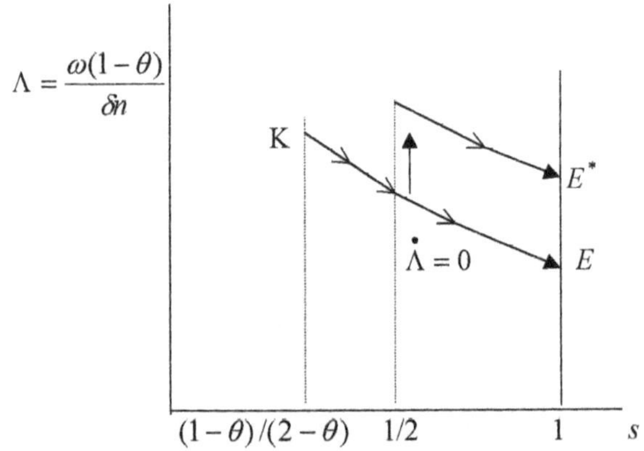

Abb. <E-1>: FuE-Subvention und Hysteresis

Die Innovationskosten Λ sinken durch die Subvention entlang $\dot{\Lambda} = 0$ von K nach E. Die weitere Subvention ist nicht notwendig, wenn einmal s größer als ½ wird. Der Wegfall der Subvention schiebt die Linie $\dot{\Lambda} = 0$ nach oben. Dadurch wird der einmal etablierte Vorteil im FuE-Sektor nicht verschwunden. Der Anteil der Zwischenprodukte von Nord wird langfristig Eins. Die temporäre Politik hat in diesem Fall einen permanenten Effekt.

Die Produktionssubvention wirkt auch analog wie die FuE-Subvention. Unter der Annahme, daß nur ein Land seine heimische Produktion der Zwischenprodukte durch die Subvention fördert, erhöht sich die Wachstumsrate durch die aktive Industriepolitik sowohl im Modell mit vertikal differenzierten Güter (Grossman und Helpman 1991, Kap.10) als auch im Modell mit horizontal differenzierten Guter. Da die Produktionssubvention analog wie in der Autarkie funktioniert, wird hier die konkrete Darstellung weggelassen. Intuitiv kann man sie wie folgt erklären. Die Produktionssubvention oder die Nachfragesubvention führt zur Steigerung der Nachfrage nach den subventionierten Zwischenprodukten. Dadurch steigt der Gewinn der Firma. Dies erhöht wiederum den Erwartungspreis des Designs und macht die FuE-Aktivitäten noch attraktiver.

Man darf aber nur mit dieser Analyse nicht die Schlußfolgerung ziehen, daß die Subvention der Produktion der Hochtechnologie-Industrie langfristig das Wachstum des Landes erhöht. Im Gegenteil kann die Produktionssubvention die Wachstumsrate reduzieren. Der Faktor Arbeit wird im oben dargestellten Modell zwischen dem Sektor des Endprodukts und dem FuE-Sektor verteilt. Die Förderung der Produktion der Zwischenprodukte führt in diesem Modell zur Senkung der Arbeit im Sektor des Endprodukts, weil die durch die Subvention billig gewordenen Zwischenprodukte mehr nachgefragt werden. Aber im Modell von Grossman und Helpman (1991, Kap.10), in dem die differenzierten Güter die Konsumgüter darstellen und das konstante Humankapital zwischen FuE-Sektor und dem Produktionssektor verteilt wird, führt die Politik wie die Produktionssubvention zur Senkung des Wachstums. Der Grund dafür liegt in der Reallokation der Faktoren zwischen beiden Sektoren. Die Expansion der Produktion durch die Industriepolitik führt zur Steigerung des Faktorpreises in der Hochtechnologie-Industrie. Folglich wird der Faktor, um den die beiden Sektoren konkurrieren, aus dem FuE-Sektor freigelassen und die Wachstumsrate geht damit zurück. Der Effekt der Industriepolitik hängt von der Relation zwischen dem Produktionssektor und FuE-Sektor ab. Wenn der FuE-Sektor und die Produktionssektoren in der Konkurrenz um die Ressourcen stehen, d.h. sowohl der FuE-Sektor als auch die Hochtechnologie-Industrie intensiv z.B. im begrenzten Humankapital sind, dann reduziert die Subvention der Produktion der Hochtechnologie-Industrie die Wachstumsrate.

II. Wirtschaftsgeographiemodell

1. Statisches Geographiemodell

Krugman (1993) zieht seine frühere Kritik (Krugman 1983) an der Industriepolitik zurück. Der Kern seiner früheren Kritik läßt sich wie folgt zusammenfassen: Die Rechtfertigung der Industriepolitik ist entscheidend von der Existenz der Externalitäten abhängig. Die relevanten Externalitäten sind die technologischen Externalitäten, die schwer festzustellen sind, so daß man kein plausibles Kriterium für eine sektorspezifische Industriepolitik geben kann. Mit dem statischen Geographiemodell (Krugman 1991b) argumentiert Krugman (1993) nun, daß die geographische Agglomeration der Industrien der beste Beweis für die Existenz der pekuniären Externalitäten ist. Daher kann im Prinzip die Industriepolitik innerhalb Landes gerechtfertigt werden.

Auch wenn man akzeptiert, daß die geographische Agglomeration der Industrie der Beweis der Existenz der pekuniären Externalitäten ist, sollen die Fragen gestellt werden, wofür eine Industriepolitik durchgeführt werden soll. Welche Verzerrungen entstehen durch die pekuniäre Externalitäten? Im statischen Geographiemodell führen die pekuniären Externalitäten zur räumlichen Agglomeration der Industrie. Hierbei geht es lediglich um die geographische Verteilung der Industrien. Dadurch ergibt sich allerdings keine Ineffizienz. Kann die Agglomeration der Industrie in einer Region die Wohlfahrt der gesamten Regionen erhöhen? Was das Geographiemodell von Krugman (1991b) besagen kann, ist nur, daß die Wohlfahrt einer Region auf Kosten einer anderen Region erhöht werden kann. Sowohl im symmetrischen Gleichgewicht als auch im Agglomerationsgleichgewicht bleibt das Einkommensniveau der gesamten Regionen bzw. des Landes unverändert. Nur die Senkung der Transportkosten kann im statischen Geographiemodell die Wohlfahrt des Landes erhöhen. Die Politik, die aus dem statischen Geographiemodell abgeleitet werden kann, ist, daß der Staat alle Hindernisse der Arbeitsmobilität oder der Industrieinterdependenz beseitigen soll. Diese Politik ist dann die horizontale Industriepolitik, deren Ziel in der Verbesserung allgemeiner Rahmenbedingungen für die Wirtschaftsaktivitäten besteht. Mit dem statischen Geographiemodell läßt sich jedoch keine sektorspezifische Industriepolitik begründen. Eine theoretische Begründung für eine sektorspezifische Industriepolitik könnte nur dann gerechtfertigt werden, wenn nachgewiesen wird, daß die Agglomeration der bestimmten Industrie in einer Region die Wohlfahrt der gesamten Regionen erhöht. Allein die Bestätigung der Existenz der pekuniären Externalitäten reicht für die Begründung der sektorspezifischen Industriepolitik nicht aus.

2. Dynamisches Geographiemodell

2.1. Handelspolitik

Im Rahmen der endogenen Wachstumstheorie sind die Aussagen über die Handelspolitik sehr unterschiedlich. Grossman und Helpman (1990) analysieren den Fall unterschiedlicher Produktivität der Arbeit im FuE-Sektor zwischen Ländern und der internationalen Wissensdiffusion. Dabei sind Endprodukte unvollkommen substituierbar. In diesem Fall erhöht die Handelsrestriktion die weltweite Wachstumsrate nur dann, wenn das Land mit dem komparativen Nachteil im FuE-Sektor den Importzoll auferlegt. Dabei spielt auch die Reallokation der Faktoren die entscheidende Rolle. Durch die Handelsrestriktion dehnt sich der Produktionssektor im Land mit komparativen Nachteilen im FuE-Sektor aus und dagegen schrumpft der FuE-Sektor. Im Land mit komparativen Vorteilen im FuE-Sektor wächst dagegen der FuE-Sektor und der Produktionssektor schrumpft. Da die Wachstumsrate im anderen Land mit komparativen Vorteilen im FuE-Sektor steigt, führt die Handelsrestriktion des Landes mit komparativer Nachteile zur Steigerung des Weltwachstums. Dagegen zeigen Rivera-Batiz und Romer (1991b), daß die Handelsrestriktion unter der Annahme der symmetrischen Länder zur Senkung des Wachstums in beiden Ländern führt.

Nun stellt sich die Frage, welche Politikempfehlungen im dynamischen Geographiemodell abgeleitet werden, in dem Firmen vollständig mobil sind. Betrachtet wird der Agglomerations-Steady-State, in dem die Innovation nur in Nord entsteht und alle Zwischenprodukte auch in Nord produziert werden. In dieser Situation hat Süd komparative Nachteile im FuE-Sektor. Im Kapital D wird analysiert, daß die Beseitigung der Handelsrestriktion zur Steigerung des Wachstums führt. Beide Länder haben das gemeinsame Interesse am Abbau der Handelshemmnisse, solange die Stabilität des Agglomerations-Steady-State nicht gefährdet wird.

Angenommen, Süd erhebt einen Importzoll. Die Nachfrage nach Zwischenprodukten in Süd ist durch (D-3b) gegeben. Die Importmenge der Zwischenprodukte in Süd wird durch den Importzoll sinken. Damit sinkt auch das Grenzprodukt der Arbeit im Sektor des Endprodukts, was gleichzeitig die Reduzierung des Lohnsatzes und auch des Outputs des Endprodukts bedeutet. Die Senkung des Outputs des Endprodukts in Süd impliziert die proportionale Senkung des Exports des Endprodukts, so daß sich der Konsum in Nord verringert. Der niedrigere Export der Zwischenprodukte führt nun zur Senkung des Gewinns der Firmen der Zwischenprodukte in Nord. Da der Designpreis im Steady-State dem Gegenwartswert des künftigen Gewinns entspricht, wird die Innovation wenig attraktiver und sinkt damit die Wachstumsrate in Nord und gleichzeitig die Wachstumsrate in Süd.

Wenn Nord den Import des Endprodukts einschränkt, dann dehnt sich zuerst die Produktion des Endprodukts in Nord aus. Dadurch findet gleichzeitig die Reallokation der Arbeit zwischen den Sektoren statt. Es wird also mehr Arbeit vom Sektor des Endprodukts nachgefragt und es wird aus dem FuE-Sektor abgezogen, so daß die Innovationsrate sinkt. Die Auswirkungen der Handelsrestriktion in Nord werden nicht auf Nord begrenzt, sondern sind international. Der Rückgang der Wachstumsrate in Nord bedeutet gleichzeitig ein niedriges Wachstum in Süd, weil die Wachstumsrate des Endprodukts in Süd proportional zur Innovationsrate in Nord ist. Das führt wiederum zur Reduzierung des Konsums in Nord.

Im Agglomerations-Steady-State kommt der interindustrielle Handel zustande. In dieser Situation wirkt jede Handelsrestriktion reduzierend sowohl auf das Einkommensniveau als auch auf das Wachstum in beiden Ländern. Dieses Ergebnis widerspricht also dem Argument von Grossman und Helpman (1990) und ist die Bestätigung des Arguments von Rivera-Batiz und Romer (1991b). Im dynamischen Geographiemodell führt die Handelsrestriktion durch das Land mit komparativen Nachteilen im FuE-Sektor nicht zur Erhöhung des Weltwachstums. Das Ergebnis hängt aber nicht von der Symmetrie der Länder ab, während bei Rivera-Batiz und Romer die Symmetrie die entscheidende Rolle dafür spielt, daß sich das Wachstum durch die Handelsrestriktion verringert. Wenn Firmen mobil sind und Industrien durch die internationale Arbeitsteilung interdependent sind, haben beide Länder keinen Anreiz zur Restriktion des Handels.

2.2. Hysteresis

In Abschnitt 2 dieses Kapitels wird basierend auf der Analyse von Grossman und Helpman (1991, Kap.8) gezeigt, daß die Hysteresis in einem endogenen Wachstumsmodell im Prinzip möglich ist, wenn Nord mit komparativen Vorteilen im FuE-Sektor auf die Industriepolitik von Süd nicht reagiert. Es soll diskutiert werden, ob diese Hysteresis-Hypothese auch unter den Umständen der Mobilität der Firmen und der Existenz der Transportkosten gültig ist. Theoretisch gesehen ist die Hysteresis-Hypothese auch im dynamischen Geographiemodell gültig, weil technologische Externalitäten dabei existieren. Der Effekt der Industriepolitik könnte im dynamischen Geographiemodell stärker sein als im Wachstumsmodell, weil nicht nur technologische Externalitäten, sondern auch zirkuläre Kausalität zwischen pekuniären und technologischen Externalitäten wirken. Es gibt jedoch einen wichtigen Unterschied zwischen beiden Modellen. Im endogenen Wachstumsmodell bedeutet eine erfolgreiche Industriepolitik langfristiges positives Wachstum, während das Ziel der Industriepolitik im dynamischen Geographiemodell lediglich in der Verkürzung der Differenz des absoluten Einkommensniveaus zwischen Ländern besteht. Die formale Analyse wird sehr ähnlich wie die in Abschnitt 2. Hier wird daher nur gezeigt, welche Auswirkungen die Transportkosten und die Mobilität der Firmen auf die Industriepolitik haben.

Angenommen, Süd subventioniert die FuE-Aktivität in Süd in Höhe von θ. Damit sinken die Innovationskosten in Süd. Für die erfolgreiche Industriepolitik müssen die Innovationskosten in Süd niedriger als die in Nord sein. Es muß also gelten:

(E-23)
$$\frac{(1-\theta)\omega_R^*}{\delta \cdot n^*} < \frac{\omega_R}{\delta \cdot n}$$

Wenn einmal der Anteil der Firmen der Zwischenprodukte in einem Land größer als in einem anderen wird, dann setzt sich der Agglomerationsprozeß fort und ist mit der Agglomeration aller Firmen in einem Land beendet, weil in diesem dynamischen Geographiemodell sowohl pekuniäre und technologische Externalitäten als auch ihre zirkuläre Kausalität die kumulativen Prozesse darstellen.

Unter der Annahme der Immobilität der Arbeit ist die Lohnsatzrelation zwischen Süd und Nord durch (D-18) gegeben. Unter Verwendung der Definition $s \equiv n/(n+n^*)$ läßt sich die Höhe der Subvention aus (E-23) wie folgt darstellen:

(E-24)
$$\theta > 1 - \frac{1-s}{s}\left[\frac{s+\phi-s\phi}{s\phi+1-s}\right]^{\frac{\mu}{(\varepsilon-1)(1-\mu)}}$$

Die Höhe der Subvention hängt damit vom Anteil der Firmen der Zwischenprodukte und von den Transportkosten ab. Befindet sich die Weltwirtschaft bereits im Agglomerations-Steady-State ($s=1$), dann ergibt sich $\theta > 1$, d.h. Süd muß nicht nur die gesamten Innovationskosten, sondern auch einen positiven Zuschuß für die Innovationstätigkeiten bezahlen. Wenn beide Länder symmetrisch sind, $s=1/2$, dann reicht eine winzige Subvention ($\theta > 0$), weil die zirkuläre Kausalität zwischen pekuniären und technologischen Externalitäten durch die Subvention sofort entzündet wird. Für das Experiment wird nun eine Situation betrachtet, in der Nord mehr Firmen der Zwischenprodukte hat als Süd ($n > n^*$). Im Bereich $1/2 < s < 1$, die Weltwirtschaft befindet sich in der Übergangsphase, steigt die Höhe der Subvention mit zunehmendem Anteil der Firmen der Zwischenprodukte in Nord, $\partial\theta/\partial s > 0$. Je größer die Differenz der Firmenzahl ist, desto größer ist die Höhe der Subvention, die Süd für die erfolgreiche Industriepolitik auszahlen muß.

Betrachtet wird jetzt die Auswirkung der Transportkosten. Differenziert man (E-24) nach ϕ, ergibt sich

$$\frac{\partial\theta}{\partial\phi} = -\frac{(1-s)(1-2s)}{s}\xi\left[\frac{s+\phi-s\phi}{s\phi+1-s}\right]^{\xi-1}, \text{ wobei } \xi = \frac{\mu}{(\varepsilon-1)(1-\mu)}.$$

Wenn $s = 1/2$ oder $s = 1$ ist, dann hat die Veränderung der Transportkosten keinen Einfluß auf die Höhe der Subvention. Wenn aber Nord mehr Firmen hat, $1/2 < s < 1$, dann steigt die Subvention mit sinkenden Transportkosten $\partial\theta / \partial\phi > 0$. Das impliziert, daß mit zunehmender Globalisierung bzw. Integration die Hysteresis für zurückliegende Länder noch schwieriger wird. Der Grund dafür liegt in der Auswirkung der Integration auf das Wachstum. Wie im Kapitel D gezeigt, hat die Integration bzw. die Senkung der Transportkosten einen Wachstumseffekt. Die hohe Wachstumsrate in Nord bedeutet die rasche Senkung der Innovationskosten und die schnelle Vergrößerung des Markts, weil der Wissensstock schneller akkumuliert wird und neue Firmen schneller entstehen. Der Nachteil von Süd im FuE-Sektor wird in der Situation $1/2 < s < 1$ mit den sinkenden Transportkosten vergrößert. Für die erfolgreiche Industriepolitik muß Süd mit zunehmender Integration mehr bezahlen.

Das im Kapitel D dargestellte dynamische Geographiemodell prognostiziert allerdings die gleiche Wachstumsrate des Realeinkommens zwischen beiden Ländern. Nun stellt sich die Frage, wozu eine Industriepolitik notwendig ist. Der einzige Grund für die Rechtfertigung einer Industriepolitik liegt in der absoluten Einkommensdifferenz, die sich durch die Agglomeration der Industrie ergibt. Diese Differenz ist in (D-39) gegeben.

Man kann aus dieser Analyse zwei mögliche Politikempfehlungen ableiten. Eine Politik ist gleich die FuE-Subvention (Industriepolitik), die auf der Hysteresis-Hypothese basiert, und eine andere ist die Maßnahme zur Senkung der Transportkosten. Die Analyse impliziert, daß die Senkung der Transportkosten die bessere Politik ist, weil die Wachstumsrate dadurch steigt und gleichzeitig die absolute Einkommensdifferenz zwischen den Ländern reduziert wird. Im Fall der FuE-Subvention steigen die Subventionszahlungen mit den abnehmenden Transportkosten. Aus der Sicht einzelnes Landes hat die FuE-Subvention keinen Wachstumseffekt, weil beide Länder immer mit derselben Rate wachsen. Das einzige Ziel der Industriepolitik in Form von der FuE-Subvention liegt in der Erhöhung des absoluten Einkommensniveaus auf Kosten des anderen Landes. Die wachstumstheoretische Begründung einer sektorspezifischen Industriepolitik kann daher in diesem dynamischen Geographiemodell nicht gerechtfertigt werden.

Der Wirtschaftspolitik, die gemeinsam aus den unterschiedlichen endogenen Wachstumsmodellen abgeleitet werden kann, ist die FuE-Subvention mit der Ausnahme des Modells von Grossman und Helpman (1990). Als Fazit festzuhalten ist nun, daß es nach der endogenen Wachstumstheorie aufgrund der technologischen Externalitäten bei der Innovation prinzipiell möglich ist, durch staatliche Intervention die gesamtwirtschaftliche Wachstumsrate zu erhöhen. Es bleibt jedoch die Frage, welche Industrie ausgewählt werden soll. Typischerweise kommt in der Praxis das Hayek'sche Informationsproblem, das als Hürde für die Umsetzung theoretisch möglicher Intervention auftaucht.

Das Argument von Krugman (1993), daß die geographische Agglomeration der Industrie der beste Beweis für die Existenz der pekuniären Externalitäten ist, kann keine Begründung für eine sektorspezifische Industriepolitik geben. Denn es gibt keine Verzerrungen, die durch pekuniäre Externalitäten verursacht werden. Folglich ist es nicht möglich, den Wohlfahrt der gesamten Regionen durch eine Industriepolitik zu erhöhen.

Die Hysteresis-Hypothese von Grossman und Helpman (1991, Kap.8), daß ein Land mit dem Nachteil in der Innovation durch die Industriepolitik einen permanenten Vorsprung schafft, ist theoretisch sowohl im endogenen Wachstumstheorie als auch im dynamischen Geographiemodell möglich. Die Bedeutung der Industriepolitik ist aber in beiden Modellen sehr unterschiedlich. Im endogenen Wachstumsmodell ist der Erfolg der Industriepolitik eines Landes direkt mit dem künftigen Wachstum verbunden. Im dynamischen Geographiemodell wachsen beide Länder sowohl im symmetrischen Steady-State als auch im Agglomerations-Steady-State mit derselben Rate, so daß das Ziel der Industriepolitik nur in der Verringerung der absoluten Einkommensdifferenz zwischen beiden Ländern liegt. Damit geht die Bedeutung der Industriepolitik stark verloren. Es kann außerdem bezweifelt werden, ob die Hysteresis-Hypothese überhaupt die praktische Bedeutung hat. Denn es wird bei der Analyse angenommen, daß das Land mit dem Vorteil in der Innovation auf die Subvention des anderen Landes überhaupt nicht reagiert.

III. Industriepolitik in der EU

Die industriepolitischen Konzeptionen der einzelnen Länder unterscheiden sich bezüglich ihrer Zielsetzungen und Instrumenten stark voneinander. Hierbei wird das Konzept der europäischen Industriepolitik kurz erläutert. Dabei wird zunächst die Entwicklung der europäischen Industriepolitik[2] und danach die Maßnahmen dargestellt. Es gibt neben den monetären Maßnahmen auch die regulären Maßnahmen (z.B. Wettbewerbspolitik oder Handelspolitik). Hier wird nur auf die monetären Maßnahmen eingegangen.

---

[2] Brösse (1999) und Rainer (1994) geben einen Überblick über die historische Entwicklung der europäischen Industriepolitik.

1. Die Entwicklung und die Zielsetzung der europäischen Industriepolitik

Die Industriepolitik der EU hat mit dem Maastricht-Vertrag gegenüber der nationalen Industriepolitik zunehmend an Bedeutung gewonnen. Die Industriepolitik wurde erstmals durch den EG-Vertrag Vertragsbestandteil in Artikel 130. Seit den Römischen Verträgen im Jahr 1957 wurde keine derart weitreichende Kompetenzverlagerung von den Nationen auf die gemeinschaftliche Ebene beschlossen wie im EG-Vertrag.

Eine Rechtsgrundlage für die europäische Industriepolitik geht auf den EWG-Vertrag im Jahr 1957 zurück. Dieser Vertrag gibt der Europäischen Kommission zwar noch keine spezielle Kompetenz für die Industriepolitik. Er eröffnete jedoch aufgrund der allgemeinen Kompetenznormen einen Handlungsspielraum für die gemeinschaftliche Industriepolitik, beispielsweise über die wettbewerbs- und handelspolitischen Maßnahmen. Ein bedeutsamer Schritt auf dem Weg zu einer europäischen Industriepolitik wurde mit der Verabschiedung der Einheitlichen Europäischen Akte (EEA) im Jahr 1986 geschaffen. Gemäß dem mit der EEA neu in den Titel „Forschung und technologische Entwicklung" eingefügten Art. 130f im EWG-Vertrag setzt sich die Gemeinschaft zum Ziel, „die wissenschaftlichen und technischen Grundlagen der europäischen Industrie zu stärken und die Entwicklung ihrer internationalen Wettbewerbsfähigkeit zu fördern". Damit hat die Europäische Kommission die Grundlage erhalten, mit der die Forschungs- und Technologiepolitik für die Industriepolitik instrumentalisiert werden kann.

Seit Beginn der neunziger Jahre ist die Diskussion um die europäische Industriepolitik wieder stark belebt worden. Auslöser war ein Grundsatzpapier der Europäischen Kommission unter dem Titel „ Industriepolitik in einem offenen und wettbewerbsorientierten Umfeld: Ansätze für ein Gemeinschaftskonzept" (Europäische Kommission 1990). In diesem sogenannten Bangemann-Papier wird der Förderung des Wettbewerbs, der Schaffung investitions- und innovationsfördernder allgemeiner Rahmenbedingungen sowie der Öffnung der Märkte (gegenüber Drittländern) deutlich oberste Priorität eingeräumt. Dabei werden sektorspezifische Maßnahmen abgelehnt, und es wird kritisiert, daß die sektorspezifische Industriepolitik der Mitgliedstaaten die Strukturanpassung der Industrie verschleppte. Im Bangemann-Papier heißt es, daß die Industriepolitik nicht sektorspezifisch, sondern in Form von horizontaler Förderung erfolgen sollte. Dieses Papier wurde von dem für Industriepolitik zuständigen EU-Ministerrat offiziell gebilligt und die Kommission hat später durch den Vertrag von Maastricht die industriepolitische Kompetenz erhalten.

Gemäß EG-Vertrag gehört nun die Stärkung der Wettbewerbsfähigkeit der Industrie zu den Aufgaben der Gemeinschaft. Zudem wurde Titel XIII: Industrie eingefügt. Der EG-Vertrag in Artikel 130 bestimmt das Oberziel:

„Die Gemeinschaft und die Mitgliedstaaten sorgen dafür, daß die notwendigen Voraussetzungen für die Wettbewerbsfähigkeit der Industrie der Gemeinschaft gewährleistet sind."

Weitere Ziele lauten
- Erleichterung der Anpassung der Industrie an strukturelle Veränderungen;
- Förderung eines für die Initiative und Weiterentwicklung der Unternehmen in der gesamten Gemeinschaft, insbesondere der kleinen und mittleren Unternehmen, günstigen Umfelds;
- Förderung eines für die Zusammenarbeit zwischen Unternehmen günstigen Umfelds;
- Förderung einer besseren Nutzung des industriellen Potentials der Politik in den Bereichen Innovation, Forschung und technologische Entwicklung.

2. Instrumente der europäischen Industriepolitik

Der Vertrag ist sehr umfassend und vage formuliert, so daß vielfältige Spielräume bei der Umsetzung in die Praxis bestehen. In welche Richtung die europäische Industriepolitik in der Tat betrieben wird, kann man am besten an den konkreten Maßnahmen erkennen. Zu den monetären Maßnahmen gehören die Strukturfonds und die Rahmenprogramme. Daneben verfügt die Gemeinschaft über das Instrument der Darlehensvergabe zur Unterstützung von Projekten der Mitgliedstaaten, deren Abwicklung von der Europäischen Investitionsbank durchgeführt wird.

Tabelle (E-1): Haushaltsausgaben der EU

	1975	1988	1992	1996
Insgesamt	100	100	100	100
EAGFL-Garantie	73,8	62,1	51,4	50,9
Strukturfonds	8,2	15,1	30,1	32,1
FuE-Ausgaben	1,5	2,7	3,1	3,8

Quelle: Eurostat und Europäischer Rechnungshof

Die Tabelle (E-1) zeigt die Entwicklung der Haushaltsausgaben der EU. Der Anteil der strukturpolitischen Maßnahmen und der FuE stieg erheblich an, während die Ausgaben für die Landwirtschaft (EAGFL-Garantie) ständig sanken.

Strukturfonds und Kohäsionsfonds

Der Strukturfonds und der Kohäsionsfonds werden eingerichtet, um wirtschaftliche Disparität zwischen den Regionen der EU zu beseitigen.[3] Die Aufgabe des Strukturfonds besteht also darin, die Investitionen und die industrielle Entwick-

[3] Die Literatur über die Strukturfonds der Europäischen Union in Klodt u.a. (1992) und Europäische Kommission (1992).

lung in den rückständigen Regionen zu fördern. Entsprechend dieser Zielsetzung soll der Strukturfonds meistens zur Verbesserung der Rahmenbedingungen der Wirtschaftsaktivitäten verwendet werden, die nicht direkt die Wettbewerbsfähigkeit der europäischen Industrie erhöht. Der Strukturfonds soll in diesem Sinne als eine Maßnahme der horizontalen Industriepolitik angesehen werden. Die Tabelle (E-2) zeigt aber, daß die Ausgaben für die Infrastruktur relativ gering sind. Die Verwendung für das produktive Umfeld und FuE hat den großen Teil der Gesamtausgaben. Ohne feinere konkrete Klassifikation der Verwendungszwecke der Ausgaben kann man nicht schließen, daß der Strukturfonds eine Maßnahme der horizontalen Industriepolitik ist.

Tabelle (E-2): Gesamtausgaben des Strukturfonds nach Art (in %)

	1989-1993	1994-1999
Infrastruktur	23,8%	22,6%
Stärkung des produktiven Umfelds	33,6%	29,4%
Förderung des Humankapitals	30,4%	29,5%
Schutz und Verbesserung der Umwelt	10,1%	12,3%
Technische Hilfe	2,1%	1,4%
Nicht getrennt		4,8%

Quelle: Europäische Kommission (1997) und eigene Berechnung

Der Kohäsionsfonds, der durch den Maastricht-Vertrag eingeführt wurde, wird ausschließlich für die Investition in Infrastruktur (z.B. Telekommunikation, Energie und Transport) für die Kohäsionsländer verwendet. Der Umfang der Kohäsionsfonds ist aber im Vergleich mit dem Strukturfonds sehr geringfügig. Die Europäische Investitionsbank (EIB) soll zu günstigeren Krediten als jede private Bank große Infrastrukturprojekte finanzieren, die wachstumsfördernd sind und die der Staat nicht finanzieren könnte. Nach Angaben der EIB nahm 1997 die Darlehensvergabe gegenüber dem Vorjahr um 12,6% zu. Eine besondere Zunahme der Darlehenstätigkeit war in den Bereichen Forschung und Entwicklung, Industrie und Mobiltelefon zu verzeichnen.

Rahmenprogramme

Mit EWG-Vertrag (Art. 130f-130g) hat die Europäische Kommission die Kompetenz im Bereich der Förderung der Innovation und Technologieentwicklung an sich ziehen können, die durch Rahmenprogramme (RP) erfolgt. Die Fördermittel aus dem Etat der EU sind im Vergleich zur Förderung auf nationaler Ebene und auf privater Ebene zwar vergleichsweise gering. Die Steigerungsrate des Budgets beschleunigt sich aber im Zeitlauf.

Tabelle (E-3): Viertes (1994-1998) und fünftes (1998-2002) Rahmenprogramm der Europäischen Union für Forschung und technologische Entwicklung (einschließlich Euratom)

	Viertes RP (*)		Fünftes RP	
	Mio. ECU	%	Mio. ECU	%
Thematische Programme				
Lebensqualität und Management lebender Ressourcen	1,709	13%	2,413	16%
Benutzer freundliche Informations-gesellschaft	3,668	28%	3,600	24%
Wettbewerbsorientiertes und nachhaltiges Wachstum	2,403	18%	2,705	18%
Energie, Umwelt und nachhaltiges Wachstum	3,569	27%	3104	21%
Horizontale Programme				
Sicherung der internationalen Stellung der Gemeinschaftsforschung	575	4%	475	3%
Förderung der Innovation und der Einbeziehung von	352	2%	363	2%
Ausbau des Potentials an Humanressourcen in der Forschung und Verbesserung der sozioökonomischen Wissensgrundlage	939	7%	1,280	9%
Direkte Aktion				
Gemeinsame Forschungsstelle (JRC)			1,020	7%
Gesamt	13,215	100	14,960	100

Quelle: Europäische Kommission
(*) Die Aktivitäten im vierten Rahmenprogramm werden hier nach ihrer Relevanz den Aktivitäten des fünften Rahmenprogramms zugeordnet.

Gemessen an ihrem Etat sind die Rahmenprogramme überwiegend sektoral zugunsten der Industrie Informations- und Kommunikationsthechnologien, Biotechnologie sowie Fertigungs- und Werkstofftechnologien ausgerichtet, die Zukunftsindustrie genannt werden. Im fünften Programm nimmt der Budgetanteil von Lebensqualität und Management lebender Ressourcen im Vergleich mit dem vierten Programm von 13% auf 16% zu. Diese Aktivität beinhaltet Biotechnologie, Biomedizin, Landwirtschaft und Fischerei. Das Budget von Landwirtschaft und Fischerei ist aber von etwa 750 Million ECU im vierten Rahmenprogramm auf 520 Million ECU im fünften Programm stark gesunken, d.h. Biotechnologie und Biomedizin werden im fünften Rahmenprogramm stark gefördert.

Das Ziel der Technologiepolitik liegt ursprünglich in der Förderung der vorwettbewerblichen Forschung. Es kann vor allem bezweifelt werden, ob die Konzentration der Förderung auf bestimmte Technologie bzw. Industrien vorwettbewerblich ist. Sowohl der Strukturfonds als auch Rahmenprogramm weisen zunehmend eine sektorale Konzentration auf. Insbesondere werden Förderprogramme verstärkt auf marktnahe Projekte ausgerichtet, um die Position europäischer Industrie im Wettbewerb mit japanischen und amerikanischen Unternehmen zu stärken.

Die sektorale Konzentration des Fördermittels wird häufig mit dem wachstumstheoretischen Argument begründet. Wie in Abschnitt I dieses Kapitals diskutiert besagt die neue Wachstumstheorie nur, daß es im Prinzip möglich ist, durch eine Industriepolitik die gesamte Wohlfahrt zu erhöhen. Insbesondere im dynamischen Geographiemodell geht die Bedeutung der Industriepolitik stark verloren. Was eine erfolgreiche Industriepolitik nach dem dynamischen Geographiemodell erzielen kann, ist lediglich die Verkürzung der absoluten Einkommensdifferenz zwischen den betroffenen Ländern. Es gibt sowohl in der neuen Wachstumstheorie als auch im dynamischen Geographiemodell keinen Grund für eine sektorspezifische Industriepolitik bzw. Technologiepolitik. Wenn man dazu das Informationsproblem der Umsetzung in der Praxis berücksichtigt, gibt es keinen Platz für eine sektorspezifische Industriepolitik. Vielmehr soll die Industriepolitik, wenn es überhaupt notwendig ist, die horizontale Politik sein, deren Ziel in der Verbesserung der allgemeinen Rahmenbedingung der Innovationstätigkeit besteht. Mit dem dynamischen Geographiemodell läßt sich eine horizontale Industriepolitik begründen, weil die Senkung der Transportkosten einen Wachstumseffekt hat und zur Verringerung der Einkommensdifferenz zwischen Ländern führt.

3. Position der europäischen Industrie

Nach Ansicht der Europäischen Kommission (1993, S.65) verliere die europäische Industrie immer mehr die Wettbewerbsfähigkeit vor allem im Hochtechnologiebereich an ihre Wettbewerber. Gemessen an der Handelsbilanz habe die europäische Industrie in den achtziger Jahren Marktteile an die beiden anderen Regionen (USA und Japan) der Triade stark verloren, insbesondere in der Hochtechnologie-Industrie. Die FuE-Investitionen in Europa bleiben darüber hinaus auf dem niedrigen Niveau. Die durchschnittliche Zunahme der FuE-Aufwendungen im Zeitraum von 1987 bis 1992 war in Japan 10%, während sie in Europa nur 8,1% zeigt.

Der Bericht der ökonomischen Institutionen für die Europäische Kommission (1998b) bietet jedoch keine Anhaltspunkte, daß eine sektorspezifische Industriepolitik über Subventionen oder strategische Handelsvereinbarungen angebracht wäre. Dieser Bericht zeigt, daß im Zeitraum von 1989 bis 1996 die europäische Industrie beim nominalen Anstieg der Wertschöpfung sowohl mit den USA als auch mit Japan mithalten konnte. In der Tabelle (E-4) wird gezeigt, daß die Marktanteile der EU zwischen 1989 und 1996 stabil bei etwa 27% blieben. Dagegen sank der japanische Anteil am Weltmark (von 19,2% auf 14,5%) und der amerikanische (von 22% auf 18,8%). Die Position der EU im Außenhandel stellt kein Hemmnis dar. Die höchsten Anteile Europas finden sich auf den Sektoren Maschinenbau, Fahrzeugbau und Chemie, die zusammen einen Überschuß von 132 Mrd. ECU erzielen.

Tabelle (E-4): Die Industrieposition der EU in der Welt

	Anteil an Wertschöpfung (in %)		Anteil am Weltmarkt (in %)		Handelsbilanz (in Mio. ECU)	
	1989	1996	1989	1996	1989	1996
EU	32,5	32,9	27,0	26,9	28,1	130,2
Japan	25,7	25,6	19,2	14,5	121,7	107,4
USA	41,9	41,6	20,2	18,8	-125,1	-146,4
Anteil an der Wertschöpfung: EU+Japan+USA = 100. Anteil am Weltmarkt: Exporte als Prozentsatz der weltweiten Importe.						

Quelle: Europäische Kommission (1998)

Die Industriebranchen werden im oben genannten Bericht für die Europäische Kommission (1998b) mit Hilfe von statistischen Clustermethoden weiter in fünf Kategorien klassifiziert. Dabei werden die Intensität der Faktoren Arbeit und Kapital und die Ausgaben für FuE sowie Werbung berücksichtigt. Zur arbeitsintensiven Industrie gehören die Bekleidungs- und Textilindustrie sowie die Holzindustrie. Typische Beispiele für kapitalintensive Industrie sind Zellstoff, Erdölraffinerie und Eisen- und Stahlindustrie. Die werbungsinstensive Industrie besitzt etwa 22% der Gesamtbeschäftigung und der Wertschöpfung in den EU, Japan und USA, aber nur 10% der Exporte und 14% der Importe. Zu dieser Gruppe gehören der Nahrungsmittelsektor, die Reinigungsmittel- und Parfumbranche. Die forschungsintensive Industrie zeigt in den betroffenen Regionen zusammen etwa 18,6% der Beschäftigung und 25% der Gesamtwertschöpfung. Ihr Anteil an den Exporten und Importen beträgt 38,8% bzw. 37%. Typische Beispiele für diese Gruppe sind Chemie, Biotechnologie, Information und Kommunikation und Transportfahrzeuge. Die Mainstream-Industrien sind der Reste, der nicht zu den vier Kategorien gehört. Beispielsweise gehören Papierwaren, Kunststoffprodukte und Elektroartikel zu dieser Gruppe.

Tabelle (E-5): Konkurrenzfähigkeit nach Arten von Industrien

	Anteil am Weltmarkt (in %)					
	EU		Japan		USA	
	1989	1996	1989	1996	1989	1996
Arbeitsintensiv	28,0	25,6	11,5	9,4	10,4	9,8
Kapitalintensiv	21,7	22,7	11,5	11,7	19,3	19,3
Werbungsintensiv	28,6	26,3	5,8	3,6	16,4	15,4
Forschungsintensiv	22,8	24,3	31,7	20,5	25,7	22,1
Mainstream Industrien	40,0	37,4	23,1	17,6	21,3	21,0
Gesamtindustrie	27,0	26,9	19,2	14,5	20,2	18,8
Marktanteil: Exporte in Prozent der Weltimporte						

Quelle: Europäische Kommission (1998)

Die EU hat in der Tabelle (E-5) die überdurchschnittlichen Marktanteile in arbeitsintensiven Industrien. Die stärkste Konkurrenzfähigkeit der EU findet sich auf den Mainstream-Industrien. Die Marktanteile der forschungsintensiven Industrien sanken sowohl in Japan als auch in den USA im Zeitraum von 1989 bis 1996. Dagegen stiegen die Anteile der EU an. Von der forschungsintensiven Industrie zeigt die EU ihre starke Position in der Pharmazeutischen Industrie. Die forschungsintensiven Industrien, in denen sich die Handelsbilanz verschlechtert hat, waren die Informations- und Kommunikationstechnologie.

Die oben beschriebenen empirischen Ergebnisse weisen darauf hin, daß sich EU, Japan und USA auf unterschiedliche Industrien spezialisieren. Die Produktion der Industrie in der EU zeigt den hohen Spezialisierungsgrad in den Mainstream-Industrien. Die Triade zeigt fast den gleichen Anteil in den forschungsintensiven Industrien. Die Behauptung der Europäischen Kommission, daß sich die Position der europäischen Hochtechnologie-Branchen im Lauf der Zeit verschlechtert, entspricht nicht den empirischen Ergebnissen.

F. Integration und Spezialisierung in der EU

Die Europäische Union hat die Integration durch die Vollendung des Binnenmarkts und die Errichtung der Wirtschafts- und Währungsunion weiter vertieft. Im Kapital D werden die Auswirkungen der Integration auf die räumliche Verteilung der Wirtschaftsaktivitäten diskutiert. Dabei wird gezeigt, daß sowohl im statischen als auch im dynamischen Geographiemodell die Integration zu geographischer Spezialisierung führt. Nach der traditionellen Handelstheorie soll dagegen die Integration zum Faktorpreisausgleich beitragen und damit zur Konvergenz der Struktur der Wirtschaftsaktivitäten.

Ob die Integration der EU zu größerer Spezialisierung führt, oder die Konvergenz der Industriestruktur fördert, ist ein empirisches Problem. In diesem Kapital wird die Auswirkung der Integration auf die geographische Spezialisierung empirisch nachgeprüft. Zunächst wird die OECD-Studie vorgestellt, die grundsätzlich auf dem Modell von Krugman (1991a,b) basiert. Anschließend wird ein alternativer Index für die Spezialisierung dargestellt, der die relativen Veränderungen innerhalb eines Sektors erfassen kann. Der Vergleich zwischen Dienstleistung und Industrie, wie in der OECD-Studie, ist kein geeignetes Meßkonzept für die Spezialisierung, weil die Vergrößerung des Dienstleistungssektors die weltweite Tendenz in den modernen Wirtschaften ist. Hinsichtlich der Spezialisierung wird im dynamischen Geographiemodell darauf hingewiesen, daß beide Länder sich auf voneinander abhängige Aktivitäten spezialisieren. Man kann mit dieser Überlegung davon ausgehen, daß die Spezialisierung in der EU innerhalb der Industrie stattfinden kann. Die Ergebnisse der Untersuchung deuten an, daß die Spezialisierung in der EU durch die Integration zugenommen hat.

Ferner wird der Zusammenhang zwischen der Spezialisierung und dem intra-industriellen Handel diskutiert. Die Spezialisierung muß nicht unbedingt die Zunahme des inter-industriellen Handels zur Folge haben. Neben dem inter-industriellen Spezialisierungstyp gibt es auch den Typ der intra-industriellen Spezialisierung in unterschiedlichen Qualitäten. Die weitere Untergliederung des intra-industriellen Handels ermöglicht die feinere Klassifikation der Spezialisierung.

Schließlich wird die Auswirkung der Spezialisierung auf die Einkommensentwicklung in der EU diskutiert. Die Entwicklung in der EU ist gekennzeichnet durch Einkommenskonvergenz und zunehmende Spezialisierung. Wie kann dieses Phänomen erklärt werden? Im dynamischen Geographiemodell können die Verringerung der Einkommensdifferenz und Spezialisierung gleichzeitig stattfinden, während im statischen Geographiemodell die Verkürzung der Einkommensdifferenz nur durch die Konvergenz der Wirtschaftsstruktur realisierbar ist. Dieser Unterschied zwischen den beiden Modellen geht auf den Charakter der Agglomeration der Wirtschaftsaktivitäten zurück. Die beiden Länder spezialisieren sich im statischen Geographiemodell auf die Produktion der vollkommen unabhängigen Güter. Im Gegensatz dazu bedeutet die Agglomeration der Industrie in der Kernregion im dynamischen Geographiemodell nicht die Trennung der Wirtschaftsaktivitäten in den beiden Ländern, sondern die internationale Arbeitsteilung.

I. Integration

Mit der Realisierung des Binnenmarkts und der Wirtschafts- und Währungsunion soll sich die EU zunehmend zu einer eigenständigen Wirtschaftseinheit wandeln. Die zunehmende Integration läßt sich durch die verschiedenen Kriterien aufzeigen. Hier wird der Fortschritt der Integration durch den Handel und die Korrelation der Wachstumsrate gezeigt.

Die Vollendung des Binnenmarkts, die durch die Abschaffung der Handelshindernisse bzw. vier Freiheiten (Kapital, Arbeit, Güter und Dienstleistungen) gekennzeichnet wird, soll zur Zunahme des Intra-EU-Handels führen, was die enge Interdependenz des Handels zwischen den Mitgliedstaaten bedeutet. Die Tabelle (F-1) zeigt die Entwicklung des Intra-EU-Handels im Zeitraum von 1985 bis 1995. Der Anteil des Intra-EU-Imports der Güter vom gesamten Import stieg durchschnittlich um 6,7% an. Die stärkste Zunahme des Intra-EU-Handels zeigen Spanien und Portugal, die im Jahr 1986 der Gemeinschaft beitraten.

Tabelle (F-1): Anteil des Intra-EU-Handels vom gesamten Handel (Güter)

	B+L	DK	D	EL	E	F	IRL	I	NL	P	UK	EUR
Intra-EU-Export												
1985	71,7	42,2	49,6	52,4	51,3	51,9	68,8	48,3	73,7	63,6	44,7	53,7
1995	79,5	67,3	62,8	59,0	69,8	68,0	82,1	58,2	81,6	81,8	64,4	67,8
Intra-EU-Import												
1985	70,4	53,2	56,7	67,7	61,6	68,9	72,4	58,8	64,6	70,7	54,4	61,2
1995	74,8	74,7	62,9	74,7	77,1	74,2	73,8	66,1	66,3	84,0	59,3	67,9

Quelle: Europäische Kommission (1996)

Der Grad der Interdependenz des Handels (gemessen am Prozentsatz des Intra-EU-Handels am BIP) hat sich im Zeitraum von 1970 bis 1997 auf etwa 13% verdoppelt (vgl. OECD 1999). Der intra-industrielle Handel in der EU ist auch steil angestiegen. In der Tabelle (F-2) nahm der intra-industrielle Handel in den Kohäsionsländern (insbesondere in Spanien und Portugal) sehr stark zu. In den anderen Ländern war der Umfang der Steigerung relativ gering.

Tabelle (F-2): Anteil des intra-industriellen Handels im Intra-EU-Handel

	1970	1980	1985	1990	1997(1)
Belgien	77	86	88	83	89
Deutschland	70	75	76	79	81
Spanien	43	69	67	75	81
Frankreich	82	84	85	86	90
Irland	27	61	55	54	42
Italien	70	61	65	67	70
Niederland	68	69	67	77	77
Portugal	28	41	54	53	64
Österreich	53	65	74	79	78
Finnland	21	35	35	41	51

(1) 1996 für Niederlande, Spanien und Portugal
Quelle: OECD (1999)

Tabelle (F-3): Wachstumskorrelation in der EU

	1977-86	1987- 92(H1)	1992(H2)-97
Deutschland (1)	0,89	0,28	0,90
Frankreich	0,72	0,85	0,98
Italien	0,93	0,65	0,86
Österreich	0,65	0,71	0,56
Belgien	0,51	0,92	0,97
Finnland	0,17	0,68	0,87
Irland	0,30	0,65	0,66
Niederland	0,76	0,60	0,89
Portugal	0,48	0,43	0,52
Spanien	0,21	0,62	0,93
Großbritannien	0,48	0,53	0,65
Dänemark	0,33	-0,07	0,82
Griechenland	0,65	0,36	0,89
Schweden	0,27	0,61	0,86

(1). Der Koeffizient für Deutschland im Zeitraum 1987-1992 verringert sich durch die Wiedervereinigung.
Quelle: OECD (1999)

Die Tabelle (F-3) zeigt die Korrelation der Wachstumsrate in der EU. Der Koeffizient jedes Landes gibt die Korrelation der Wachstumsrate mit anderen Ländern in der EU an. Der Koeffizient in der EU ist relativ hoch und stieg nach der Vollendung des Binnenmarkts in meisten Ländern stark an. Dies weist darauf hin, daß die Wirtschaftsintegration in der EU fortgeschritten ist.

Die OECD-Studie (1999) legt weitere Evidenz vor, daß die Integration der EU fortgeschritten ist. Mit der Clustermethode[1] wird dabei gezeigt, daß die Kerngruppe der EU durchweg existiert und die Zahl der Kerngruppe in den letzten Jahren gestiegen ist. Da die Länder, die zur Kerngruppe gehört, in bezug auf die betrachteten Variablen ähnlich sind, bedeutet der Anstieg der Zahl der Kerngruppe die zunehmende Integration.

II. Spezialisierung in der EU

In diesem Abschnitt wird zunächst geprüft, ob die Integration in Europa zur Konzentration der Industrie in wenigen Ländern geführt hat, oder zur Dispersion der Industrie beigetragen hat.

1. OECD-Studie

Die OECD legt eine einfache empirische Untersuchung über die Spezialisierung in der EU vor. Die OECD-Studie (1999) zeigt zwei unterschiedliche Ergebnisse; zum einen ist die Spezialisierung (gemessen am Output) in der EU durch die Integration angestiegen und zum anderen ist die Spezialisierung (gemessen an der Beschäftigung) gesunken. Die Tabelle (F-4) zeigt die Divergenz des Outputs in den europäischen Ländern, die den Anteil von BIP in acht Sektoren in den individuellen Ländern mit dem Durchschnitt der EU vergleicht. Der Index der Divergenz des Outputs läßt sich wie folgt formal darstellen:

$$\text{(F-1)} \qquad \sum \left| BIP_{i,j} / \sum_{i} BIP_{i,j} - \sum_{j} BIP_{i,j} / \sum_{i} \sum_{j} BIP_{i,j} \right|,$$

wobei i die Sektoren und j die Länder darstellt. Der Index für Outputdivergenz vergleicht den Anteil der acht Sektoren am BIP in jedem Land mit dem EU-Durchschnitt. Die absolute Differenz wird über die Sektoren summiert.

In der Tabelle (F-4) kann man nicht eindeutig eine stärkere Spezialisierung feststellen, aber es wird gezeigt, daß die Spezialisierung tendenziell anstieg. Die Divergenz in Deutschland und Portugal ist jeweils zwischen 1990-1995 und 1980-1990 gesunken. Die anderen Länder zeigen eine zunehmende Divergenz im Zeitablauf.

---

[1]. Bei der Analyse wurden die Wachstumsrate in BIP, die Beschäftigung in privaten Sektoren, Inflation, das Budget der Regierung und der langfristige Zinssatz der Regierungsschuld als die Variablen verwendet.

Tabelle (F-4): Divergenz des Outputs in der EU

	1980	1985	1990	1997
Österreich	18,1	17,5	18,6	20,9
Belgien	35,5	34,5	37,8	38,3
Finnland	21,8	22,6	28,3	33,2
Frankreich	16,4	16,8	19,7	19,4
Deutschland	18,9	23,0	27,7	23,1
Italien	15,6	17,9	15,4	15,3
Luxemburg	15,3	30,8	25,0	33,3
Niederland	22,5	19,9	17,3	17,7
Portugal	27,0	28,9	17,9	20,7
Spanien	10,8	18,3	24,1	24,4

Quelle : OECD (1999)

Die alternative Messung der Spezialisierung wird mit der Beschäftigung in drei Sektoren – Agrarsektor, Industrie und Dienstleistung – in sechzig Regionen innerhalb EU durchgeführt. Die formale Darstellung des Indexes ist durch die Substitution der Beschäftigung für BIP in (F-1) zu erhalten. Die Abbildung <F-1> zeigt, daß sich die EU im Zeitlauf wenig spezialisiert.

Abb. <F-1>: Spezialisierung der Industrie in der EU (Beschäftigung)

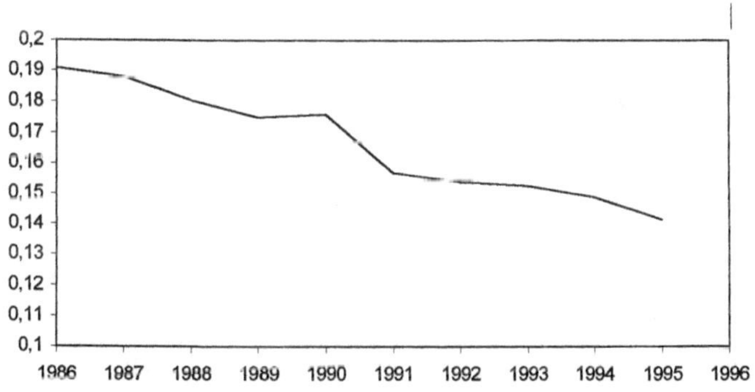

Quelle: OECD (1999)

Aus der OECD-Studie kann man keine eindeutige Schlußfolgerung über die Spezialisierung in der EU ziehen. Außerdem ist eine Steigerung der Beschäftigung im Dienstleistungssektor die generelle Tendenz in entwickelten Ländern. Die Beschäftigung im Dienstleistungssektor (einschließlich öffentliches Diensts) beträgt 66% der gesamten Beschäftigung in der EU im Jahr 1995 und 77% in den USA.[2] Die Tendenz zur Dienstleistungsgesellschaft setzt sich fort. Kim (1997) untersucht die langfristige Tendenz der regionalen Spezialisierung in den USA und zeigt auch, daß die regional Spezialisierung auf die Industrie in den USA über die zweite Hälfte dieses Jahrhunderts abgenommen hat. Das Meßkonzept zur Spezialisierung, das die Beschäftigung in der Industrie mit der im Dienstleistungssektor vergleicht, vernachlässigt also die Spezialisierung der Länder auf einzelne Branchen oder Industriezweige innerhalb des Sektors.

2. Empirische Untersuchung zur Spezialisierung

Um die Spezialisierung in der EU zu analysieren, wird die EU wie ein einziger Wirtschaftsraum behandelt. Im dynamischen Geographiemodell ergibt sich die internationale Arbeitsteilung, d.h. jedes Land spezialisieren sich auf die Wirtschaftsaktivitäten, die miteinander verbunden sind. Dabei waren die Industrien vertikal verbunden. Für empirische Untersuchung zur Spezialisierung wird angenommen, daß der einzelne Industriezweig mehr oder weniger voneinander abhängig ist. Deshalb kann man davon ausgehen, daß die Spezialisierung zwischen den EU-Regionen innerhalb der Industrie stattfindet. Man kann Industriezweige daraufhin untersuchen, ob sie in wenigen Ländern lokalisiert oder eher gleichmäßig verteilt sind. Für die Messung der Spezialisierung werden die Beschäftigung und die Produktion verwendet. Der Index zur Spezialisierung wird hierbei wie folgt dargestellt:

(F-2) $$\sum\left|\left(\frac{B_{i,j}(t)}{B_{i,j}(t_0)}-\frac{\sum_j B_{i,j}(t)}{\sum_j B_{i,j}(t_0)}\right)\frac{B_{i,j}(t_0)}{\sum_j B_{i,j}(t_0)}\right|,$$

wobei t das Jahr, i die Industriezweige und j die Länder angibt.

$B_{i,j}(t)/B_{i,j}(t_0)$ ist die Beschäftigung des Industriezweigs i im Land j im Jahr t relativ zu der im Basisjahr. $\sum B_{i,j}(t)/\sum B_{i,j}(t_0)$ zeigt die Veränderung der Beschäftigung in der EU im Vergleich mit dem Basisjahr. Dies ist die Veränderung des EU-Durchschnitts anzusehen. Der Wert der Klammer zeigt also die Differenz der Veränderung zwischen einzelnen Ländern und der EU. Er wird mit dem relativen Anteil des Landes j an der gesamten europäischen Beschäftigung des Industriezweigs i multipliziert, um den Anteil jedes Landes zu berücksichtigen. Eine prozentuale Veränderung der Beschäftigung in Deutschland ist beispielsweise nicht gleichbedeutend mit der Veränderung um 1% in Luxemburg.

[2] Nach Angaben von Eurostat im Jahrbuch 1997.

Der Grundgedanke ist, daß sich die Beschäftigung in einigen Länder überdurchschnittlich und in anderen Länder unterdurchschnittlich verändern, wenn die Spezialisierung im Industriezweig i zwischen Ländern stattfindet. Beispielsweise verändert sich die Beschäftigung in den Ländern, die sich auf die Industrie i spezialisieren, überdurchschnittlich und die anderen unterdurchschnittlich. Wenn im Zuge des Integrationsprozesses die Wirtschaftsstruktur zwischen den Ländern so ähnlich wird, dann werden die Auswirkungen der Integration oder exogenen Schocks auf einzelne Länder gleichmäßig, d.h. unabhängig von der absoluten Zu- oder Abnahme werden die relativen Veränderungen in einzelnen Ländern gleich mit der durchschnittlichen Veränderung in der EU.

Die gesamte Beschäftigung der Industrie i in der EU und einzelnen Ländern kann steigen oder sinken, was auf verschiedene Gründe (z.B. die Veränderung der Nachfragestruktur oder die Konjunkturschwankung) zurückgeführt werden kann. Das Ziel der Analyse der Spezialisierung liegt nicht darin, die Ursache der Zunahme oder der Abnahme der gesamten Beschäftigung eines Industriezweigs gegenüber eines anderen herauszufinden, sondern die Spezialisierung auf den einzelnen Industriezweig zu untersuchen. Mit dem Index (F-2) kann die Spezialisierung zwischen Sektoren nicht verglichen werden. Statt dessen vergleicht der Index (F-2) die Differenz der Beschäftigungsveränderung im Industriezweig i in den Ländern im Vergleich mit dem EU-Durchschnitt.

Der Index (F-2) stellt die Frage, wie sich der Anteil einzelner Länder im Vergleich mit der Veränderung der gesamten Beschäftigung der EU im Lauf der Zeit entwickelt, also wie unterschiedlich sich die Industriezweige in einzelnen Ländern auf die Integration reagieren. Wenn sich die Beschäftigung des Industriezweigs i in allen Ländern mit der Veränderungsrate der EU verändern würde, dann wäre der Index gleich Null. Wenn die Spezialisierung im Industriezweig i zunehmen würde, dann würde die Abweichung der Beschäftigung im einzelnen Land vom EU-Durchschnitt im Lauf der Zeit immer vergrößern.
Die Abb. <F-3> und <F-4> zeigen die Entwicklung der Beschäftigung bzw. der Produktion in neun bzw. acht Industrien der EU. Als Datenbasis wird Monatliche Statistik für Konjunkturanalyse von 1990 bis 1997 und Monatliches Panorama der Europäischen Industrie und Jahrbuch 1997 des Statistischen Amts der Europäischen Gemeinschaft „Eurostat" verwendet.[3] Bei der Messung wird 1985 als das Basisjahr gewählt. Auf der horizontalen Achse werden die Jahre eingetragen und die vertikale Achse zeigt den Wert von (F-2), der die absolute Summe der Abweichungen der Länder in der jeweiligen Industrie vom EU-Durchschnitt angibt.

---

[3] Die Daten für Pharmazeutische Industrie (Beschäftigung und Produktion), Elektrotechnik (Beschäftigung) und Herstellung von Geräten der Elektrizitätserzeugnissen, -verteilung (Beschäftigung) stammen aus Panorama. Die von Eurostat angegebenen Daten sind in derselben Quelle teilweise inkonsistent. Bei der Messung werden möglichst die später angegebenen Daten verwendet.

Abb. <F-2>: Spezialisierung in der EU (gemessen an der Beschäftigung)

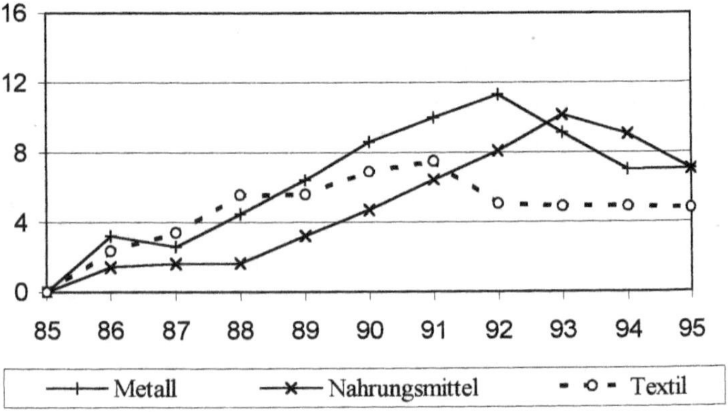

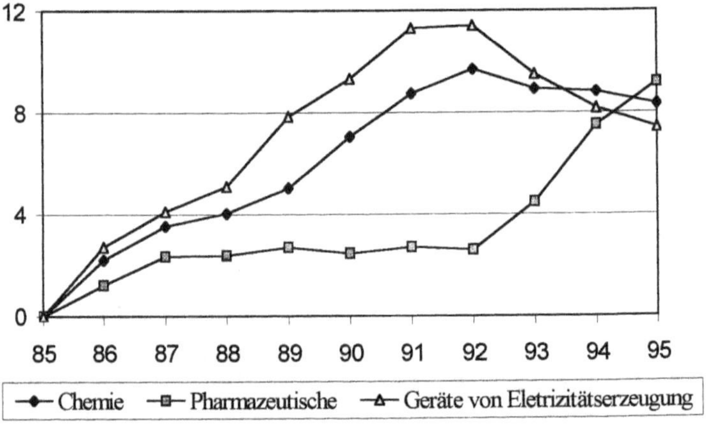

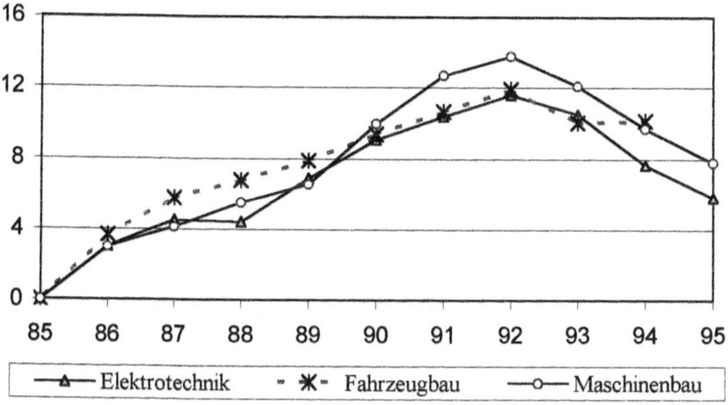

Fast alle Länder zeigen eine stetige Entwicklungstendenz (im Anhang). Sie hat ein konstantes Vorzeichen, d.h. der Anteil eines Landes verändert sich stet über- oder unterdurchschnittlich. Die Entwicklungstendenz schwankt nicht von Jahr zu Jahr. Wenn sich das Vorzeichen eines Landes einmal im betrachteten Zeitraum verändert, bleibt es in den nachfolgenden Jahren unverändert. Somit stellt die Messung der Spezialisierung kein willkürliches Ergebnis dar. Beispielsweise zeigt Deutschland während des ganzen betrachteten Zeitraums eine überdurchschnittliche Veränderung in der Chemieindustrie. Dagegen verändert sich die italienische Beschäftigung in der selben Industrie ständig unterdurchschnittlich. Deutschland spezialisiert sich im Vergleich mit Italien auf die Chemieindustrie. Ein anderer Ausdruck der Spezialisierung ist der Vergleich der Veränderung des Anteils eines Landes in der EU. Der deutsche Anteil im Maschinenbau stieg von 33,5% im Jahr 1985 in der EU auf 34,8% im Jahr 1995 an, während der Anteil von Großbritannien von 28,4% auf 27,2% gesunken ist.

Insgesamt gesehen stieg die Spezialisierung in der EU zwischen 1985 und 1992 an, aber die Tendenz hat sich ab 1992 umgedreht. Nur die pharmazeutische Industrie, die nach NACE Rev.1 zur Chemieindustrie gehört, zeigt eine stark steigende Tendenz ab 1992. Die Vollendung des Binnenmarkts scheint bei dieser Analyse zur Konvergenz der Industriestruktur geführt zu haben. Aus diesen Ergebnissen läßt sich aber die Schlußfolgerung nicht ziehen, daß ab 1992 die Spezialisierung in der EU abgenommen hat. Die untersuchte Periode ist vor allem relativ kurz. Die Senkung der Spezialisierung könnte daher nur ein kurzfristiges Phänomen sein. Darüber hinaus zeigt die pharmazeutische Industrie die steigende Tendenz ab 1992. Das impliziert, daß eine feinere Klassifikation der Industrie ein anderes Bild abgeben kann. Um die Spezialisierungstendenz in der EU deutlicher herauszufinden und zu prognostizieren, wäre Untersuchung für einen längeren Zeitraum erforderlich.

Abb. <F-3>: Spezialisierung in der EU (gemessen an der Produktion)

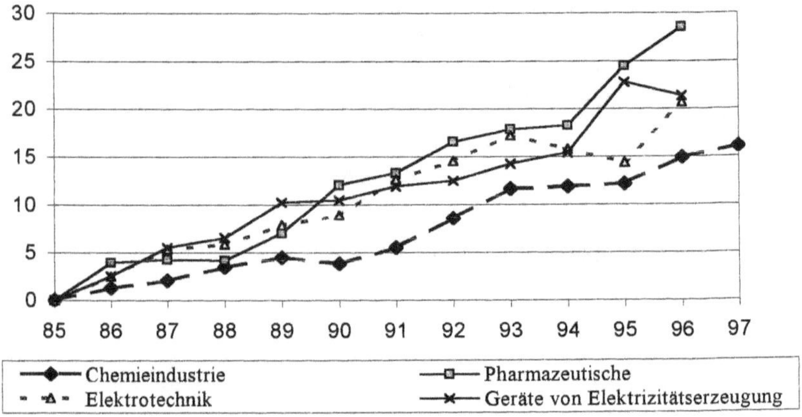

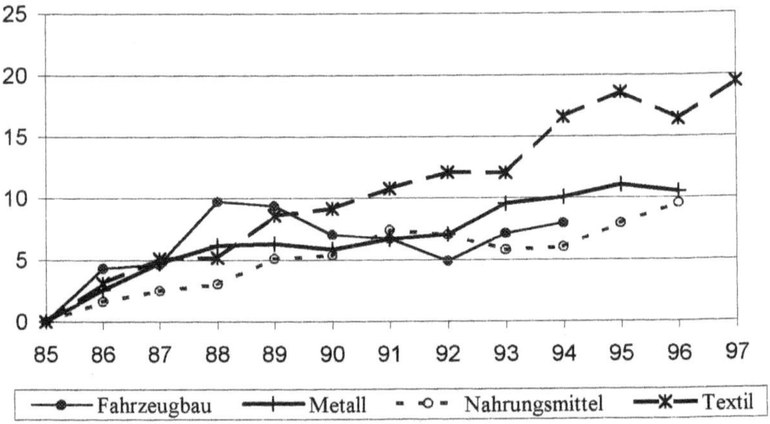

Die deutliche Spezialisierungstendenz läßt sich allerdings zeigen, wenn die Spezialisierung in den Industriezweigen durch die Produktion gemessen wird. Der Index der Spezialisierung ist durch die Substitution der Produktion für die Beschäftigung in (F-2) zu erhalten. Als die Daten wird die Produktion zu konstanten Preisen des Basisjahres im jeweiligen Industriezweig verwendet.

Wie bei der Messung an der Beschäftigung bleibt die Spezialisierungstendenz (im Anhang) fast im ganzen Zeitraum konsistent, d.h. die Länder können in zwei Gruppe aufgeteilt werden: die sich spezialisierenden Länder, deren Produktion in einer bestimmten Industrie sich überdurchschnittlich verändert, und die Länder mit unterdurchschnittlicher Entwicklung. Beispielsweise verändert sich die Produktion von Geräten der Elektrizitätserzeugung in Italien immer während des betrachteten Zeitraums überdurchschnittlich, d.h. Italien spezialisiert sich mehr und mehr auf diese Industrie. Zwischen 1985 und 1995 erhöht sich der italienische Anteil in dieser Industrie in der EU von 13,3% auf 16,7%. Dagegen verringert sich der deutsche Anteil von 49,1% auf 44,2%.

Die Abbildung <F-4> zeigt die steigende Spezialisierung in der Produktion aller betrachteten Industrien. Die Spezialisierung im Fahrzeugbau erreichte den höchsten Punkt im Jahr 1988, zwischen 1989 und 1992 verringert sich der Spezialisierungsgrad leicht, aber danach zeigt diese Industrie wieder eine steigende Spezialisierung. Aus diesen Ergebnissen kann die Schlußfolgerung gezogen werden, daß sich die Spezialisierung (gemessen an der Produktion) in der EU in den betrachteten Industrien steigert.

Zusammenfassend ergibt sich das folgende Bild der Spezialisierung der EU innerhalb der verarbeitenden Industrie. Hinsichtlich der Beschäftigung hat sich die Spezialisierung in den Jahren von 1985 bis 1992 deutlich erhöht. Ab 1992 verringert sich der Spezialisierungsgrad ein wenig. Wenn die Spezialisierung durch die Produktion gemessen wird, dann zeigt die EU eine deutliche Steigerung der Spezialisierung.

3. Intra-industrieller Handel und Spezialisierung in der EU

Es wird in der Tabelle (F-1) gezeigt, daß einerseits der intra-industrielle Handel in der EU erheblich gestiegen ist. Wie aber im Abschnitt II.1 und II.2 gezeigt, hat andererseits auch die Spezialisierung der Industrie innerhalb Europas zugenommen. Dies erscheint auf den ersten Blick so zu sein, als würden diese beiden Tatsachen in Konflikt stehen, weil die Agglomeration der Industrie in wenigen Regionen eher die Abnahme des intra-industriellen Handels und die Zunahme des inter-industriellen Handels bedeuten sollte. Brülhart und Tosstensson (1996) z.B. legt die empirische Studie vor, die mit der Statistik von 1980 bis 1990 den Zusammenhang zwischen der geographischen Konzentration der Industrie und den zunehmenden Skalenerträgen[4] untersucht. Sie verwenden Gini-Indizes zur Messung der Spezialisierung. Demnach stieg die Agglomeration der Industrie (gemessen an der Beschäftigung) mit zunehmenden Skalenerträgen in den zentral gelegenen Regionen in der EU an, und die Industrie mit hohen Skalenerträgen hat relativ einen niedrigeren intra-industriellen Handel als die mit niedrigen Skalenerträgen aufgewiesen. Dabei wird auch gezeigt, daß der intra-industrielle Handel in den Industrien, die die relativ hohen Skalenerträge haben, im Jahr 1990 relativ zu dem Jahr 1985 geringfügig gesunken ist. Somit prognostizieren Brülhart und Tosstensson (1996), daß sich die Kernregionen der EU auf die Industrie mit hohen Skalenerträgen spezialisieren werden und die Peripherie auf die Industrie mit geringen Skalenerträgen.

In erster Linie sollen die begrenzten Daten erwähnt werden. Die wichtige Phase in der Entwicklung europäischer Wirtschaft ist ab 1992, in dem die EU den Binnenmarkt vollendet. Man muß nun bezweifeln, ob der intra-industrielle Handel in den Industrien mit zunehmenden Skalenerträgen seit 1991 tatsächlich gesunken ist. Der intra-industrielle Handel findet meistens in den Industrien wie Maschinenbau, Fahrzeugbau oder Chemieindustrie statt, die nach der Klassifikation von Pratten (1988) zur Kategorie der Industrien mit hohen Skalenerträgen gehören. Die Studie der Europäischen Kommission (1996, S.78) zeigt, daß der intra-industrielle Handel in diesen Industrien zwischen 1987 und 1994 zugenommen hat. Beispielsweise stieg der intra-industrielle Handel in der Chemieindustrie um 3,2% in den Jahren von 1987 bis 1994 an. In der Industrie Fahrzeugbau und sonstige Fahrzeug wurde diese Tendenz stark bestätigt. Der intra-industrielle Handel im Fahrzeugbau hat sogar um 21% zugenommen. Die Ausnahme waren elektrotechnische Maschinen, deren intra-industriellen Handel um etwa 3,6% gesunken ist.

Das Problem zwischen dem Anstieg des intra-industriellen Handels und der Zunahme der Spezialisierung kann dadurch gelöst werden, indem sich der intra-industrielle Handel weiter untergliedern läßt, nämlich in Handel mit ähnlichen Produkten und in Handel mit qualitätsmäßig differenzierten Produkten. Die Nachfrage nach verschiedenen Qualitäten ist jedoch die Ursache für den intra-industriellen Handel. Die Messung vom Typ „Grubel-Lloyd" kann Produkte mit verschiedenen Qualitäten nicht unterscheiden. In der Studie der Europäischer Kommission (1996) wird eine alternative Methode vorgeschlagen, bei der der intra-industrielle Handel in zwei Typen untergliedert wird. Dafür wird die Preisdifferenz zwischen ähnlichen Produkten bei dieser Methode berücksichtigt. Wenn der Stückpreis des Guts mehr als 15% vom durchschnittlichen Stückpreis der Gemeinschaft abweicht, dann wird der Handel mit diesem Gut als der Handel mit vertikal differenzierten Produkten betrachtet. Es wird dabei angenom-

[4] Brülhart und Tosstensson (1996) folgen die Klassifikation der Industrie von Pratten (1988) und ziehen Grubel-Lloyd-Indizes zur Messung von Ausmaß des intra-industriellen Handels heran.

men, daß die unterschiedlichen Preise der ähnlichen Produkte ihren Qualitätsunterschied reflektiert.

Die Abb. <F-4> zeigt die Entwicklung des Handelsmusters in der EU in den Jahren von 1980 bis 1994. Der Anteil des inter-industriellen Handels in der EU ist von etwa 45% im Jahr 1980 auf 37% im Jahr 1994 gesunken. Der intra-industrielle Handel mit horizontal differenzierten Produkten blieb in der Nähe von 20% stabil, während der intra-industrielle Handel mit vertikal differenzierten Produkten von etwa 35% im Jahr 1980 auf 43% im Jahr 1994 anstieg.

Abb. <F-4>: Entwicklung des Handelsmusters im Intra-EU-Handel (%), 1980-94

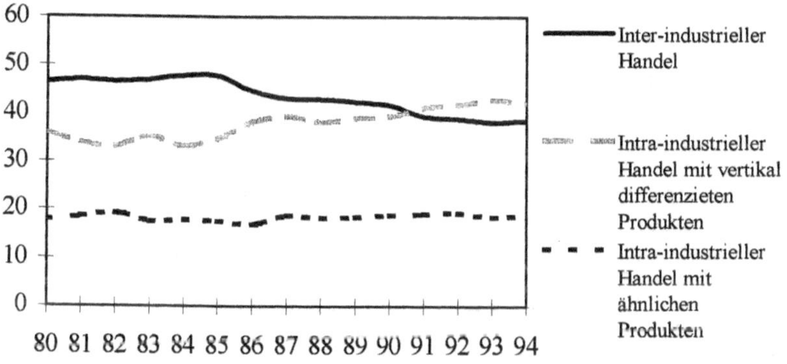

Quelle: Europäische Kommission (1996)

Der Anstieg des intra-industriellen Handels mit vertikal differenzierten Produkten impliziert, daß die europäischen Länder sich auf die Produktion der ähnlichen Produkte mit den unterschiedlichen Qualitäten spezialisieren. Folglich stieg der intra-industrielle Handel mit vertikal differenzierten Produkten an. Die beiden Prozesse wirken sich positiv aufeinander aus. Die geographische Spezialisierung und der Anstieg des intra-industriellen Handels stehen damit nicht mehr in Konflikt.

Im Bericht der Europäischen Kommission (1996) wird darüber hinaus gezeigt, welches Land sich auf welche Qualität spezialisiert. Der intra-industrielle Handel in der EU wird dabei nach den Qualitäten in drei Typen aufgeteilt:

- die Produkte mit hoher Qualität: Ihre Stückpreise übersteigen den Durchschnitt der EU um mindestens 15%.

- die Produkte mit niedriger Qualität: Ihre Stückpreise sind 15% unterhalb des Durchschnitts der EU.
- die Produkte mit mittlerer Qualität: Ihre Stückpreise bleiben zwischen +/- 15% des Durchschnitts der EU.

Abb. <F-5>: Entwicklung des Handels mit unterschiedlichen Qualitäten in der EU

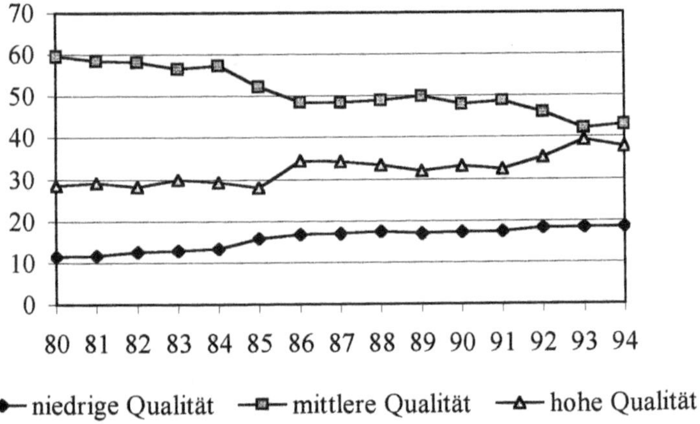

Quelle: Europäische Kommission (1996)

Die Abbildung <F-5> zeigt die Entwicklung des intra-industriellen Handels mit qualitativ unterschiedlichen Produkten. In den Jahren von 1980 bis 1994 ist der Handel der Produkte mit mittlerer Qualität stark gesunken und der Handel der Produkte mit hoher und niedriger Qualität ist dagegen ständig gestiegen. Dies impliziert, daß die Abweichung des Stückpreises in den letzten 15 Jahren zugenommen hat, d.h. die Spezialisierung in der Produktion der Güter mit deutlich unterschiedlichen Qualitäten hat sich verstärkt.

Die Tabelle (F-5) zeigt die Struktur des Exports und des Imports im Intra-EU-Handel. In Deutschland, Irland, Großbritannien und Frankreich ist der Anteil des Exports mit hoher Qualität mehr als 40%. In Portugal, Griechenland, Spanien und Italien ist der Anteil des Exports der Produkte mit niedriger Qualität relativ hoch. Die Analyse der Beiträge zur Handelsbilanz[5] der Europäischen Kommis-

[5] Die komparativen Vorteile werden dabei nach den Beiträgen zur Handelsbilanz bestimmt. Der Indikator läßt sich formal wie folgt darstellen:

$$(X_j - M_j)\left[1-\left(\frac{X_j+M_j}{X_j-M_j}\right)\left(\frac{X-M}{X+M}\right)\right],$$

wobei X und M jeweils Export und Import angeben.

sion (1996) zeigt die komparativen Vorteile des Mitgliedstaats. Deutschland, Frankreich und Irland haben danach die komparativen Vorteile in den Produkten mit hoher Qualität. Großbritannien, Niederlande, Belgien-Luxemburg und Dänemark haben die komparativen Vorteile in den mittleren Qualitäten, und Spanien, Italien, Griechenland (EL) und Portugal zeigen ihre Vorteile in den Produkten mit niedriger Qualität.

Tabelle (F-5): Struktur des intra-industriellen Handels mit vertikal differenzierten Produkten in der EU

Länder	1993/94			Abweichung 85/86 zu 93/94		
	Niedrig	Mittlere	Hoch	Niedrig	mittlere	Hoch
Export						
B+L	18,1	50,0	31,9	0,7	-7,7	7,0
DK	19,8	38,4	41,7	3,5	-7,1	3,7
D	14,0	38,6	47,4	2,1	-7,8	5,7
EL	31,0	42,3	26,7	-1,8	-8,6	10,3
E	28,9	48,0	23,1	-0,4	-2,8	3,1
F	14,9	45,2	39,9	2,7	-9,4	6,8
IRL	21,3	24,9	53,8	1,7	-6,2	4,5
I	28,5	39,4	32,2	1,6	-7,8	6,2
NL	15,4	50,9	33,7	2,3	-14,1	11,8
P	34,1	39,6	26,3	-2,9	-2,6	5,5
UK	20,5	39,1	40,5	5,0	-12,5	7,5
Import						
B+L	19,9	45,2	34,9	2,1	-9,7	7,6
DK	20,8	32,9	46,3	4,6	-11,0	6,3
D	14,2	46,4	39,4	0,3	-12,3	12,0
EL	21,5	37,0	41,6	0,3	-3,9	3,6
E	23,8	40,4	35,8	-0,2	-3,0	3,2
F	19,2	44,1	36,7	3,5	-10,2	6,7
IRL	28,3	10,3	41,4	0,4	-11,9	11,5
I	15,1	43,7	41,2	5,0	-8,5	3,5
NL	19,6	45,2	35,2	-0,9	-7,6	8,5
P	22,8	41,0	36,2	1,1	4,7	-5,8
UK	21,8	36,7	41,6	5,7	-7,9	2,1
EU-12	18,7	42,9	38,4	2,5	-9,3	6,8
Die Abweichung wird in Prozentsatz dargestellt.						

Quelle: Europäische Kommission (1996)

4. Einkommensentwicklung und Spezialisierung in der EU

Das dynamische Geographiemodell besagt, daß die Agglomeration bzw. die geographisch ungleiche Verteilung der Wirtschaftsaktivitäten keine Auswirkung auf die Wachstumsrate in den beiden Ländern hat. Der Grund dafür liegt in der Interdependenz zwischen den Wirtschaftsaktivitäten, die durch den Handel gewährleistet wird. Das statische Geographiemodell kann keine Implikation für die Wachstumsrate geben. Es ist allerdings schwierig, mit der deskriptiven Statistik den Zusammenhang zwischen der Wachstumsrate und der Integration zu liefern. Insofern ist dieses Thema weiter untersuchungsbedürftig.

Statt dessen wird hier die Auswirkung der europäischen Integration auf die Einkommensentwicklung in den Mitgliedstaaten untersucht. Die Einkommensentwicklung in der EU läßt sich durch die ständige Konvergenz kennzeichnen.[6]

Tabelle (F-6): Entwicklung des BIP in den Kohäsionsländern: BIP pro Kopf (in KKS)

	EL	E	IRL	P	EUR4	EUR11	EUR15
1986	59,2	69,8	60,8	55,1	65,2	107,7	100
1991	60,1	78,7	74,7	63,8	73,1	105,5	100
1996	67,5	78,7	96,5	70,5	76,3	104,8	100
EUR4 = EL + E + IRL + P							

Quelle: Europäische Kommission (1999)

Im Jahr 1986 betrug das durchschnittliche Pro-Kopf-BIP in den vier Kohäsionsländern in Kaufkraftstandards (KKS) etwa 65% des EU-Durchschnitts und stieg im Jahr 1996 auf 76% des EU-Durchschnitts an. Das entspricht durchschnittlich einem Anstieg von etwa zehn Prozentpunkten in den zehn Jahren gegenüber dem EU-Durchschnitt.

Wie können zum einen die zunehmende Spezialisierung und zum anderen die Konvergenz des Einkommens zwischen den Mitgliedstaaten erklärt werden? Wenn die Transportkosten im mittleren Bereich sind, ergibt sich die Agglomeration der Wirtschaftsaktivitäten sowohl im statischen als auch im dynamischen Geographiemodell. Das hat die Einkommensdivergenz zwischen Ländern zur Folge. Wenn die Transportkosten weiter erheblich sinken, verringert sich im statischen und auch im dynamischen Modell die Einkommensdifferenz zwischen Kern und Peripherie. Die beiden Modelle geben aber die unterschiedliche Erklärung dafür.

Im statischen Modell spezialisieren sich die beiden Länder auf die voneinander unabhängigen Wirtschaftsaktivitäten. Die Einkommensdifferenz zwischen Län-

[6] Eine Vielzahl von Untersuchungen zur Konvergenz oder Divergenz erschienen (vgl. beispielsweise Thomas 1995; Sachverständigenrat 1998 Ziff. 273). In grober Übereinstimmung ermitteln sie die Konvergenz zwischen EU-Ländern in den achtziger Jahren.

dern kann nur durch die Konvergenz der Wirtschaftsstruktur verkürzt werden, d.h. Firmen in Nord wechseln ihren Standort wieder, wenn die Transportkosten nicht mehr so wichtig wie der niedrige Lohnsatz in Süd sind. Die Spezialisierung und die Verringerung der Einkommensdifferenz können im statischen Modell nicht gleichzeitig stattfinden.

Wie im Kapitel D diskutiert wird dagegen im dynamischen Geographiemodell das Spezialisierungsmuster im Agglomerations-Steady-State durch die Interdependenz der Wirtschaftsaktivitäten in beiden Ländern gekennzeichnet. Nord spezialisiert sich auf die Produktion der Zwischenprodukte und die Innovation. Süd spezialisiert sich vollkommen auf die Produktion des Endprodukts. Durch die internationale Arbeitsteilung werden die beiden Länder langfristig besser gestellt werden. Die absolute Einkommensdifferenz, die sich durch die Agglomeration der Wirtschaftsaktivitäten ergibt, kann im dynamischen Geographiemodell allerdings durch die Integration verringert werden. Die Senkung der Transportkosten bedeutet dabei die Zunahme des Einsatzes der Zwischenprodukte in der Produktion des Endprodukts. Dadurch erhöht sich das Grenzprodukt der Arbeit im Sektor des Endprodukts und damit steigt das Lohnniveau in Süd. Die Veränderung der exogenen Variable Transportkosten hat dagegen keinen Einfluß auf den Lohn in Nord. In (D-39) kann man die Auswirkung der Integration auf das Lohnverhältnis zwischen Süd und Nord leicht ableiten. Darüber hinaus ist der Agglomerations-Steady-State in breiten Bereichen (Tabelle D-1) stabil, d.h. die Integration hat im großen Bereich der Transportkosten keine Auswirkung auf die Stabilität des Systems. Ohne die Konvergenz der Wirtschaftsstruktur zwischen Ländern ist also die Verringerung der Einkommensdifferenz im dynamischen Geographiemodell zu realisieren. Die Integration[7] kann also einerseits die Spezialisierung erhöhen und andererseits die Einkommensdifferenz zwischen Ländern verringern.

Im dynamischen Geographiemodell wird der Zusammenhang zwischen der zunehmenden Spezialisierung und der Verkürzung der absoluten Einkommensdifferenz durch die Veränderung der exogenen Variable Transportkosten erklärt. Die Verringerung der Einkommensdifferenz ist also auf die Integration zurückzuführen. Hier soll kurz nachgeprüft werden, ob die neue Wachstumstheorie die Einkommenskonvergenz in der EU erklären kann. Danach muß die schnelle Entwicklung der Technologie in den Kohäsionsländern für die Einkommenskonvergenz in der EU verantwortlich sein.

---

[7] Im dynamischen Geographiemodell hat die Integration einen Wachstumseffekt, aber die Wachstumsrate des Einkommens ist in beiden Ländern identisch.

Tabelle (F-7): Ausgaben für FuE in der EU

	B	DK	D	EL	E	F	IRL	I	NL	P	UK	EUR 11
Bruttoausgaben für FuE in % des BIP 1995 (1)	1,61	1,79	2,28	0,48	0,8	2,34	1,41	1,04	2,04	0,59	2,06	2,05
EUR 15 = 100	84	93	119	25	42	122	73	54	106	31	107	107
FuE-Ausgaben in Unternehmen in % des BIP(2)	1,09	1,1	1,51	0,13	0,37	1,44	0,99	0,56	1,09	0,12	1,35	1,3
EUR 15 = 100	89	90	124	11	30	118	81	46	89	10	111	107
% der staatlichen Ausgaben an den Bruttoausgaben	32,3	38,5	33,8	72,9	53,7	38,5	29,8	46,2	46,6	79,7	34,5	36
Anmeldungen für Europatente je eine Mio. Einwohner 1995	94	120	173	4	12	96	37	46	117	2	78	109

(1) DK, EL: 1993, NL: 1994, (2) EL: 1993

Quelle: Europäische Kommission (1999)

Die Tabelle (F-7) zeigt aber, daß die Investition in Innovation und die Zahl der Anmeldung für die Europatente in den vier Kohäsionsländern relativ sehr niedrig sind. Die Disparitäten bei der Technologie (gemessen an den Bruttoausgaben für FuE oder an der Patentzahl) sind viel größer als die Lücke beim Pro-Kopf-BIP. Das impliziert, daß der Konvergenzprozeß nicht durch die eigenen Innovationen angetrieben wird. Dagegen stieg der Handel in den Kohäsionsländern in den letzten Jahren stark an (Tabelle F-1 und F-2). Aus diesem einfachen statistischen Vergleich kann man aber nicht ableiten, daß die Verringerung der Einkommensdifferenz auf die Zunahme des Intra-EU-Handels zurückzuführen ist. Empirischer Untersuchungsbedarf besteht auf diesem Feld.

Zusammenfassend sind sowohl das statische Geographiemodell als auch die neue Wachstumstheorie nicht in der Lage, die plausible Erklärung für die Entwicklungen in der EU zu geben. Im statischen Geographiemodell können die Spezialisierung und die Verringerung der Einkommensdifferenz nicht gleichzeitig stattfinden. Der große Technologierückstand in den Kohäsionsländern weist darauf hin, daß die Einkommensentwicklung nicht allein mit dem technologischen Fortschritt erklärt werden kann. Im dynamischen Geographiemodell können dagegen die Spezialisierung und die Einkommenskonvergenz im Integrationsprozeß gleichzeitig vorangetrieben werden.

G. Schlußbemerkung

Das Hauptziel dieser Arbeit besteht vor allem in der Entwicklung eines dynamischen Geographiemodells, das den Zusammenhang zwischen dem Wachstum und der geographischen Verteilung der Wirtschaftsaktivitäten erklären kann. Ein dynamisches Modell bedeutet nicht bloß die Einführung der Zeitstruktur in ein statisches Modell, sondern soll einen neuen Mechanismus beinhalten, der die Veränderung ökonomischer Prozesse in der Dynamik reflektiert. Das statische Geographiemodell (Krugman und Venables 1995) wird dadurch dynamisiert, daß Wachstumsprozesse in die Interaktion zwischen zunehmenden Skalenerträgen und Transportkosten einbezogen werden. Der Mechanismus, der dem dynamischen Geographiemodell zugrunde liegt, wird durch die Verbindung der pekuniären und der technologischen Externalitäten erzeugt. Seit Scitovsky (1954) ist wohl bekannt, daß die Externalitäten in pekuniären und technologischen Externalitäten weiter aufgeteilt werden können. Der Zusammenhang zwischen pekuniären und technologischen Externalitäten ist danach jedoch in theoretischen Überlegungen wenig Aufmerksamkeit geschenkt worden.

Im statischen Geographiemodell wird der Markt nur durch die Verlagerung der bereits auf der Welt existierenden Firmen vergrößert. Andererseits wird in der neuen Wachstumstheorie betont, daß technologischer Fortschritt die entscheidende Rolle beim Wachstum spielt. Die beiden Modelle konzentrieren sich lediglich auf einen Aspekt der Veränderungsprozesse der Marktgröße und damit auf eine Seite der beiden Externalitäten. Die Wachstumsprozesse und die geographische Verteilung der Wirtschaftsaktivitäten entstehen in der Realität gleichzeitig und können daher nicht getrennt erklärt werden. Ein Markt kann nicht nur durch die Zuwanderung der ausländischen Firmen, sondern auch durch das Wachstum vergrößert werden. Zudem bietet die Agglomeration der Industrie auch ein günstiges Umfeld für die Innovation an. Davon ausgehend wird im in Kapitel D dargestellten dynamischen Geographiemodell argumentiert, daß es zirkuläre Kausalität zwischen pekuniären und technologischen Externalitäten gibt. Pekuniäre und technologische Externalitäten verstärken sich gegenseitig. Die Integration der beiden Externalitäten in ein Modell ermöglicht es, die Interaktion der geographischen Industriestruktur mit dem Wachstum zu analysieren.

Im dynamischen Geographiemodell sind zwei Steady-States möglich. Wenn Transportkosten relativ hoch sind, ist der Agglomerations-Steady-State stabil, der durch die Agglomeration der Industrie in einem Land gekennzeichnet wird. Die Innovation entsteht in diesem Steady-State nur in einem Land. Werden Transportkosten sehr niedrig, wird der symmetrische Steady-State stabil. Der Bereich der Transportkosten für den stabilen symmetrischen Steady-State ist sehr klein und der Agglomerations-Steady-State fast im ganzen Bereich stabil.

Im Vergleich mit dem statischen Geographiemodell sowie dem endogenen Wachstumsmodell werden einige unterschiedliche Aussagen aus dem dynamischen Geographiemodell abgeleitet. Im Zwei-Länder-Modell mit drei Sektoren (Endprodukt-, Zwischenprodukt- und FuE-Sektor) spezialisiert sich ein Land auf die Innovation und die Produktion der Zwischenprodukte, und ein anderes Land auf die Produktion des Endprodukts. Die Interaktion zwischen pekuniären und technologischen Externalitäten erzeugt die räumlich unterschiedliche Produktionsstruktur.

Die Spezialisierung bringt jedoch keine Wachstumsdisparität zwischen den Ländern hervor, weil die Produktionen international interdependent sind. Handel sorgt für die Verfügbarkeit der Güter, die in unterschiedlichen Ländern produziert werden. Handel spielt also eine Verbindungsrolle zwischen den räumlich entfernten Industrien. Ohne Produktion der Zwischenprodukte kann Süd sich nicht auf die Produktion des Endprodukts spezialisieren. Ohne Spezialisierung von Süd in der Produktion des Endprodukts kann sich Nord auf die Innovation und die Produktion der Zwischenprodukte nicht spezialisieren. Die Spezialisierung führt zur Erhöhung der Wachstumsrate in beiden Ländern, was die beiden Länder langfristig besser stellt. Die Organisierung der Weltwirtschaft als eine Kern-Peripherie-Struktur bedeutet im dynamischen Geographiemodell die internationale Arbeitsteilung. Dieses Ergebnis ist mit der traditionellen Handelstheorie vergleichbar, in der alle beteiligten Länder durch die internationale Arbeitsteilung einen statischen Handelsgewinn erzielen.

Die Integration – die exogene Veränderung der Transportkosten – hat zuerst einen Wachstumseffekt für die beiden Länder. Durch die Beseitigung der Handelshemmnisse erhöht sich die Produktivität des Endproduktsektors in Süd, weil mehr Zwischenprodukte in die Produktion des Endprodukts eingesetzt werden können. Damit steigen die Konsummöglichkeiten der beiden Länder. Nord kann nun aufgrund der internationalen Arbeitsteilung mehr Ressourcen in den FuE-Sektor einsetzen, d.h. die Innovationsrate in Nord steigt und damit erhöht sich die Wachstumsrate des Einkommens in den beiden Ländern.

Die Integration hat darüber hinaus einen Einkommenseffekt für Süd. Die absolute Einkommensdifferenz, die sich durch die Agglomerationsprozesse ergibt, kann durch die exogene Senkung der Transportkosten verringert werden. Die Steigerung der Einsatzmenge der Zwischenprodukte bedeutet unmittelbar die Erhöhung des Grenzprodukts der Arbeit, so daß das Lohnniveau in Süd steigt. Die Senkung der Transportkosten hat dagegen keinen Einfluß auf das Lohnniveau in Nord.

Im statischen Geographiemodell (Krugman und Venables 1995) führt die Senkung der Transportkosten auch zur Verringerung der Einkommensdifferenz zwischen den beiden Ländern. Die beiden Modelle haben aber ganz unterschiedliche Ursachen. Im statischen Geographiemodell kann die Einkommensdifferenz nur dann verringert werden, wenn die Konvergenz der Produktionsstruktur erfolgt. Wenn die Transportkosten nicht so wichtig wie der niedrige Lohn in Süd werden, dann findet ein Standortwechsel der Firmen nach Süd statt. Im Gegensatz dazu kann im dynamischen Modell die Verringerung der Einkommensdifferenz zwischen den Ländern ohne die Konvergenz der Produktionsstruktur erfolgen. Die Spezialisierung und die Einkommenskonvergenz können also gleichzeitig stattfinden. In der Realität ist zu beobachten, daß in der EU zum einen die Spezialisierung mit zunehmender Integration vorangetrieben und zum anderen die Einkommensdifferenz zwischen Mitgliedstaaten erheblich verringert ist. Das statische Geographiemodell kann keine Erklärung für diese Phänomene geben.

Eine wichtige Implikation des dynamischen Geographiemodells betrifft die geographische Spezialisierung der voneinander abhängigen Industrien. Es wird in dieser Arbeit geprüft, ob die Spezialisierung innerhalb einer Industrie in der EU durch die Integration fortgeschritten ist. Seit 1985 stieg der Spezialisierungsgrad (gemessen an der Produktion) in allen untersuchten Industrien deutlich an. Im Zeitraum von 1985 bis 1992 stieg die Divergenz der Beschäftigung in der Industrie auch an, aber sank danach ein wenig ab. Der Zeitraum, in dem der Spezialisierungsgrad (gemessen an der Beschäftigung) gesunken ist, beträgt nur drei Jahren, so daß daraus die eindeutige Schlußfolgerung über die Spezialisierung schwer abgeleitet werden kann.

In der weiteren Diskussion wird darauf hingewiesen, daß die Zunahme des intraindustriellen Handels in der EU der Steigerung der Spezialisierung nicht widerspricht. Mit der Studie der Europäischen Kommission (1996), in der der intraindustrielle Handel weiter in zwei Typen (intra-industrieller Handel mit vertikal differenzierten Gütern und mit horizontal differenzierten Gütern) aufgeteilt wird, wird argumentiert, daß die Mitgliedstaaten sich auf dic Produktion vertikal differenzierter Güter spezialisiert haben, nämlich auf die Güter mit unterschiedlichen Qualitäten.

Eine wichtige Implikation des dynamischen Geographiemodells betrifft auch die Bedeutung der Industriepolitik. Während der Erfolg einer Industriepolitik in der neuen Wachstumstheorie unmittelbar mit dem künftigen Wachstum verbunden ist, liegt das Ziel der Industriepolitik im dynamischen Geographiemodell lediglich in der Verringerung der absoluten Einkommensdifferenz, die auch durch die Senkung der Transportkosten realisierbar ist. Im dynamischen Geographiemodell führt die Integration zur Erhöhung der Wachstumsrate und damit auch zur Verringerung der Einkommensdifferenz zwischen den Ländern. Das impliziert, daß das Ziel einer Industriepolitik in der Verbesserung der Rahmenbedingungen der Wirtschaftsaktivitäten liegen soll. Es wird häufig behauptet, daß eine sektorspezifische Industriepolitik eine positive Auswirkung auf das Wachstum einer Volkswirtschaft haben könne und deswegen für langfristiges Wachstum notwendig sei. Im dynamischen Geographiemodell, in dem Firmen mobil und die Produktionen international interdependent sind, kann eine nationale sektorspezifische Industriepolitik allerdings nicht gerechtfertigt werden.

Darüber hinaus wird in Kapitel B gezeigt, daß die Verletzung der Inada-Bedingung in einem Wachstumsmodell mit zwei akkumulierbaren Faktoren keine notwendige Bedingung für ständiges Wachstum ist. Dabei wird analytisch aufgezeigt, warum ständiges Wachstum in einem solchen Modell generiert werden kann.

In Kapital C wird die Idee von Grossman und Helpman (1991 Kap.6), daß Handel zur Akkumulation des Wissens beitragen kann, in Verbindung mit dem Konzept „exportgetriebenen Wachstums“ (export-led-growth), in einem einfachen Wachstumsmodell konkretisiert, in dem die internationale Wissensdiffusion nur durch den Handel erfolgt. Dieses Grundmodell wird für die asymmetrischen Länder erweitert. Zudem wird gezeigt, daß die Nachteile eines Landes in der Anfangssituation durch die handelsbedingte Diffusion überwunden werden können, wenn die Volkswirtschaft außenorientiert ist.

Schließlich muß für weitere Forschungen erwähnt werden: In der theoretischen Diskussion (Kap. D) wurde darauf hingewiesen, daß die Spezialisierung bzw. die Agglomeration der Industrie keine Wachstumsdisparität zwischen den Ländern hervorbringt. Dies soll aber empirisch noch überprüft werden. Darüber hinaus wurde in der empirischen Untersuchung zur Spezialisierung (Kap. F) gezeigt, daß der Spezialisierungsgrad (gemessen an der Beschäftigung) in der EU ab 1992 gesunken ist. Die Ursache für den gesunkenen Spezialisierungsgrad soll auch in weiteren Untersuchungen herausgefunden werden.

Literaturverzeichnis

Aghion, Phillipe und Peter Howitt (1992): A Model of Growth through Creative Destruction, *Econometrica*, 60, 323-351.

Arrow, Kenneth J. (1962): The Economic Implications of Learning by Doing, *Review of Economic Studies*, 29, 155-173.

Audretsch, David B. und Maryann P. Feldman (1996): R&D Spillovers and the Geography of Innovation and Production, *American Economic Review*, 86, 630-640.

Balassa, Bela (1978): Exports and Economic Growth: Further Evidence, *Journal of Development Economics*, 5, 181-189.

Baldwin A., und Anthony J. Venables (1995): Regional Economic Integration, in: G. Grossman und K. Rogoff (ed.), *Handbook of International Economics*, Vol. III, North-Holland.

Baldwin, Richard E. (1994): *Toward an Integrated Europe*, Centre for Economic Policy Research.

Baldwin, Richard E., Martin, Philippe und Gianmarco I.P. Ottaviano (1998): *Global Income Divergence, Trade and Industrialization: The Geography of Growth Take-Offs*, Graduate Institute of International Studies, mimeo

Barro, Robert J. und Xavier Sala-i-Martin (1995): *Economic Growth*, McGraw-Hill, Inc., New York.

Ben-David, Dan (1993): Equalizing Exchange: Trade Liberalization and income convergence, *Quarterly Journal of Economics*, 653-679.

Benhabib, Jess und Mark, M. Spiegel (1994): The Role of Human Capital in Economic Development: Evidence from aggregate cross-country data, *Journal of Monetary Economics*, 143-173.

Benhabib, Jess und Roberto Perli (1994): Uniqueness and Indeterminacy: On the Dynamics of Endogenous Growth, *Journal of Economic Theory*, 113-142.

Brezis, Elise, Paul Krugman and Daniel Tsiddon (1993): Leapfrogging in International Competition: A Theory of Cycles in National Technological Leadership, *American Economic Review*, 83, 1211-1219.

Brühlhart, Marius und Johan Torstensson (1996): Regional Integration, Scale Economies and Industry Location in the European Union, *CEPR Discussion Paper* No. 1435.

Buigues, Pierre und André Sapir (1993): Community Industrial Policies, in: Nicolaides, Phedon (Hrsg.), *Industrial Policy in the European Community: A necessary Response to Economic Integration?*, Maastricht, 21-37.

Bussmann, Karl. F. (1975): Industrie- und Gewerbepolitik, staatliche, und Betrieb, in: Grochla, Erwin. (Hrsg.), *Handwörterbuch der Betriebswirtschaft*, Band I/2, Stuttgart. 1858-1865.

Christaller, Walter (1933): *Die Zentralen Orte in Süddeutschland*, Gustav Fischer Verlag, Jena.

Coe, David T. und Elhanan Helpman (1993): International R&D Spillovers, *NBER Working Paper* No. 4444.
De Grauwe, Paul. (1994): *The Economics of Monetary Integration*, Oxford University Press.
Dixist, Avinash K. und Victor Norman (1980): *Theory of international Trade*, Cambridge University Press, Cambridge.
Dixit, Avinash K. und Joseph E. Stiglitz (1977): Monopolistic Competition and Optimum Product Diversity, *American Economic Review*, 67, 297-308.
Dollar, David, Edward N. Wolff und William J. Baumol (1988): The Factor-Price Equalization Model and Industry Labor Productivity: An Empirical Test across Countries, In: Robert C. Feenstra (ed.), *Empirical Methods for International Trade*, Cambridge, MIT Press, 23-77.
Eaton, Jonathan und Samuel Kortum (1995): Engines of Growth: Domestic and Foreign Sources of Innovation, *NBER Working Paper* No. 5207.
Edward, Sebastian (1998): Openness, Productivity and Growth: What do we really know?, *The Economic Journal*, 108, 383-398.
Ethier, Wilfred (1979): Internationally Decreasing Costs and World Trade, *Journal of International Economics*,9, 1-24.
Ethier, Wilfred (1982): National and International Returns to Scale in Modern Theory of International Trade, *American Economic Review*, 72, 389-405.
Europäische Kommission (1990): *Industriepolitik in einem offenen und wettbewerbsorientierten Umfeld. Ansatz für ein Gemeinschaftskonzept*, KOM (90) 556.
Europäische Kommission (1992): *2. Jahresbericht über die Durchführung der Strukturfonds*, Brüssel.
Europäische Kommission (1993): *Wachstum, Wettbewerbsfähigkeit, Beschäftigung. Herausforderung der Gegenwart und Wege ins 21 Jahrhundert*, Weißbuch, Luxemburg.
Europäische Kommission (1995): *Green Paper on Innovation*, Brussels, Luxemburg.
Europäische Kommission (1996): Economic Evaluation of the Internal Market, *European Economy*, No. 4.
Europäische Kommission (1997): *Die Auswirkungen der Strukturpolitik auf die wirtschaftliche und soziale Kohäsion in der Union 1989-1999*, Luxemburg.
Europäische Kommission (1998a): *Tätigkeit der Europäischen Union im Bereich der Forschung und Technologischen Entwicklung: Jahres Bericht 1998*, KOM(98) 439.
Europäische Kommission (1998b): *Die Wettbewerbsfähigkeit der europäischen Industrie: Bericht 1998*, Luxemburg.
Europäische Kommission (1999): *Sechter Periodischer Bericht über die sozioökonomische Lage und Entwicklung der Regionen der Gemeinschaft*, Luxemburg.
Eurostat: *Monatliche Statistik für Konjukturanalyse* (1990-1997), Luxemburg.

Eurostat: *Monatliches Panorama der eunropäischen Industrie* (1997-1998), Luxemburg.

Eurostat(1998): *Eurostat Jahrbuch 1997*, Luxemburg.

Gahlen, Bernhard. (1981): Strukturpolitik und soziale Marktwirtschaft, in: Issing, Otmar (Hrsg.), *Zukunftsprobleme der sozialen Marktwirtschaft*, Berlin 1981, 853-871.

Grossman, Gene M. und Elhanan Helpman (1990): Comparative Advantage and Long-Run Growth, *American Economic Review*, 80, 796-815.

Grossman, Gene M. und Elhanan Helpman (1991): *Innovation and Growth in the Global* Economy, MIT Press, Cambridge.

Helpman, Elhanan (1984): The Factor Content of Foreign Trade, *Economic Journal* 94, 84-94.

Helpman, Elhanan und Paul, Krugman (1985): *Market Structure and Foreign Trade*, MIT Press, Cambridge.

Hirschman, Albert O. (1958): *The Strategy of Economic Development*, New Haven, Yale University Press.

Hoover, Edgar M. (1948): *Location of Economic Activity*, New York: McGraw-Hill.

Inada, Ken-Ichi (1963): On a Two-Sector Model of Economic Growth: Comments and a Generalization, *Review of Economic Studies*, 30, 119-127.

Jacobs, Jane (1969): *The Economy of Cities*, New York: Vintage.

Johnes, Larry E. and Rodolfo E. Maunelli (1990): A Convex Model of Equilibrium Growth: Theory and Policy Implications, *Journal of Political Economy*, 98, 1008-1038.

Jovanovic, Boyan and Saul Lach (1991): The Diffusion of Technology and Inequality among Nations, *NBER Working Paper*, No. 3732.

Kelly, Morgan (1997): The Dynamics of Smithian Growth, *Quarterly Journal of Economics*, 939-964.

Kim, Sukkoo (1997): Economic Integration and Convergence: U.S. Regions, 1840-1987, *NBER Working Paper*, No. 6335.

Klodt, Henning (1995): *Grundlage der Forschungs- und Technologiepolitik*, München, Verlag Vahlen.

Klodt, H., J. Stehn, C.-E. Laaser, R. Maurer, A.D. Neu und R. Soltwedel (1992): *Die Sturukturpolitik in der EG*, Kieler Studien, 249 Tübingen.

Kormendi, Roger C. und Philip G. Meguire (1985): Macroeconomic Determinants of Growth: Cross-Country Evidence, *Journal of Monetary Economics*, 16, 141-164.

Kremer, Michael (1993): Population Growth and Technological Change: One Million B.C. to 1990, *Quarterly Journal of Economics*, 108, 681-716.

Krieger-Boden, Christiane (1995): Neue Argumente für Regionalpolitik? Zur Fundierung der Regionalpolitik in älteren und neueren regionalökonomischen Theorien, *Die Weltwirtschaft*, 193-215.

Krueger, Anne O. (1997): Trade Policy and Economic Development: How we learn, *American Economic Review*, 87, 1-22.

Krugman, Paul (1979): A Model of Innovation, Technology Transfer, and the World Distribution of Income, *Journal of Political Economy*, 89, 253-266.

Krugman, Paul (1983): Targeted Industrial Policies: Theory and Evidence, in: Federal Reserve Bank of Kansas City, *Structural Change and Public Policy*, Kansas City: FRBKC.

Krugman, Paul (1987): The narrow moving band, the Dutch disease, and the competitive consequences of Mrs. Thatcher; notes on trade with dynamic economies of scale, *Journal of Development Economics*, 27, 41-55.

Krugman, Paul (1991a): *Geography and Trade*. Cambridge: MIT Press

Krugman, Paul (1991b): „Increasing Returns and Economic Geography", *Journal of Political Economy*, 99, 483-499.

Krugman, Paul (1991c): History and Expectation, *Quarterly Journal of Economics*, 106, 651-667.

Krugman, Paul (1993): The Current Case for Industrial Policy, In: Dominick Salvatore, *Protectionism and World Welfare*. New York, S. 160-179.

Krugman, Paul und Maurice Obstfeld (1994): *International Economics: Theory and Policy*, 3rd ed., New York, HarperCollins College Publishers.

Krugman, Paul und Anthony J. Venables (1990): Integration and Competitiveness in Peripheral Industry, in: Ch. Bliss and J. Braga (ed.), *Unity with Diversity in the European Economy*, Cambridge University Press, Centre for Economic Policy Research, 56-77.

Krugman, Paul und Anthony J. Venables (1995): „Globalization and the Inequality of Nations", *Quarterly Journal of Economics*, 110, 857-880.

Lee, Jong-Wha (1993): International Trade, Distortions, and Long-Run Economic Growth, *IMF Staff Paper*, 40, 299-328.

Lösch, August (1939): *Die räumliche Ordnung der Wirtschaft*, Gustav Fischer Verlag, Jena.

Lucas, Robert E. Jr. (1988): On the Mechanics of Development Planning, *Journal of Monetary Economics*, 22, 3-42.

Lucas, Robert E. Jr. (1990): Why Doesn't Capital Flow from Rich to Poor Countries?, *American Economic Review*, 80, 92-96.

Lucas, Robert E. Jr. (1993): Making a Miracle, *Econometrica*, 61, 251-272.

Mankiew, N. Gregory, David Romer und David, N. Weil (1992): A Contribution of the Empirics of Economic Growth, *Quarterly Journal of Economics*, 107, 407-437.

Marin, Dalia (1992): Is The Export-led Growth Hypothesis Valid for Industrialized Countries?, *The Review of Economics and Statistics*, 678-698.

Martin, Phillipe und Gianmarco I P Ottaviano (1996): Growing Locations: Industry Location in a Model of Endogenous Growth, *CEPR Discussion Paper* No. 1523,

Marshall, Alfred (1920): *Principles of Economics*, ninth ed., London: Macmillian.

Matsuyama, Kiminori (1991): Increasing Returns, Industrialization, and the Indeterminancy of Equilibrium, *Quarterly Journal of Economics,* 106, 617-650.

Meissner, Werner. (1981): Strukturpolitik in marktwirtschaftlich orientierten Systemen, *Zeitschrift für Wirtschafts- und Sozialwissenschaften*, 101. Jg. 1981, 537-554.

Mulligan, Casey B. und Xavier Sala-i-Martin (1993): Transitional Dynamic in Two-Sector Models of Endogenous Growth, *Quarterly Journal of Economics,* 108, 737-773.

Murphy, Kevin M., Andrei Shleifer, and Robert W. Vishny (1989): Industrialization and the Big Push, *Quarterly Journal of Economics,* 106, 503-530.

Myrdal, Gunnar (1957): *Economic Theory and Undeveloped Regions*, London, Duckworth.

Nelson, Richard R. and Edmund S. Phelps (1966): Investment in Humans, Technological Diffusion, and Economic Growth, *American Economic Review,* 56, 69-75.

Oberender, Peter und Frank Daumann (1995): *Industriepolitik*, Vahlen, München.

OECD (1996): *Globalisation of Industry: Overview and Sector Reports*, Paris.

OECD (1999): *EMU-Facts, Challenges and Policies*, Paris.

Ottaviano, Gianmarco I P und Diego Puga (1997): Agglomeration in the Global Economy: A Survey of the `New Economic Geography`, *CEPR Discussion Paper* No. 1699.

Paqué, Karl-Heinz (1995): Technologie, Wissen und Wirtschaftspolitik – Zur Rolle des Staats in Theorien des endogenen Wachstums, *Die Weltwirtschaft*, 237-253.

Parente, Stephen L. und Edward C. Prescott (1994): Barriers to Technology Adoption and Development, *Journal of Political Economy*, 102, 298-321.

Porter, Michael (1990): *The Competitive Advantage of Nations*, New York: Free Press.

Pratten, Cliff (1988): A Survey of the Economics of Scale, in: *Commission of the European Communities, Research on the "Cost of Non-Europe"*, Vol.2: *Studies on the Economics of Integration*, Luxemburg.

Puga, Diego (1999): The rise and fall of regional inequalities, *European Economic Review*, 43, 303-334.

Rabelo, Sergio (1991): Long-Run Policy Analysis and Long-Run Growth, *Journal of Political Economy*, 99, 500-521.

Rivera-Batiz, Luis A. und Paul Romer (1991a): Economic Integration and Endogenous Growth, *Quarterly Journal of Economics*, 106, 531-555

Rivera-Batiz, Luis A. und Paul Romer (1991b): International Trade with endogenous technological Change, *European Economic Review*, 35, 971-1004.

Rivera-Batiz, Luis A. und Xie, Danyang (1993): Integration among unequals, *Regional Science and Urban Economics*, 23, 337-354.

Rodríguez, Francisco und Dani Rodrik (1999): Trade Policy and Economic Growth: A Skeptic´s Guide to the Cross-National Evidence, nimeo.

Romer, Paul (1986): Increasing Returns and Long-Run Growth, *Journal of Political Economy*, 90, 1002-1037.

Romer, Paul (1987): Growth Based on Increasing Returns Due to Specialization. *American Economic Review, Papers and Proceedings*, 77, 56-67.

Romer, Paul (1990): „Endogenous Technological Change", *Journal of Political Economy*, 98, S71-S102.

Romer, Paul (1994): New Goods, Old Theory, and the Welfare Costs of Trade Restrictions, *Journal of Development Economics*, 43, 5-38.

Sachs, Jeffrey D. und Andrew Warner (1995): Economic Reform and the Process of Global Integration, *Brookings Papers on Economic Activity*, 1-118.

Sachverständigenrat zur Begutachtung der gesamtwirtschaftlichen Entwicklung (1998): *Jahresgutachten 1998/99*. Deutscher Bundestag, Drucksache 14/73 vom 20. 11. 1998.

Scitovsky, Tibor (1954) : Two Concepts of external economies, *Journal of Political Economy*, 62, 143-151.

Siebert, Horst (1992): Standortwettbewerb – nicht Industriepolitik, *Die Weltwirtschaft*, 409-424.

Siebert, Horst (1994): *Außenwirtschaft*, 6. Ausgabe, Stuttgart.

Stolpe, Michael (1992): Ansätze der neueren Wachstumstheorie – ein Literaturüberblick. *Kieler Arbeitspapiere*, 508. Institut für Weltwirtschaft.

Thomas. I. P. (1995): Konvergenz und Divergenz in der europäischen Union. Theoretischer Überblick, empirische Evidenz und wirtschaftspolitische Implikationen. *Kieler Arbeitspapiere* 682. Institut für Weltwirtschaft.

Venables, Anthony J. (1996): Equilibrium location with vertically linked industries, *International Economic Review*, 37, 341-359.

Ventura, Jaume (1997): Growth and Interdependence, *Quarterly Journal of Economics*, 57-84.

Vernon, Raymond (1966): International Investment and International Trade in the Product Cycle, *Quarterly Journal of Economics*, 190-207.

Von Thünen, Johann Heinrich (1826): *Der isolierte Staat in Beziehung auf Landwirtschaft und Nationalökonomie, I. Teil*, Berlin.

Weber, Alfred (1922): *Über den Standort der Industrien, Part I, Reine Theorie des Standorts*, Tübingen.

Young, Alwyn (1991): Learning by doing ant the Dynamic Effects of International Trade, *Quarterly Journal of Economics*, 369-405.

Anhang

Anhang: Jährliche Abweichungen vom EU-Durchschnitt (Beschäftigung und Produktion)

Die jährlichen Abweichungen eines Lande vom EU-Durchschnitt wird wie folgt gemessen:

$$X_{i,j}(t) = \left(\frac{B_{i,j}(t)}{B_{i,j}(t_0)} - \frac{\sum_j B_{i,j}(t)}{\sum_j B_{i,j}(t_0)} \right) \frac{B_{i,j}(t_0)}{\sum_j B_{i,j}(t_0)},$$

wobei B die Beschäftigung oder Produktion zu konstanten Preisen, t das Jahr, i die Industriezweige und j die Länder angibt.

Maße für Spezialisierung in einem Industriezweig wird definiert als

$$Y_i(t) = \sum_j \left| X_{i,j}(t) \right|$$

Tabelle A-1: Chemieindustrie (Beschäftigung)

	Land											Y
	B	D	DK	E	EL	F	I	IRL	NL	P	UK	
X86	,06	,82	,04	-,18	,06	,00	-,50	,02	,13	-,05	-,35	2,19
X87	,09	1,30	,06	-,12	,01	-,08	-,90	,04	,22	,09	-,60	3,52
X88	,16	1,54	,06	,01	,	-,18	-1,22	,04	,24	,	-,58	4,03
X89	,28	1,69	,09	,	,	-,23	-1,51	,07	,36	,11	-,69	5,03
X90	,36	2,08	,09	,76	-,05	-,18	-1,57	,10	,43	-,45	-1,00	7,06
X91	,44	2,92	,	,44	-,11	-,06	-1,49	,16	,45	-,48	-2,18	8,73
X92	,55	3,58	,	-,46	-,13	-,05	-1,68	,23	,53	-,41	-2,07	9,69
X93	,59	2,97	,	-,42	-,07	,09	-1,68	,28	,54	-,44	-1,81	8,9
X94	,64	2,34	,	-,08	-,03	,56	-2,04	,37	,58	-,42	-1,76	8,82
X95	,94	1,72	,	-,07	,00	1,46	-2,26	,43	,33	-,54	-,59	8,33

Tabelle A-2: Pharmazeutische Industrie (Beschäftigung)

	Land											Y
	B	D	DK	E	EL	F	I	IRL	NL	P	UK	
X86	-,18	,34	,05	-,28	-,06	,00	-,01	,05	-,05	-,03	,18	1,23
X87	-,31	,26	,19	-,33	-,13	-,23	-,06	,10	-,08	-,04	,61	2,34
X88	-,35	,17	,21	-,19	-,17	-,28	,18	,13	-,07	-,12	,50	2,37
X89	-,26	-,08	,22	-,09	-,17	-,02	-,26	,18	-,20	-,26	,94	2,69
X90	-,22	,09	,26	-,30	-,04	,35	-,39	,24	-,28	-,01	,28	2,46
X91	,01	,04	,00	-,33	-,15	,74	-,53	,28	-,28	-,05	,27	2,69
X92	,01	,32	,35	-,35	-,20	,11	-,45	,34	-,28	,00	,15	2,58
X93	,06	,16	,59	-,70	-,18	,68	-,71	,56	-,45	-,19	,20	4,48
X94	-,09	-1,07	,88	-1,09	-,09	1,36	-,81	,67	-,45	-,15	,83	7,5
X95	-,03	,26	1,05	-1,35	-,08	1,48	-2,06	,74	-,63	-,43	1,05	9,16

Tabelle A-3: Herstellung von Geräten der Elektrizitätserzeugung, -verteilung (Beschäftigung)

	Land											Y
	AT	B+L	D	DK	E	F	I	IRL	NL	P	UK	
X86	-,05	,02	1,00	,03	-,51	-,56	,26	,02	,03	,01	-,23	2,71
X87	-,12	-,21	1,33	,03	-,58	-,78	,53	,05	,12	-,01	-,34	4,11
X88	-,18	-,25	1,66	,01	-,51	-1,09	,65	,09	,08	,06	-,52	5,09
X89	-,23	-,33	2,18	-,01	-,72	-1,64	1,42	,15	,08	,10	-,99	7,83
X90	-,22	-,25	3,36	,00	-1,14	-1,46	,49	,23	,10	,48	-1,58	9,31
X91	-,15	-,22	4,20	-,06	-,96	-1,32	,72	,22	,18	,33	-2,93	11,30
X92	-,14	-,29	4,31	-,11	-,55	-,85	-,39	,27	,30	,84	-3,35	11,41
X93	-,04	-,22	2,99	-,14	-1,01	,35	-,53	,27	,31	,83	-2,79	9,49
X94	-,05	-,23	1,91	-,02	-,87	,82	-1,01	,32	,25	,78	-1,89	8,16
X95	-,08	-,21	1,00	,07	-,89	1,12	-1,57	,37	,31	,84	-,96	7,41

Tabelle A-4: Elektrotechnik (Beschäftigung)

	Land											Y
	B	D	DK	E	EL	F	I	IRL	NL	P	UK	
X86	,02	1,28	,05	-,30	,00	-,81	-,37	,01	,10	-,02	-,05	3,02
X87	-,21	1,83	,06	-,26	-,07	-1,12	-,42	,02	,29	-,04	-,18	4,50
X88	-,22	1,96	,03	-,19	-,09	-1,57	-,06	,04	,12	-,01	-,12	4,42
X89	-,28	3,08	,02	-,20	-,12	-2,09	,09	,09	,03	,05	-,84	6,89
X90	-,25	3,97	,03	-,26	-,11	-2,09	-,23	,16	-,03	,27	-1,67	9,07
X91	-,26	4,26	,00	-,19	-,14	-1,75	,40	,17	-,29	,23	-2,68	10,38
X92	-,29	4,32	-,01	-,15	-,12	-2,02	,62	,24	-,20	,49	-3,12	11,58
X93	-,28	3,46	-,03	-,31	-,12	-1,72	,94	,31	-,15	,45	-2,71	10,49
X94	-,30	2,00	,01	-,10	-,12	-,99	,97	,41	-,25	,45	-2,06	7,65
X95	-,29	1,07	,01	,07	-,12	-,78	,73	,47	-,34	,57	-1,36	5,82

Tabelle A-5: Fahrzeugbau (Beschäftigung)

	Land											Y
	B	D	DK	E	EL	F	I	IRL	L	NL	UK	
X86	,00	1,44	-,06	,37	-,05	-,73	-,45	,00	,00	,00	-,56	3,65
X86	,00	1,44	-,06	,37	-,05	-,73	-,45	,00	,00	,00	-,56	3,65
X87	,	2,44	-,14	,44	-,02	-1,12	-,60	,00	,00	,02	-,97	5,75
X88	,	2,81	-,15	,11	-,86	-1,52	-,46	,00	,00	-,01	-,84	6,76
X89	,	2,98	-,11	,93	-,02	-1,96	-,51	,01	,00	,01	-1,36	7,89
X90	,	3,42	-,08	1,24	-,02	-2,22	-,67	,02	,00	,	-1,71	9,38
X91	,	4,28	-,05	1,03	-,02	-1,69	-,75	,03	,00	,	-2,80	10,66
X92	,	4,39	-,05	1,54	-,03	-1,58	-1,07	,	,00	,	-3,19	11,90
X93	,	3,69	-,04	1,38	-,07	-,54	-1,08	,05	,00	,	-3,18	10,04
X94	,	3,27	,	1,44	-,04	,33	-,92	,06	,00	,	-4,09	10,14

Tabelle A-6: Maschinenbau (Beschäftigung)

	Land												Y
	B	D	DK	E	EL	F	I	IRL	L	NL	P	UK	
X86	-,09	1,37	,02	,	-,03	-,37	-,53	-,01	,00	,09	,	-,45	2,97
X87	-,13	1,94	-,03	,	-,09	-,59	-,84	-,01	,00	,14	,	-,34	4,13
X88	-,14	1,61	-,15	,82	-,11	-,67	-1,25	-,01	,00	,19	,	,54	5,49
X89	-,14	2,45	-,16	,96	,05	-,65	-1,82	,01	-,01	,23	,	,09	6,57
X90	-,17	3,95	-,13	1,31	,03	-,44	-2,37	,01	-,01	,33	-,03	-1,19	9,96
X91	-,17	5,26	-,11	1,18	-,02	-,12	-2,78	,01	-,01	,50	,01	-2,53	12,69
X92	-,23	5,45	-,02	1,12	-,01	-,22	-3,09	,04	-,01	,51	-,02	-3,05	13,77
X93	-,19	4,14	,03	1,20	,01	,15	-2,77	,06	,00	,66	-,02	-2,84	12,08
X94	-,17	2,46	,25	1,23	,00	,34	-2,61	,10	,00	,68	-,03	-1,83	9,70
X95	-,14	1,04	,25	1,39	,06	,56	-2,49	,13	-,01	,67	-,07	-,98	7,77

Tabelle A-7: Metallerzeugung und –bearbeitung (Beschäftigung)

	Land												Y
	B	D	DK	E	EL	F	I	IRL	L	NL	P	UK	
X86	-,07	,64	,04	-,17	,63	-,16	-,42	,00	,05	,14	,06	-,79	3,17
X87	-,23	,84	,06	-,19	-,04	-,16	-,34	,00	,05	,28	,08	-,30	2,57
X88	-,08	1,42	,04	,32	,00	-,44	-,51	,01	,03	,36	,04	-1,18	4,44
X89	,05	2,51	,08	,25	-,03	-,44	-,88	,03	,02	,44	-,05	-1,62	6,39
X90	,37	3,40	,08	,22	,00	-,39	-1,12	,03	,00	,43	-,10	-2,44	8,60
X91	,50	3,80	,09	,23	,03	-,50	-1,01	,03	-,01	,53	-,17	-3,09	10,00
X92	,49	4,01	,11	,63	,03	-,22	-1,29	,02	-,01	,57	-,24	-3,68	11,30
X93	,63	2,89	,12	,44	,03	-,18	-1,08	,04	-,03	,60	-,16	-2,93	9,12
X94	,66	1,79	,	,24	,06	,27	-,82	,04	-,03	,55	-,24	-2,32	7,01
X95	,86	1,27	,	,22	,10	,61	-1,34	,04	-,09	,54	-,19	-1,81	7,07

Tabelle A-8: Nahrungsmittel (Beschäftigung)

	Land											Y
	B	D	DK	E	EL	F	IRL	L	NL	P	UK	
X86	-,01	,25	-,07	,38	,07	,16	-,03	,00	,05	-,15	-,22	1,40
X87	-,01	,43	-,12	-,01	,08	,38	-,05	,00	,07	-,22	-,24	1,61
X88	-,05	,21	-,04	,39	,28	,05	-,07	,00	,10	-,18	-,28	1,64
X89	-,02	,91	-,15	,67	-,02	,15	-,09	,00	,09	-,07	-1,00	3,17
X90	,00	1,84	-,19	,67	-,11	-,13	-,09	,00	,09	-,20	-1,36	4,68
X91	-,06	3,20	-,26	,07	-,30	,18	-,10	,00	,07	-,38	-1,80	6,42
X92	-,13	3,35	-,33	-,14	-,29	,21	-,06	,00	,22	-,63	-2,71	8,08
X93	,	2,90	-,26	,21	-,18	1,73	,02	,01	,25	-,04	-4,53	10,14
X94	,	2,38	,	,20	-,22	1,66	,04	,01	,16	,16	-4,19	9,03
X95	,09	2,56	-,16	,29	-,17	,21	,09	,01	,14	-,05	-3,29	7,06

Tabelle A-9: Textil (Beschäftigung)

	Land											Y
	B	D	DK	E	EL	F	I	IRL	NL	P	UK	
X86	,03	,26	,01	,00	,29	-,48	-,61	,01	,06	-,06	,53	2,32
X87	,08	,42	,02	,15	,38	-,83	-,87	,01	,05	,00	,57	3,37
X88	,06	,14	-,02	,82	,28	-1,62	-1,14	,02	,02	,71	,70	5,52
X89	,14	,43	,00	,61	,28	-2,03	-,75	,06	,04	,98	,23	5,56
X90	,14	,74	,01	1,31	,08	-2,37	-,58	,08	,08	1,01	-,50	6,90
X91	,21	1,19	-,04	1,24	-,13	-2,56	-,27	,10	,14	,84	-,75	7,48
X92	,31	1,21	,00	,21	-,15	-1,86	,51	,13	,17	,07	-,41	5,04
X93	,27	,27	,02	-,46	-,30	-1,47	,27	,15	,22	1,19	,27	4,88
X94	,25	-,37	,	-,19	-,30	-1,36	,13	,19	,18	1,19	,71	4,87
X95	,40	-,40	,	-,13	-,09	-1,36	,57	,20	,22	1,09	,31	4,76

Tabelle A-10: Chemieindustrie (Produktion)

	Land											Y
	B	D	DK	E	EL	F	I	IRL	NL	P	Uk	
X86	,04	-,53	,03	,06	-,05	-,03	,20	-,02	,04	,15	,12	1,26
X87	,16	-1,06	-,03	-,10	-,07	-,03	,14	,06	,13	,12	-,14	2,04
X88	,17	-1,14	-,05	-,44	-,06	,10	,45	,24	,09	,15	,55	3,44
X89	,00	-1,42	-,05	-,38	-,04	,68	,34	,53	,20	,01	,86	4,50
X90	,05	-1,14	-,04	-,51	-,05	,70	,23	,57	,04	,09	,41	3,85
X91	,01	-1,20	-,05	-,61	-,10	1,00	-,34	1,12	,04	-,21	,82	5,49
X92	,43	-1,58	,01	-,94	-,15	1,62	-1,25	1,58	-,04	-,39	,62	8,59
X93	,31	-2,93	,04	-,89	-,11	2,26	-,75	1,97	-,42	-,40	1,55	11,63
X94	,01	-2,89	,11	-,24	-,16	2,35	-1,21	2,61	-,53	-,49	1,24	11,83
X95	,20	-3,11	,20	-,39	-,10	1,52	-1,29	3,29	-,08	-,58	1,42	12,16
X96	,30	-4,04	,23	-,60	-,05	1,75	-1,40	4,27	-,22	-,59	1,42	14,86
X97	,52	-2,97	,28	-,72	-,09	1,57	-2,27	6,18	-,29	-,66	-,46	16,03

Tabelle A-11: Pharmazeutische Industrie (Produktion)

	Land											Y
	B	D	DK	E	EL	F	I	IRL	NL	P	UK	
X86	-,05	,74	-,04	-,12	-,10	1,12	,08	-,22	-,15	,02	-1,30	3,94
X87	-,22	,68	-,02	-,08	-,15	,70	,66	-,31	-,07	,08	-1,27	4,26
X88	-,28	-,71	-,02	,32	-,14	,25	1,45	-,31	-,17	,04	-,44	4,12
X89	-,22	-2,09	,03	1,71	-,15	,88	,88	-,14	-,32	-,02	-,57	7,01
X90	-,21	-2,89	-,08	2,31	-,10	,97	2,52	-,07	-,57	,20	-2,09	12,01
X91	,20	-3,68	-,15	3,20	-,21	,82	2,07	-,04	-,30	,36	-2,27	13,29
X92	,63	-5,11	,17	3,69	-,21	-,16	3,09	,11	-,30	,57	-2,47	16,52
X93	,64	-4,79	,49	2,72	-,10	4,35	-2,67	,42	-,01	,30	-1,35	17,83
X94	,77	-4,08	,98	1,79	-,03	4,18	-5,00	1,05	,17	,03	,15	18,22
X95	1,81	-4,14	1,54	2,39	,11	4,26	-5,90	1,54	,59	-,01	-2,18	24,47
X96	1,87	-10,13	1,93	2,35	,25	4,68	-1,63	2,63	,39	,14	-2,51	28,52

Tabelle A-12: Elektrotechnik (Produktion)

	Land											Y
	B	D	DK	E	EL	F	I	IRL	NL	P	UK	
X86	-,02	,34	,06	,84	-,02	-,54	,04	,03	-,08	-,19	-,34	2,5
X87	-,10	-,45	,05	2,01	-,09	-,75	,66	,20	-,28	-,20	-,54	5,33
X88	-,20	-,31	,00	2,51	-,16	-1,18	,37	,45	-,36	-,18	-,13	5,85
X89	-,24	,62	,02	2,39	-,16	-1,84	,54	,75	-1,06	,07	-,13	7,82
X90	-,12	1,85	-,01	1,86	-,21	-1,44	-,34	,89	-1,00	,17	-,97	8,87
X91	-,15	3,88	-,01	1,45	-,15	-1,69	-,90	1,04	-,95	,22	-2,18	12,62
X92	-,21	4,90	,02	1,91	-,13	-1,51	-1,25	1,32	-,73	,29	-2,23	14,52
X93	-,19	5 11	,04	1,50	-,09	-1,24	-3,51	2,19	-,95	,22	-2,11	17,16
X94	-,22	3 03	,03	1,08	-,24	-1,01	-4,49	2,52	-1,37	,37	1,35	15,71
X95	-,19	,37	,08	1,87	-,35	,43	-4,90	3,23	-1,17	,84	,91	14,34
X96	-,18	-4,70	,23	1,89	-,41	2,77	-3,24	3,86	-1,20	,35	1,80	20,63

Tabelle A-13: Herstellung von Geräten der Elektrizitätserzeugung, -verteilung (Produktion)

	Land											Y
	AT	B+L	D	DK	E	F	I	IRL	NL	P	UK	
X86	-,23	,20	-,60	,08	,05	-,03	,84	,02	,05	,02	-,40	2,52
X87	-,42	,00	-1,50	,04	,26	,07	2,21	,04	,03	,10	-,82	5,49
X88	-,41	-,03	-1,78	-,05	,30	-,03	2,72	,11	-,10	,13	-,85	6,51
X89	-,45	-,20	-2,05	-,08	,31	-,81	4,43	,15	-,16	,21	-1,37	10,22
X90	-,39	-,37	-2,10	-,04	,11	-,31	4,53	,19	-,17	,40	-1,86	10,46
X91	-,12	-,26	-2,08	-,03	,48	,13	4,80	,20	-,10	,34	-3,33	11,87
X92	-,24	-,33	-1,45	-,15	,76	,59	4,05	,29	-,04	,53	-3,99	12,44
X93	,09	-,13	-3,30	-,22	,57	2,63	2,92	,33	-,19	,55	-3,24	14,18
X94	-,26	-,12	-3,46	,03	1,00	2,78	2,94	,43	-,15	,52	-3,70	15,37
X95	,05	-,29	-6,76	,23	2,46	2,85	4,55	,57	-,04	,64	-4,28	22,71
X96	,11	-,13	-6,45	,33	2,72	2,59	3,41	,73	-,03	,75	-4,02	21,28

Tabelle A-14: Fahrzeugbau (Produktion)

	Land											Y
	B	D	DK	E	EL	F	I	IRL	NL	P	UK	
X86	,02	-,83	,00	,35	-,07	-,34	1,92	-,02	-,20	,00	-,57	4,31
X87	-,08	-,97	-,05	1,30	-,19	-,19	1,16	-,02	-,37	,04	-,26	4,63
X88	,20	-3,31	-,10	2,10	-,25	,46	2,53	-,01	-,44	,05	-,25	9,72
X89	,13	-3,35	-,12	2,32	,02	,55	2,16	-,01	-,27	-,09	,36	9,36
X90	,18	-2,07	-,11	2,19	,07	-,06	1,74	-,01	-,25	-,12	-,20	7,00
X91	,08	-,62	-,02	2,34	,19	,34	1,04	-,02	-,23	-,13	-1,69	6,69
X92	,12	,79	,03	1,25	,20	,42	,33	-,03	-,13	-,14	-1,46	4,88
X93	,39	-1,67	-,05	,46	,10	1,82	-1,35	-,01	-,08	-,15	1,01	7,10
X94	,27	-1,99	,10	1,32	-,06	2,47	-1,18	-,02	-,15	-,27	,11	7,95

Tabelle A-15: Metallerzeugung und –bearbeitung (Produktion)

	Land												Y
	B	D	DK	E	EL	F	I	IRL	L	NL	P	UK	
X86	-,22	-,31	,05	-,62	-,01	-,13	,55	,00	-,01	,02	,03	,62	2,57
X87	-,24	-,77	,05	-,84	-,04	-,28	,64	,01	-,14	,15	,10	1,51	4,73
X88	-,06	-,65	,02	-1,62	,02	-,56	,64	,01	-,09	,14	,11	2,23	6,13
X89	-,31	-,48	,03	-1,47	,01	-,71	,67	,01	-,10	,21	,03	2,27	6,28
X90	,05	-,77	,02	-1,30	,04	-,54	,64	,01	-,14	,30	,	2,02	5,83
X91	-1,20	-,22	,05	-1,00	,13	-,54	1,99	,01	-,15	,44	,	,92	6,64
X92	-,36	-1,15	,06	-1,42	,11	-,82	2,05	-,01	-,24	,48	,	,35	7,06
X93	-,19	-2,54	,13	-,70	,13	-,91	2,49	,01	-,08	,72	,	1,62	9,52
X94	,39	-3,17	,13	-,59	,02	-,68	3,15	,00	-,26	,81	,	,82	10,03
X95	,52	-3,38	,14	,07	,08	-,86	3,83	,00	-,49	,61	,	1,02	11,01
X96	,60	-3,53	,14	,21	,09	-,52	2,62	,01	-,43	,70	,	1,65	10,47

Tabelle A-16: Nahrungsmittel (Produktion)

	Land											Y
	B	D	DK	E	EL	F	I	IRL	NL	P	UK	
X86	-,01	,05	,06	-,27	-,15	-,26	,34	,04	,28	,06	-,11	1,62
X87	-,02	-,31	-,03	,34	-,31	-,44	,54	,14	,11	,17	-,10	2,49
X88	-,02	-,47	-,05	,35	-,20	-,44	,70	,19	,07	,30	-,26	3,04
X89	,03	-,11	-,17	-,37	-,16	-,72	1,86	,24	,06	,44	-,94	5,10
X90	,09	1,51	-,17	-,16	-,30	-,77	-,05	,26	,17	,56	-1,33	5,36
X91	,09	2,50	-,07	-,34	-,26	-1,00	-,31	,30	,13	,52	-1,88	7,39
X92	,07	2,05	-,11	-,88	-,17	-1,09	-,23	,47	,24	,26	1,46	7,02
X93	,05	1,60	-,10	-,79	-,11	-,41	-,04	,60	,07	,41	-1,60	5,78
X94	-,12	1,61	,04	-,77	-,11	-,53	-,15	,77	,06	,28	-1,54	5,98
X95	,15	2,23	-,11	-1,19	-,09	-,55	-,14	1,04	,60	,30	-1,52	7,91
X96	,22	2,73	-,15	-1,69	-,15	-,36	-,63	1,10	,69	,38	-1,43	9,53

Tabelle A-17: Textil (Produktion)

	Land											Y
	B	D	DK	E	EL	F	I	IRL	NL	P	UK	
X86	-,04	-,14	-,03	,53	,18	-,84	,74	-,03	-,16	,21	-,21	3,12
X87	-,11	-,45	-,05	,31	,23	-1,51	1,35	-,10	-,20	,13	,17	5,10
X88	-,05	-,66	-,08	,19	,14	-1,51	2,22	,01	-,11	,20	-,01	5,18
X89	-,02	-,84	-,08	,39	-,06	-2,04	3,94	,04	-,14	,16	-,89	8,61
X90	,30	-,42	-,13	,28	-,15	-2,37	3,44	,09	-,08	,70	-1,19	9,14
X91	,14	-,21	-,10	-,07	-,38	-2,66	4,72	,11	-,04	,75	-1,59	10,77
X92	,31	-,60	-,10	-,23	-,58	-2,43	5,00	,17	-,14	,94	-1,57	12,07
X93	,28	-1,17	-,13	-,43	-,55	-2,39	5,45	,22	-,03	,46	-,92	12,02
X94	-,02	-2,68	-,15	-,33	-,89	-2,41	7,91	,21	-,17	,39	-1,40	16,57
X95	-,01	-3,10	-,18	-,17	-1,12	-2,53	8,29	,22	-,25	1,00	-1,72	18,59
X96	,15	-3,10	-,09	-,10	-,98	-2,32	7,76	,21	-,08	,27	-1,32	16,39
X97	,30	-3,72	-,16	,05	-1,04	-2,67	9,08	,	-,13	,84	-1,48	19,48

Walter Naggl

Konjunktur

Frankfurt/M., Berlin, Bern, New York, Paris, Wien, 1999. 221 S., zahlr. Abb.
ISBN 3-631-33969-0 · br. DM 69.–*

Dieses Buch soll einen praxisorientierten Überblick der Verfahren zur Konjunkturanalyse und -prognose liefern. Es beginnt mit dem Verlauf der konjunkturellen Entwicklung in den USA und Deutschland seit den zwanziger Jahren. Danach werden das offizielle amerikanische Verfahren und von der Finanzpresse popularisierte Faustregeln der Datierung von Konjunkturzyklen dargestellt. Es folgt ein Abriß der wichtigsten Konjunkturtheorien und ihrer Aussagekraft bezüglich aktueller konjunktureller Fragestellungen. Die Schilderung typischer Muster des Konjunkturverlaufs bildet ein empirisches Pendant zu den Theorien. Es wird gezeigt, wie die Daten des ifo-Konjunkturtests und der Konsumentenstimmung zu Indizes verdichtet werden und welche Aussagekraft sie haben. Methoden zur Konstruktion von Frühindikatorindizes werden vorgestellt und deren Prognoseleistung diskutiert. Das Buch schließt mit einem Kapitel zur Inflation.

Aus dem Inhalt: Konjunkturzyklen in den USA und Deutschland und ihre Messung · Konjunkturtheorie und Muster der Konjunktur · Stimmungen, Erwartungen und Kaufpläne als Einzelindikatoren und ihre Verdichtung in einem Frühindikatorindex · Prognoseleistung von Vorlaufindikatoren · Historischer Überblick und Indikatoren der Inflation

Frankfurt/M · Berlin · Bern · New York · Paris · Wien
Auslieferung: Verlag Peter Lang AG
Jupiterstr. 15, CH-3000 Bern 15
Telefax (004131) 9402131
*inklusive Mehrwertsteuer
Preisänderungen vorbehalten

FSC
www.fsc.org
MIX
Papier | Fördert gute Waldnutzung
FSC® C083411

Kolibri 360 GmbH
Ferdinand-Jühlke-Straße 7
99095 Erfurt, Deutschland
produktsicherheit@kolibri360.de

Druck:
CPI Druckdienstleistungen GmbH
im Auftrag der
Kolibri 360 GmbH
Ferdinand-Jühlke-Str. 7
99095 Erfurt